J・P・クレベール
杉崎泰一郎❖監訳　金野圭子・北村直昭❖訳

ミレニアムの歴史

ヨーロッパにおける終末のイメージ

HISTOIRE DE LA FIN DU MONDE

新評論

Jean-Paul Clébert

HISTOIRE DE LA FIN DU MONDE

DE L'AN MIL À L'AN 2000

ミレニアムの歴史／目次

ミレニアムの歴史

——ヨーロッパにおける終末のイメージ

序　〈千年の恐怖〉は遠き過去、それとも近き将来のものか？

本書は、普通の歴史の本ではなく、人間が抱いてきた幻影の歴史を描いたものである。噂や伝説、果てには教科書までが、「紀元一〇〇〇年に先立つ数年間、漠然とした恐れや、世の終わり、終わりの時といった終末的ムードに人々が怯《おび》えていた」と私たちに伝えてきた（あるいは信じ込ませてきた）。これから本書で語っていくのは、そのような話が事実そのとおりだったのか、またそれがどのように語られてきたのか、ということである。実際、紀元一〇〇〇年の人々が、やたら不合理な振舞いを行っていたことは確かである。例えば罪や罰への強迫観念や期待と苦悩に満ち、禁欲と苦行に憧れ、人里離れた所へ逃避し、都市での隠れ家生活、修道院内での隠棲、とりわけ教会に喜捨するための財産放棄などに走ったのである。

そして、紀元二〇〇〇年に至る今、人類による地球環境の悪化、第三世界における飢餓や暴動、自然もしくは核による大災害、道徳的価値観の低下、新しい秩序や完璧主義の宗教への依存、新興宗教《セクト》の増加、破壊的な力を持つ伝染病……などが現れる中で、紀元一〇〇〇年に匹敵するような恐怖はどのように生じるのだろうか。今私たちは、一つの世紀の終わり、そして、千年紀《ミレニアム》の終わりを迎え、次の世紀、（おそらく千年王国信仰《ミレナリスム》的に言えば〈黄金時代〉となる）次の千年紀《ミレニアム》、魚座の時代から水瓶座の時代への移行〔二八六―八七頁参照〕を目の前にしているが、悲観的な立場をとってはいないだろうか。

近現代の歴史家たちは、〈紀元一〇〇〇年の恐怖〉が実際に西欧を支配したことをそれなりに相対化してはきたものの、この神話になおも多大な関心を寄せてきた。それというのも、この〈紀元一〇〇〇年の恐怖〉は各時代で徐々に形成され、私たちの歴史に大きな影響を与えてきたからである。ピエール・リシェは、『リストワール』[1]誌の中で次のように書いている。「仮に〈紀元一〇〇〇年の恐怖〉が中世史にあふれている一連の神話の一つにすぎないとしても、古代後期および中世の人間にとって終末を思うのは、ごく普通のことであり、まさに紀元一〇〇〇年頃、彼らがそれについて語っていたことに間違いはない。」

ところが、この終末的ムード、あるいはこの噂があったことを証言する史料は稀で、あっても極端に慎重なものである。九八八年、フルリの修道士アッボー〔九八八年以降フルリ大修道院長〕は、九六〇年頃の、若き日の思い出を次のように記録している。「私はパリのある教会で、世の終わりについて、民衆に説教が行われているのを聴いた。反キリスト〔最後の審判の三年半前に現れ、世を破壊する悪の化身と信じられていた怪物〕が紀元一〇〇〇年の末に到来し、最後の審判がそれにすぐ続いて来る、というのである。私はこの見解に対し、福音書や『ヨハネの黙示録』〔新約聖書の末尾にある預言書〕、『ダニエル書』〔旧約聖書の預言書〕に基づいて、力強く反論した。」彼は九七五年頃、ロレーヌ地方に流れた似たような噂にも、同様に言及している。

一一世紀半ばには、より長弁舌の修道士グラベル*が、紀元一〇〇〇年の接近に伴う意味ありげな出来事、すなわち飢饉、自然災害、奇跡、異端運動などに言及して、これを『黙示録』の幻に結びつけ、

彗星を見て悪い予感に怯える人たち。『バイユーの綴れ折り』11世紀、ギヨーム征服公センター蔵

―これらの印《しるし》は、千年の時が満ちた後に、サタンが鎖を解かれる、という聖ヨハネの預言と一致している」と書き記している。

＊ラウル・グラベル〔Raul Glaber　九八五頃―一〇四七頃〕紀元一〇〇〇年の時代に生きたフランスのベネディクト修道士。一〇三〇年頃から『歴史』五巻を執筆し、これは未完に終わった。彼はディジョンのサン・ベニーニュ修道院にいた時に紀元一〇〇〇年前後の事跡を三巻にまとめ、クリュニー修道院に居住していた時に紀元一〇三三年前後の事柄を執筆した。キリスト生誕、もしくは死後一〇〇〇年を意識したのは、千年後にサタンが鎖から解かれるという『ヨハネの黙示録』の記述が念頭にあったものと思われる。

事実、グラベルの史料は、信頼できる史料としては〈紀元一〇〇〇年の恐怖〉を引き合いに出している唯一のものである。ただしここでは、他に、彗星の通過、異邦人の改宗、教会の再建、あるいは新しい服の流行（これは南仏からフランス王国北方に持ち込まれた異国風の衣服で、彼の非難するところであった）について述べるにとどめている。しかし、彼が〈紀元一〇〇〇年の恐怖〉について沈黙を守っているのは、彼が他の千年、すなわちキリストの受難からの千年、紀元一〇三三年を考えているからである。彼は、多くの人々を死なせた大飢饉について長々と述べ、人類の終末を危惧している。「彼は、エルサレムへ向かう群集について語りながら、結論を出せぬままに、これは反キリストの到来を意味しているのではないか、と自問している。」（ピエール・リシェ）

実際、〈紀元一〇〇〇年の恐怖〉が世を支配したことが最初にはっきりと言及されたのは、一六世紀初めのことである。この時代には、ドイツのヴュルツブルクの大修道院長であったトリテミウス〔一四六二―一五一六、ドイツの人文主義者・写本収集家・歴史家〕が、『ヒルザウ修道院年代記』〔トリテミウスが編集した修道院年代記〕を綿密に調べて整理し、注釈を試みた。彼はこれを行うにあたって、ジャンブルーのシジェベール〔一〇三〇―一一一二、ベルギーの年代記作者〕が、九五六年から一〇九九年にかけての時期を記した『年代記』を証言とした。紀元一〇〇〇年から百年以上が過ぎた後に書かれたこの『年代記』は、「キリストの受肉から千年後、ひどい地震が全ヨーロッパの至る所で起こり、堅固で壮麗な建築物を破壊した。同年、恐ろしい彗星が現れた。この彗星を見た多くの人々は、これこそ終わりの日の予告であると思い、恐怖で凍りついた。実際に、何年も前からある人々は思い違いをして、世の終わりが紀元一〇〇〇年に到来する、と宣言していた」と伝えていた。

しかしジャンブルーのシジェベールの原テクストは現存していない。『ヒルザウ修道院年代記』は、これを注釈したトリテミウスの死後およそ四〇年経った一五五九年に第一版が出版されたがこれも現存せず、私たちが読めるのは一七世紀初めに異文が付されて出版された第二版である。さらに、前出のシジェベールの引用部分のうち、彗星について言及されている後半部分は、おそらく、トリテミウスによってつけ加えられた注釈と思われる。ということは、一一世紀のシジェベールは〈紀元一〇〇〇年の恐怖〉を証言してはいないことになる。

とは言うものの、恐怖の噂は繰り返し、たえず歴史に付きまとってきた。この噂が多くの著述家や歴史家に大いに付きまとった結果、一八世紀末から一九世紀初めにかけてのロマン主義時代にどのような形をとって浮き彫りにされてくるかを、私たちはこれから見ていくことにしよう。さらに、現代のエドモン・ポニョンやジョルジュ・デュビ*のような思慮深い中世史家がこの問題に関わり、この黙示録的信仰を一種の集団的な幻影である、と結論していることも、また見ていこう。

*デュビ〔Georges Duby　一九一九—九六〕　アナール第三世代の歴史家。一九六七年の『紀元千年』（若杉泰子訳、公論社、一九七五年）や一九七三年の『三身分、あるいは封建社会のイマジネール』で、ラウル・グラベルの『歴史』を同時代を映す証言として多用した。デュビは九八〇年から一〇四〇年頃の人々が、大きな社会の変化を前にして抱いていた不安感や期待感をグラベルが代弁していると考えた。

第1章

ある噂の歴史

『ヨハネの黙示録』は預言している。サタンは世の終わりに千年の時を経て蘇るが、天の力で滅ぼされ、キリストが現れてすべての人々を裁き、新たなエルサレムが出現する、と。西洋キリスト教世界の人々にとって時間（歴史）とは、世の終わりに向かって進むものであり、ノストラダムスのように、ミレニアムや世紀末、天変地異を世の終わりと考える人がどの時代にも現れた。

悪魔によって地獄に連行される人。ミケランジェロ画『最後の審判』1535～41年、システィナ礼拝堂壁画。

はじめに、『ヨハネの黙示録』とは

なぜ、紀元一〇〇〇年が問題となるのか？　全ては『ヨハネの黙示録』[*2]の（誤った）読み方から発している。この書は、聖ヨハネがパトモス島に流されていた時、キリストの死から六〇年ほど後に書いたと伝えられる。「嵐と暗礁に満ちた荒れ狂う海」といった象徴表現が多く、難解な書である。黙示録の語源はギリシア語の apokalýptein（覆いを取り除く、真相を明らかにする、の意）であることから、これは隠されている事柄を説き明かす書物、すなわち、この世の終わりまでに教会に起こるはずの事柄や、主として反キリストが人類に及ぼす禍を明らかにしようとするものである。

＊『ヨハネの黙示録』　一世紀末に小アジアで執筆された新約聖書の最後の書。ヨハネが、この世の終わりすなわち終末について見た幻視を執筆した書といわれる。神が持つ巻物の七つの封印を子羊が解き、七人の天使がラッパを吹き鳴らし、天使たちによって天変地異が引き起こされる。そしてサタンが鎖で縛られてキリストに支配される王国が訪れて千年続く。千年の後にサタンが再び現れるが、天から火が降ってきて焼き殺される。キリストが再臨して最後の審判を行い、新しい天と地、新しいエルサレムが現れる。『ヨハネの黙示録』の解釈は多様で、迫害時代のキリスト教や千年王国信仰《ミレナリスム》のように即物的に字義どおりに解釈する人々もあれば、アウグスティヌスやヒエロニュムスなどのラテン教父のように象徴と解釈する人々もあった。

御怒りの日《ディエス・イラエ》、ヤーウェの日

『ヨハネの黙示録』は、厳密には世の終わりを述べた最初の書物ではない。終末論、つまりこの世の終わりについての説明は、以前からユダヤ人たちに知られていた。すでに旧約聖書の預言書が、回復されたエデン、新しいパレスティナの出現に先立つ宇宙規模での大災害について述べている。すなわち神を蔑ろにしたために、神の選民〔ユダヤ人〕は四つの禍すなわち、飢饉、疫病《ペスト》、戦争、捕囚を経験しなければならない。それらの苛酷さゆえに、審判を受ける前に罪過に満ちた過去との全面的な決別がなされることになる。まず、御怒りの日《ディエス・イラエ》たるヤーウェの日が到来する。そして太陽、月、星々が闇で覆われ、天は羊皮紙のように巻きとられ、地は揺れるであろう。その時、最後の審判が告げられて、人々は秤にかけられ、不信仰の者、すなわち神を信じなかった者、イスラエルに敵対する異教徒たちが滅ぼされる。

聖書の小さな預言書の預言者たち、とりわけ紀元前八世紀のアモスは、警告の叫びを上げた。「叫べ、ヤーウェの日は近い！　激しく燃えたぎる御怒りの残酷な日が禍のようにやって来る。地を砂漠と化し、罪人たちを根絶やしにするために！」天地の秩序を激変させる恐ろしい印《しるし》が前兆となり、恐怖の日が訪れ、それに最後の審判が続き、その後に、再創造される世に備えて新しい時代が始まるだろう。それゆえ、〈今の世〉の終わりは、〈世〉の終わりよりも重要ではないことになる。人類のほとんど絶対的多数を占める悪者たちが排除される一方で、義人〔神によって正しい者とされ、救われた人〕たちは少数だが救われ、神に愛され、神に忠実な新しい世代の人類の根株となるであろう。そして彼らはあらかじめ定められていたように、新しい契約を神と結ぶ。この契約関係において、エルサレムは都となり、栄光に満ちるであろう。全地は平和と幸福のうちに生きる。エルサレムはその豊かさを増し、有害な動物は消えるか、変質してしまう。全ての人間は老齢の極み（族長たちの老齢限界）〔族長とはアブラハム、イサク、ヤコブを指し、順に一七五年、一八〇年、一四七年生きた〕まで生き、そしてあろうことか、死そのものが滅んでしまう。少なくとも、病がその力を失い、生まれつきの不具者もいなくなることは確かである。これが、他の星より七倍明るい太陽と、同じくらい明るい月の下、救世主《メシア》の王国、地上において行われる神の支配の姿である。

初期のユダヤ的終末論には、メシアの姿がなかったことは注意を引く。メシアが支配する王国への希望の方が、メシア自身に対する信仰、すなわち現在の世を清算して来るべき世を創るヤーウェの代理者〔すなわちメシア自身〕への信仰に優先していたのである。しかし、偉大な聖職者や王が正式に祝福の油を注がれたとしたら、彼らはメシアの役割を果たせるのではないか、という考えがやがて必然的に起こってきた。メシアがこの地上に出現する前に、聖書のテクストの中には出現のシナリオが、非常にドラマティックに記されている。それによるとメシア到来の前には、恐るべき異常現象やあらゆる大災害が起こる。その到来は未だ名指しされてはいないが、（キリスト教的終末論が〈反キリスト〉と呼ぶ）一人の指導者に率いられた悪者どもの同盟を引き起こす。悪者が敗北すると、メシアによる幸福な支配が実現する。メシアは、新しくされた地上の都、あるいは天から降りたこの世のものならぬ都エルサレムで、戴冠する。このメシアによる支配は〈ある程度の間〉続き（それは〈千年〉という語で伝統的に象徴されている）、その間に悪しき者どもは、浄めの燃え盛る炎の中で滅ぼされる。死者は蘇る。そしてついに、最後の審判の時がやって来る。

ここで私たちにとってとくに興味深い問題、私たちが常に立ち戻ってしまう問題は、この〈千年〉という期間である。これは、メシア支配と象徴的に結びつけられているのである。ユダヤ人たち自身は、ペルシア的終末論からこれを取り入れた。それはマズダ〔ゾロアスター教における善神〕とツァラトゥストラ〔ゾロアスターの別名〕に捧げられた章句中に記されている。マズダとツァラトゥストラは、この世を構成する様々な要素を統合している。すなわち、「善人と悪人の相い乱れる様々な戦い、天使と悪魔の戦い——これらは皆、千年間続く——、超自然的な力を持つ一人の英雄や彼に続く複数の者による侵入、千年王国《ミレニアム》、審判、報い、といった要素とともに、大災害の中で、この世界の不完全さは、神による支配の素晴らしさに取って代わられる」[3]と、ここでも言われるのである。

キリスト教の黙示録

メシアはイエスとして現れ、預言を実現したわけだから——例えば『ダニエル書』は、紀元前一六五年に〈地をむさぼり食い、打ちたたき、砕く獣〉に言及している——、キリスト教的終末論は、ユダヤ人のメシア待望論を引き継いだものと言える。それゆえに、『ヨハネの黙示録』は預言書的なテクストである。『ダニエル書』がユダヤ人の歴史における困難な時代に編まれたのと同様に、『ヨハネの黙示録』は、まず自分の時代の苦悩を顕したのである。アンドレ・シュラキは言う。「この『ヨハネの黙示録』は、イスラエル史の最も困難な時期に書かれた論争的な文章である。あの時代は、バベル、すなわち——人を恐怖に陥れる神話的な〈獣〉として書かれた、異教的な帝国権力たる——ローマに対する反感が強烈だった時代である。この神話的幻《ヴィジョン》は、現実のものとなった悲劇に踏みにじられた人々が見た夢を適確に表現している。これらの悲劇は、ユダヤ人たちが実際に被ったり予感したりしていたものである。彼らは、計り知れぬ将来に、預言的ユートピアの実現を託したのである。」紀元一〇〇〇年の暁を前にした一〇世紀末の数年間は、まさにこのようなものだったのかもしれない。

ところで『ヨハネの黙示録』を初めて読む際、これをひもとく人の想像力に真っ先に強烈な印象を与えるものは、暴力的な決着をつける運命が恐怖心を煽ることである。この聖なる書の冒頭では、次々と七つの封印が解かれ、同時に人類を脅かす災害が起こる。白・赤・黒・青白い色の馬に乗った四騎士が現れて、戦争、不和、飢饉、疫病《ペスト》をもたらす。その後には地震が起こり、血の雨が降り、イナゴの害があり、〈苦よもぎ〉と名づけられた星が天から降って来、闇と暗黒に覆われ……そしてついに世の終わりが訪れる。

『ヨハネの黙示録』には、『マタイによる福音書』〔新約聖書の四福音書の一つ。キリストの生涯を描いた書〕――このギリシア語原本は一世紀末のものと考えられている――が対応している。マタイは、神殿から出てきたキリストがその建物を指して「石ころひとつに至るまでこのまま残ることはない」、「苦悩のこれらの日の後すぐに、太陽は暗くなり、月はその光を失い、星々は天から落ち、天の力は揺さぶられる」と預言した言葉を思い起こしている。この話がそのイメージどおりのものなら、『ヨハネの黙示録』よりも『マタイによる福音書』の方が終末を詳細を教えてくれる。この二つの書の見解、すなわちエルサレムの陥落と世の終わりは、ここでは並ぶというよりむしろ一致している。つまり、選ばれた民〔ユダヤ人〕を打ちのめした審判〔紀元七〇年のエルサレムの破壊、これ以後ユダヤ人たちは故国を失い、離散（ディアスポラ）状態になった〕において、旧約の破棄を示す最初の災害と終末に起こる最後の審判とが同一視されているのである。単なる繰り返しではなく、ここでは二つの事柄の混同が見てとれる。（マタイの語り口における）イエスの思想と表現には、マタイの解釈どおり、この点についての旧約聖書の伝統が完全にしみ込んでいる。それゆえに、ユダヤ教の荒廃が終末と混同されているように見えるのである。けれども、そこには深い真理がある。なぜなら、神の恐ろしい審判は終末時代の始まり〔ユダヤ人

〔の離散〔ディアスポラ〕状態[4]のこと〕を本当に示したのだから。終末時代の世の終わりこそが、最終的、決定的な終わりなのだろう。

このキリスト教的見解は、すでに最初期の教会において唱えられたもので、しだいに広まっていった。そして『ヨハネの黙示録』は中世初期の人間に大きなインパクトを与えた。七七六年のリエバナのベアトゥス[5]〔?―七九八、『黙示録注釈』で知られる神学者〕の注釈書のようなものが増え、それらは挿し絵で飾られた。そのイコノグラフィーは斬新なもので、これらアラブ風の細密画は聖職者たちに来るべき苦難を予感させる絵であった。[6]

終末的ムード

ミルチヤ・エリアーデ〔一九〇七―八六、ルーマニアの宗教学者・小説家〕は著書『神話の諸側面』の中で、共通の〈場〉の重要性を強調した。時の流れによって、必然的に全ては〈始まり〉から徐々に離れていく。したがって、当初の完全さは微妙に失われてしまう。老いは若さを惜しみ、年寄りは気難しくなる。彼らは今より良い人生を過ごしていた〈自分たちの時代〉が消え去ったこと、風俗が乱れるがままになっていること、妻の料理が今は亡き母のそれに匹敵しないことに不平を言う。黄金時代は彼らの後ろに過ぎ去り、楽園は明らかに失われてしまった。

しかし、全てが失われたわけではないこと、復活あるいは再受肉が空しい希望ではないということを信じるべきである。エリアーデは様々な終末の神話を詳細に調べた結果、「世界の真の破壊と再創造が存在し、言葉の文字どおりの意味での〈始原〉への復帰、すなわち無定形なカオス状態へ宇宙が退行し、新しい宇宙 開闢《かいびゃく》が続いて起こること」が信じられてきたことを示した。そして、この始原は単に神話的な過去にのみあるのではなく、神話的な将来にもあると考えられたのである。それは、ストア学派や新ピタゴラス学派が永劫回帰の思想を練りながら、すでに到達していた結論であった。

　これに対し、ユダヤ・キリスト教的終末論は、ある種のオリジナル性と特殊性を持っている。疑いなくこの終末論は、〈始まり〉の時の無垢さと純粋さを再現するためには、再創造すべき世界を浄化して〈空〉にしなければならない、という古い信仰の立場をなおもとっている。宇宙が新しい世界を生み出すためには、古いものは全く根こそぎ消え去らなければならないのである。この終末論は、来るべき宇宙開闢をあらかじめ示したものであり、「新しい創造は、この世界が決定的に廃されないかぎり起こりえない。この世界を完全に《イン・トト》再創造するためには、もはや堕落したものを再生するのではなく、古い世界を根絶することが重要なのである。〈始まり〉の至福状態に固執することは、存在したがゆえに堕落した全てのものの根絶を要求することになる。初めの完全さに戻ることだけが唯一の可能性なのである。」[7]

　この原初の完全状態というものに、ユダヤ・キリスト教的終末論は、新しく重要な概念を付与している。それは次のようなことである。崩壊の後に再創造される世界は、原初にアダムに提供された黄金時代の、最初の創造の世界と同じものとなろう。ただし、今度再創造される世界は永遠である。単に終わりがないということではなく、この世界は変わることがない。この世界はあるがままに続き、発展も進歩もない。完全であるがために、確立された秩序を変えようとする欲望や誘惑の何ものをも――それが善いものであれ悪いものであれ――この世界では禁じられるのである。人間はもはや、空腹、渇き、寒さ、病気、抑圧された欲望も何も感じないだろう。これが幸福《アチエディア》なのだろうか？　退屈やモンテ・カッシーノ〔六世紀にベネディクトゥスがイタリア中部に建てた修道院〕の修道士たちを苦しめた不機嫌さえも、もはや全く感じないのだろうか？

天上のエルサレム

苦しみも問題もない、ややルソー〔一七一二―七八、フランスの哲学者〕主義的なこの世界は、たしかに魅力的である。平等の上に成り立った、原初的な幸福の世界。それは少し後に『薔薇物語』〔恋愛の作法を述べたフランス中世の寓意文学。前編は一二二五―四〇年にギョーム・ド・ロリスにより、後編は一二七五―八〇年にジャン・ド・マンにより書かれた〕が描いたような黄金時代であった。「かつて、われわれの父祖の時代には、人々は皆、肉欲や略奪欲によってではなく、純粋で忠実な愛で愛し合っていた。善がこの世界を治めていたのである。当時この地は人の手で耕されてはおらず、神が整えたそのままであり、各人は生活に必要なものを地から得られた。」『ヨハネの黙示録』の楽観的なヴィジョンによれば、地上に降りた飛行物体のような天上のエルサレムに乗ることを許された者たちの日々は、このような状況なのだろう。悲嘆に暮れた人々は、この永遠の至福状態をやっかみ、これらの新しい人間たちの唇と目に（今日、セクトやアーシュラム〔ヨガの修行道場〕の洗脳された信者に見られる、あの嘆かわしい愚行のような）恍惚感に満ちた微笑みとまなざしをおそらく見出すだろう。これで終末が人間をさらに白く洗い浄めるといえるのだろうか？

というのも、天上のエルサレム、この空中都市はノアの方舟というよりも、原子力兵器による大災害から運よく逃れた生存者たちを他の惑星に運ぶ宇宙船、というものを思い起こさせるからである。これが天から降りて来て、選ばれた者たちがそこに昇って行けるよう、地上ではなく地上数メートル上に止まるのである。（三世紀初めのテルトゥリアヌス〔一六〇頃―二二五頃、教会教父、キリスト教ラテン文学の確立者〕は、この空中都市がユダヤを見下ろしており、黎明の中に消えていくのが認められたと伝えている。）

「天上のエルサレムは美しい。」終末について語るテキストは皆こう言う。この地上にあったどの都よりも美しいと。しかし、このエルサレムは要塞化されてもいる。これは、巨大サイズの空飛ぶ要塞なのである。ヴォルテール〔一六九四―一七七八、フランスの文学者・歴史家・啓蒙思想家〕は、明らかにこれを馬鹿にして言っている。「千年王国《ミレニアム》の新しいエルサレムには、一二使徒を記念して一二の門があることになっている。その形は立方体のはずである。その縦、横、高さはそれぞれ一〇〇〇スタディオン〔一スタディオンは一八〇メートル〕、すなわち五〇〇リューであるから、家々の高さも五〇〇リューということになる。この最上階に住むというのはかなり居心地の悪いことであろう。だが、これこそ『ヨハネの黙示録』の語るところなのだ。」[8]

天上のエルサレムはまた――筆者にイメージを言わせて欲しい――、上に物を載せられた巨大な塊、初聖体を祝うケーキのようなものなのだ。これは砂糖漬フルーツ、いや失礼、無数の宝石で飾られた眩い光のケーキである。パトモス島の聖ヨハネは、「天上のエルサレムは碧玉の土台の上に純金で建てられている。その城壁は、サファイヤ、玉髄〔石英とオパールの中間物〕、エメラルド、赤瑪瑙《めのう》、紅縞瑪瑙、貴カンラン石、トパーズ、緑柱石、青玉、紫水晶で飾られていた」〔『ヨハネの黙示録』二一章一九―二〇節〕と言っている。これはきっと、これらの宝石がそれぞれに持つ象徴的意味に相違ない。すべての宝石は幸運を呼ぶとか、護身とかの性格を持っているものだから。これらの宝石の存在は、「宇宙の全ての状況、全ての生きものが、この世では比類のない完全さ、光り輝く霊的な性質を持つよう根本的に変えられる」ことを証明している。[9]

貨幣がもはや流通しない平等な都に、多くの富がそのままに放置されていることには驚かされるかもしれない。もちろん、それらの商業的価値は廃されているのだが、宝石が持つそもそもの美しさと人を魅了する力は、なおも変わらない。宝石は「不透明から半透明へ、闇から光へ、不完全から完全への変質を象徴している。」[10]宝石はまた、金や銀といった貴金属のように、権威や権力を象徴する。実際、私たちの関心事である紀元一〇〇〇年頃、オットー大帝〔神聖ローマ帝国初代皇帝、在位九六二―七三〕が戴き、クレモナのリウトプランド〔クレモナ司教在位九六一―七二、彼の著作『皇帝オットー大帝事績』は九六〇―六四年を扱っている〕が記録している皇帝冠がまさしくそれである。この〈冠の上に重ねられた金の冠〉は、聖書のメッセージの上に形成された、ある種の政治的・宗教的心性を象徴するものであろう。この冠は、二つの正方形が八角形になるよう重ね合わされていて、正方形のエルサレムと〈四角いローマ《ローマ・クアドラータ》〉、すなわち将来の都と現在の帝国首都を同時に想起させる。この冠は、まさに本物で換金価値があり、同時に象徴的な意味も持った宝石で飾られている。ロベール・フォルツは、これら宝石がいつも一二という数になるのは聖書中の数の持つ意味によるのだと指摘している。その配列は、天上の要塞の基礎部分・城壁・門といった設備を連想させる。「こういうわけで、この王冠はオットー大帝の自分の使命についての考えを最もよく明示したものである。キリストの使者である皇帝は、キリスト教信仰の普及に責任があり、正義と平和を行き渡らせるべき使命をおびている。神聖ローマ帝国は、神による救いの全体史の鎖の一環であり、原初から新しいエルサレムまでの一連の歴史の中に位置づけられているのである。」[11]

そういうわけで、ランの保守的な司教アダルベロー〔同時代人、ランス大司教のアダルベロー（在位九六九―八九）とは別人〕が、紀元一〇〇〇年にロベール敬虔王〔フランス・カペー朝の王ロベール二世、在位九九六―一〇三一〕に宛てた詩（『ロベール敬虔王に捧げる詩』）に次のような文があるのも驚くことではない。「都の基礎となる石・城壁・門など全ての建造物を備えた天上のエルサレムと、そのエルサレムが待ち受ける市民たちのことを、またこの都が誰のために建てられたのかを、あなたは知るべく定められている。」しかし、それに続く次の一節を前にすると少し顔をゆがめてしまうだろう。「より良く統治されるために、エルサレムの数多い住民はいくつかの身分に分けられている。全能なる神は、そこに階層制を課している。」明確に階層化されているのに平等な社会、これは驚きである。アダルベローによって書かれた書物の中で王は言う、「この力あるエルサレムは神の平安なヴィジョンそのものだ、と私は考える。王の中の王がエルサレムを統治し、われらの主がエルサレムに君臨する。この目的のために、王は階層を分けるのである。全ての門は金属で作られている。城壁とて石でなく金で造られている。道を敷いているのは、輝く石、すなわち金である。その輝きは、最も精練された金のそれよりも輝きわたっている。天使たちの住まいとして建てられながら、エルサレムは人の群れにも開かれている。その住民の中のある人たちはエルサレムを統治し、またある人たちはそこで生き、安らぐ。」ついでながら、この基礎的史料が、ユートピアを研究する歴史家たちによって、全く引用されていないことは興味深い。

このように天国でも階層制が行われているので、紀元一〇〇〇年の天上のエルサレムは——平等な黄金時代という理想的な都からは程遠く——、僧侶・貴族・農民という三職分制を告げている。そして中世社会の封建制《フューダリズム》はその権威の源をこの三職分制に置いていた。[12]

反キリスト

紀元一〇〇〇年に先立つ数世紀間に形成されてきた様々な伝説の中で——これらの伝説は皆、民衆信心の中にしっかり根を下ろしたのだが——、疑いなく最も重要なのは、反キリストについてのものである。この役割は、私たちの幻影を準備する上で重要である。ジャック・ル・ゴッフ*は、「終末前夜には、悪魔のような人物が滅びの曲を奏でる指揮者の役割を果たすために登場する。そして人間を永遠の劫罰へ引きずり込もうと誘惑するだろう」と書いている。[13] 彼は、より正確に、次のようにも述べている。

「この人物は『ダニエル書』、『ヨハネの黙示録』、聖パウロの『テサロニケ人への手紙第一・第二』〔新約聖書の一部で、パウロが書いた手紙〕の中に少しばかり述べられているが、二世紀末の聖イレネー〔一三〇頃―二〇二頃、ラテン教父、リヨン司教、神学者〕や、三世紀初めのローマのヒッポリュトス〔一七〇以前―二三五、ラテン教父〕、四世紀初めにはラクタンティウス〔二五〇頃―三一七頃、キリスト教護教家・修辞学者〕が彼の人物像と経歴を明らかにした。」さらに加えるとすれば、八世紀に修道士ピエールがこの人物のサタン的役割を強調したが、これはディオクレティアヌス帝〔ローマ皇帝、在位二八四―三〇五〕治下に生きた東方の司教メトディウス〔?―三一一、パタラ司教、殉教者〕の作とされるギリシア語史料を根拠とする〔偽メトディウスの『黙示』と呼ばれるもの〕。

＊ジャック・ル・ゴッフ〔Jacques le Goff　一九二四―〕アナール第三世代の歴史家。『煉獄の誕生』（邦訳一九八八年）は、天国と地獄の中間に来世の第三の場ともいうべき煉獄がいかに西欧思想の中で構築され、理論化されていったかを社会の動きを背景に論じた大著で、ヨーロッパ文明における来世観を見事に提示した研究である。

教父たちによれば、この反キリストはキリストに敵対し、キリストの御業を破壊しようとする者である。彼は神に対して高ぶり、自分のための宮殿をアパドノ山上に建てさせるだろう。これについては預言者ダニエルが語っているが、この山はオリーヴ山〔キリストが最後の祈りを捧げた所〕のことだと思われる。また反キリストは、神殿とエルサレムの都を再建し、そこで自分を人々に礼拝させるだろう。

当然のことながら、来るべき反キリストは誰なのかが問題であり、預言者たちはこれについて躊躇せずその本性と所業について描写している。聖イレネー、聖アンブロシウス〔三四〇頃―九七、ミラノ司教、在位三七四年以降〕、聖アウグスティヌス〔三五四―四三〇、ヒッポ司教、在位三九六年以降〕によれば、この〈地獄の出来損ない〉は、ダン部族のユダヤ人男性とユダヤ人女性との間に生まれるという。聖ヒッポリュトスは、「彼は、化身ではなく人間の中に現れる霊鬼《デーモン》であり、〈この人物は、幻のようなものでしかないのに〉、処女の胸に抱かれていたかのように思われており、彼の誕生は地上と同様、天上でも多くの印《しるし》によって示される」とはっきり述べている。修道士ピエールによれば、「聖メトディウスは次のように断言している。この人物は幻と魔術によって多くの不思議な業や奇跡を行う。この人物は、目の見えない人を見えるようにし、耳の聞こえぬ者を聞こえるようにし、足の不自由な者を歩かせ、悪霊に取り憑かれている者を解き放つだろう。これぞ悩める者を喜ばせる人物である。彼は隠されているものや遠ざけられたものを発見する。過去や未来のものであっても、それがあたかも現在のものであるかのように。しかし、彼はまた、世界の秩序を激変させる。山々を動かし、天から火を降らせ、昼と夜、夜と昼を逆転させ、太陽の位置を変え、自分の望む方に歩ませる。」だが、このシナリオはありふれた剽窃《ひょうせつ》にすぎず、メトディウスの原本が皆に読まれたわけではない。

反キリストの支配は短く、〈一時期と一時期の半分〉——中世の計算者たちによれば、三年半——であるが、ひどく残酷なものである。反キリストは神学者や神秘家たちの中で重要な存在になる、とル・ゴッフは言っている。実際、反キリストはクリュニー修道院*の修道士たちと彼らの修道院長オドの脳裏につきまとうことになる。クリュニーの修道士たちは、モンティエ・ラン・デール(シャロン・シュル・マルヌ教区)の修道院長であったアドソーが九六〇年頃に書いた『反キリスト論』についての論文に大層感銘を受けたといわれる(これはフランクの王妃にしてオットー大帝の妹であるゲルベルゲの依頼で書かれた)。アドソーはこの混迷した時代の〈知識人〉世界に権威を持っており、反キリストの〈モンタージュ写真〉を、少々強引な線引きではあったが完成させている。彼いわく、この怪物はある売春婦とやくざ者との間にできた子で、(まだ悪魔ではない)サタンの種子によって創られた者である。それゆえ彼は悪そのものの化身なのである。

***クリュニー修道院**〔Cluny〕 九一〇年頃にブルゴーニュに建てられた修道院。修道生活の中心は、有力者から寄進を受けて、

来世や現世の至福のために祈る「代禱」と呼ばれる典礼行為で、一一世紀から一二世紀にかけてオド、オディロ、ユーグなど優れた修道院長のもとで西欧最大の修道院組織に発展した。

アドソーは、使徒パウロの言葉を注意深く参照している。「まず反逆が起こり、それから不法の者、つまり滅びの子が出現する。しかし、終わりの時が差し迫っているなどと軽々しく信じてはならない」（Ⅱテサロニケ、二章三節）と彼は紀元一〇〇〇年より四〇年前にこれを書いている。彼は、この避けられぬ出来事に、政治的な次元をあてはめようとしている。これは〈この世の終わり〉というより、むしろ〈一つの世界の終わり〉なのだと。実際、彼は次のように書いている。「ローマ帝国が次の専制支配勢力として勃興してくるまで、ギリシア帝国〔原文のまま〕とペルシア帝国〔アケメネス朝〕がそれぞれに輝かしくも著しい力を持っていたことを、われわれは知っている。ローマ帝国は、あらゆる帝国のうちで最も強く、全世界にその支配力を行使した。それゆえ、パウロは書いている、反逆が起こらないうちは、すなわちローマ帝国に服属させられた全ての王国がまずローマ帝国から分離しないうちは、反キリストは現れない、と。しかしローマ帝国が滅んでも彼は現れなかった。たしかに、われわれは現在、ローマ帝国が大部分破壊されたのを知っている。しかし、ローマ帝国を支えるはずのフランクの諸王がいるかぎり、帝国の尊厳は彼らの上に置かれるゆえに、ローマ帝国は完全にはなくならない。われわれ学者たちの中のある者は、終わりの時に、フランク王の一人がローマ帝国を自分の領内に引き込んでしまう、とも言っている。これは、王たちの中で最も偉大にして最後の者であろう。首尾よく帝国を統治した後、彼はエルサレムに赴き、オリーヴ山で王杖と王冠を取り外すであろう。そして、これこそがローマ・キリスト教帝国の終わりであり、完遂なのである。」

ロベール・フォルツは、世の終わりの皇帝について書かれたこのテクストを引用し、アドソーのこの論旨は「カロリング朝フランク帝国をローマ帝国の生き残りと見なしており、そこから生まれた終末についての思想（後の全ての終末論はそこから派生している）の一つを呈示している」と強調している。[14]

「アドソーは、非常に遠い将来の、最後の皇帝神話をフランク王にあてはめている。エルサレムでのこの王の譲位は、ローマ・キリスト教の、すなわち普遍的な帝国の終焉を示すものであり、われわれの主の再臨に先立つ三年余りの反キリストによる支配の序曲なのである。」

　この終末の皇帝の話に再び戻ろう。反キリストの伝説的生涯は、紀元一〇〇〇年では終わらない。この人物像は依然として人々に付きまとい、彼の恐るべき出現は民衆信心を養い続ける。すなわち、その後も世の終わりが預言されたり創造されるたびに出現するのである。彼は、案山子《かかし》や、（告発された咎を敵に背負わせる）身代わりの雄山羊《アザゼル》になることもある。一六世紀の最初のプロテスタント信徒たちにとっては、反キリストは教皇ということになるであろう。反ユダヤ主義のカトリック信徒たちにとっては、〈さまよえるユダヤ人〉がそれであった。一八五九年に、愛書家ヤコブ〔本名ポール・ラクロワ。一八〇六―八四、アルスナル図書館上級司書〕は、中世の好奇心と信仰についての自著の中で次のように書いている。「紀元一〇〇〇年には、この世の終わり、反キリストの到来、最後の審判が起こるとされていた。が、反キリストは来なかったし、この世も終わらなかった。終末を告げるかのような威嚇的な印はあったけれども。しかし確かに、悪賢い者たちは反キリストの役割を演じて、この称号ゆえに多くの施しを集めようと、この普遍的な恐怖を忘れずに利用した。それゆえ、あちこちに現れてきた偽の反キリストたちは、同じ所に居住し続けられず、東洋から西洋まで風か光のような速さをもって移動する〈さまよえるユダヤ人〉にほかならないと考えられるようになった。」終末の皇帝の最終的転身の一つは、ユージェーヌ・シュー〔一八〇四―五七、フランスの小説家〕からジャン・ドルメッソンまでの小説の登場人物であったことは周知のところである。

千年

いつ終末が訪れ、永遠の生命が与えられるかを考えても無駄だ。また、それがどのような時に出現するかを知ろうとするのも虚しいだろう。キリスト自身が「その日、その時は、誰も知らない。天使たちも、子も知らない。ただ父だけがご存じである」〔マタイ二四章三六節〕と言っているのだから。これがマタイの答えである。だが、終末がいつ来るのかを、何としても知りたがる聖書注釈学者たちには、これが聞こえない。そして、『ヨハネの黙示録』の一節が彼らの注意を引く。「私はまた、一人の天使が、底無しの淵の鍵と大きな鎖とを手にして、天から降って来るのを見た。この天使は、悪霊でもサタンでもある伝説の蛇を、つまり竜を取り押さえて千年の間縛っておき、底無しの淵に投げ入れ、鍵をかけ、その上に封印を施して、千年の時が満ちるまで、もうそれ以上、諸国の民を惑わさないようにした。その後で、蛇はしばらくの間、解放されるはずである。……この千年が終わると、サタンはその牢から解放され、地上の四方にいる諸国の民（すなわちゴグとマゴグ）を惑わそうとして出て行き……」〔『ヨハネの黙示録』二〇章一―四・七節〕

（その模範囚ぶりゆえか？）この予期せぬ悪者の解放については、その投獄期間である千という数字ほどには注意が払われてこなかった。この千という数字は、単なる象徴的な意味合いでは考えられず、字義通りもしくは数字どおりに受けとめられてきた。しかし、今日の私たちの日常的言語においては、千は常に数や量の多さを意味している。例えば、「ひどい禍〔千の禍〕」とか、「いっぱいの愛情〔千の愛情〕」などの言い方がそれである。しかし、この千という数は魔術的な意味を持っており、これについてマリー・マドレーヌ・ダーヴィーは「これは天国的な意味であり、不死の幸福を表している。すなわち、命の木の樹令は千年であり、義人たちの長寿ぶりは千年であるから、アダムもまた千年生きたとすべきではないだろうか」と明確に述べている。そして、不吉な状況においても、この千年の魔法が使われる。『ヨハネの黙示録』自体は、この期間を概数としてではなく、「サタンは〈千年という数で示される完全な永遠において〉縛られる」とはっきり述べている。ここでの永遠は真の永遠ではないのだけれども。

いずれにせよ、千という数の切りのよさ自体が、人を惹きつける力を持っているのである。人間には昔から切りのよい数字を好む傾向があって、それと同様に、様々な記念日にもこだわってきた。これは人が作った年代というものが私たちを支配することにほかならず、世紀末を特異な時間として考える習慣が私たちにあることもそのためであろう。この切りのよい数字については、さらに理解が必要である。当時はまだローマ数字が用いられていたが、ローマ数字では、一〇桁の数はあってもゼロという数は存在しなかった。この数は、アラブ人のおかげで、正確には紀元一〇〇〇年になって初めてヨーロッパに現れたのである。その際にも千は実際にはMと書かれ、一〇〇〇とは書かれなかった。ローマ数字が算術には向かないと認められたのは、オーリヤックのジェルベール[15]〔九四五頃—一〇〇三、後の教皇シルヴェステル二世〕が算盤（百玉計数器）を作成してからのことだったのである。

七回目の千年

一〇世紀の人々は、必然的に千という数字に敏感になる。一一世紀の初めに、〈紀元一〇〇〇年の恐怖〉がいかに当時信じられていたかを伝える主要な証人、修道士グラベル[16]を見れば、彼が〈千という数〉の秘めた意味と神秘的な力にどれだけ依存していたかがわかるであろう。ジョルジュ・デュビいわく、「歴史が規則正しいリズムに基づいて秩序立てられていることに感動した」グラベルは、読者に世界の歴史の流れを思い起こさせる。「この世界という機械の全ピースを神が始動させる時、創造者はこの作品の完成に六日間を要し、そして七日目に休まれた。これに対応して、千年を七回繰り返すたびに、神は重要な奇跡を行いつつ、人間たちを熱心に教え導いた。かくして過去何世紀間というもの、永遠なる神の存在を現す奇跡は、神がこの地上に人間の形をとって〈すなわちキリストとして〉現れた時代までの、どの時代にも起った。キリストの降誕は、世界史では六回目の千年の時代に起こった。七回目の千年の時代に、この低き世界の様々な動揺は終わると思われる。創造された世が、その創造者の御手の中で、その休息に最もふさわしい終わりをとげるために。」

グラベルは、ここでバルナーベ〔一世紀、キプロス島出身で、使徒の一人〕の有名な書簡体の詩の予言を再び取り上げている。この予言によれば、この世界が二世紀以降、創造の時の六日間に対応して六千年続くはずだと言う。そして七回目の千年の初めには、不敬虔な者を滅ぼし悪者を裁く神の御子が現れる。彼は太陽、月、星々を新しく造り、なお千年の間、正義をもってこれらを治めるのである。この期間が済んだ後の第八の日は、新しい永遠の世界の到来を示している。マリー・マドレーヌ・ダーヴィーは、バルナーベの詩の中に説明されているこの七回の千年説もまた、ヘレニズム化されたユダヤ伝統に属している、と指摘している。そしてこの説は、五世紀初めに聖アウグスティヌスによっても次のように確認されたものである。「私の知るかぎり、千年は二つの方法で理解されうる。一つに、この出来事〔終末〕は最後の千年、すなわち、第六日目と見なされる六回目の千年——この段階は現在繰り広げられている——の間に起こると考えられる。その後、夜のない安息日、聖人たちの永続する休息が訪れる。」〔アウグスティヌス著『神の国』〕

聖アウグスティヌスから三世紀の後、ベーダ・ヴェネラビリス〔六七三—七三五、イギリス人聖職者・歴史家〕は、七回目の千年の時代が来ることを本当に信じていた。だが、それはもはやこの世の時間の中にではなく、自分の同胞たる人類が生きている時間〈ここにある時間《イン・イッロ・テンポーレ》〉、（直訳すると〈ここに存在するこの種の時間〉）の外にあるもの、すなわちこの世のものではないと思っていたのである。彼は、この世界の時間史における最後の時代をいつとするかには答えておらず、「現在の、この六回目の千年時代が何世代、何年間続くのかは全くわからない」と言っている。

ここで、古代キリスト教徒の間で確立されていた世界の年表に言及するのは、無意味ではない。ベーダは、自著『合理的な時間について』の中で、数千年間に及ぶ人類の諸時代の歴史を非常に大雑把に書きながら、今日では滑稽なほどの正確さで書き留めている。第一の時代はアダムからノア、すなわち創造から大洪水にかけての時代である。七〇人訳（アレクサンドリアの翻訳者たちによる旧約聖書）の年代記によれば、この時代は二二四二年間続いたという。第二の時代はノアからアブラハムにかけてで、一〇七二年間続いた。第三の時代はそれからダヴィデ王の治世までで一九四二年間、第四の時代はバビロン捕囚の終わりまでで四八五年間、第五の時代はキリストの受肉までで五八九年間、第六の時代はキリスト教が成立してからの時代で、創造の時から三九五二年間が経っている、という。こういうわけで、紀元一〇〇〇年にはこの世は四九五二歳を迎えることになる〔この計算値は全くの誤りだが原文のままである。〕。「この年代学は、古典主義時代の終わりまでは認められていた。ボシュエ〔一六二七—一七〇四、フランスの神学者・政治学者・説教者〕の年代学はおおよそこれである。」[17] 一六世紀のノストラダムスも、このような骨の折れる計算に熱中していた。

この世界が五千歳近い〈年寄り〉ならば、この世は衰退に近づいていることになる。そして、今までの他の時代がそれぞれの終わりを経験したように、この世界も千年の終わりを迎える。しかも、今回は決定的な、六回目の千年の終わりなのである。いったいどうなるのだろう？　別の世界、空間ではなく、時間の彼方の、義人たちに約束された〈将来の命〉という別世界。しかし、これは感覚世界の宇宙の死〔すなわち終末〕と同時に起こる彼ら自身の死を通してしか達成されないものなのである。

千年王国信仰《ミレナリスム》

千年の終わりに終末が起こると信じる信仰は、必然的に千年王国信仰《ミレナリスム》と呼ばれるようになった。千年王国《ミレニアム》という語は一七六五年に現れていたものの、少なくとも歴史家たちによって、千年王国信仰《ミレナリスム》という語が厳密に適用されたのは一八四〇年になってのことであり、最後の審判の前にメシアが地上で千年間支配するという信仰に対してあてられたものである。

こうして定義された千年王国信仰《ミレナリスム》は、キリスト教的な魂の救済、すなわち永遠の命への憧れとは異なる希望を持つ。千年王国信仰《ミレナリスム》という語は、人類を「何か別の希望、別の欲求、すなわち、地上における永遠の幸福の実現、黄金時代や失われた楽園への回帰……、千年王国《ミレニアム》への夢、千年間続く事実上永遠に絶えない夢、地上に築かれたというよりむしろ再建された夢」に向かわせるものなのである。こういうわけで、千年王国信仰《ミレナリスム》はキリスト教的終末論における、次の三つの捕足的な神話と密接に結びついている。第一に、終わりの日という運命の神話。これは黙示録的な意味での終わりの日で、厳しい試練であると同時に、命が完全に新しく造られることに先立つものである。第二に、反キリストの神話。これは、終わりの日にサタンが諸国民を惑わすために、自分の隠れ家を出るはずだとされるものである。そして第三に、天上のエルサレムの神話。これは天上のエルサレムが地上に降りてきて、選ばれた民にその門をひらくはずだというものである。

ある種、キリスト教の信仰を越えたものである千年王国信仰《ミレナリスム》——ローマ教会はやがてこれを異端的と言うようになる——は、何世紀もの間に、多くの群集を動かして行くことになるが、最初は反体制的な運動として始まった。事実、この運動は宗教的であると同時に、政治的でもあった。これは〈今ここ〉の幸福を欲するものであり、不確実な〈時間の枠外の〉あの世での幸福を希求するものではもはやないからである。「黄金時代への回帰を待望する千年王国信仰《ミレナリスム》は、階級のない社会が来ると信じる信仰の、中世に発現した形態である。中世の社会では国家はすでに衰え、もはや王も君主も貴族も存在しない。天国を地上に降ろすこと、すなわち天上のエルサレムを現世にもたらすこと、これが西洋中世における多くの人々の夢であったのだ。[18]」

それに際して、人々が預言者たちから告げられた終末、つまり大災害や慣れ親しんだ自分たちの世界がひどく破壊される運命を信じたのは、現世で彼らが救済されるには今の世界が滅びるしかないと考えていたからである。たしかに、これは逆説的な態度ではあるけれども。ここでは惑星サイズの巨大なオムレツこそが重要なのであって、そのために割られた卵の数は問題ではないのだ。「信心を超えたものである千年王国信仰《ミレナリスム》運動は、神が確立し、遅れた新しい秩序を地上に実現しようという人々の意志を表明するものであった。何世紀もの間、千年王国信仰《ミレナリスム》はこの世において貧しい人々の希望だったのである。絶え間ない戦争、飢饉、疫病によって、すなわち黙示録中の騎士たち〔『ヨハネの黙示録』六章一—七節。白・赤・黒・青白い色の馬に乗った騎士たち〕が通り過ぎるたびに、この希望は掻き立てられたのである。」ここでは、これらの騎士たちが神からではなく、他の人間たちから差し向けられた、という点が強調されるべきである。黙示録の記述と異なり、「惨めさをまとわされ、当時の不正行為に対する嫌悪によって担ぎ上げられたメシアたちは、土地のない農民、羊の群れを持たない羊飼い、失業中の職人たちの手による神聖な塗油の印をもって飾り立てられた。新しい福音を告げる千年王国主義者は、平等な王国の建国、すなわち神が守ることのできなかった約束を自分たちの手で実現させようと願い、その情熱を内に秘めていたのである。」[19]

教会の目には、この千年王国信仰《ミレナリスム》が教会の教義にほとんど合致せず、そこには異端の芽があると、すぐにも映った。教会は、過去の著名な教父たちが述べた終末論を確かに認めてはいた。しかし、中世初期にはもはや、かつての迫害時代ほど、終末（ギリシア語でeschaton）は差し迫った問題ではなかった。どうにかこうにかこの世は、罪や不幸、不正というお供を引き連れながらも、継続していたからである。その頃教会はこの世の舵取り棒を持つと思われていたので、古代のような切迫した終末観はなく、世の終わりは明日のものではなかった。神の王国はすでに整えられていて、（キリスト教以前の）古い世界はすでに滅んでいたのである。全ては、こうして継続していくはずであった。ミルチヤ・エリアーデによれば、「教会は、千年王国信仰《ミレナリスム》を公的に批判したことによって、歴史は進歩するという立場を初めて示した、と考えられる。教会は、この世界をあるがままに受け入れ、歴史的な大危機には縁のない人間たちが、少しでもより幸福になれるよう努力していた。教会は、預言者、幻視家、あらゆる種の終末論者に対して、この立場を取っていた」のである。もう少し後、紀元一〇〇〇年以後になると、千年王国信仰《ミレナリスム》の運動は教会、とくにその位階制《ヒエラルキア》に対して、闘争を再び開始することになる。

年数確定にまつわる問題

『ヨハネの黙示録』の中で語られる千年は、数学的もしくは算術的な千という数では全くない。しかし中世初期の人々は、それを具体的な数字と考え、世の終わりを算定する根拠とした。彼らは、世紀や千年紀《ミレニアム》に時間を分けることは、人間の任意によるものではなく、聖書の預言に基づくものだという意識を持っていたからである。「世紀で時間を区切ることは、歴史の長さを一つの暦法によって区切った、一つのやり方でしかない。客観的に見て、ある世紀から次の世紀へ移行することには、自然的もしくは科学的な意味はないし、歴史の時間に照らして何の意味もない……。一八九九年に完成したものは何もないし、一九〇〇年に再び始まったものも何もない。全ては連続しているからである。[20]」九九九年と一〇〇〇年の関係もまた、同様である。世紀とは測定上の単位でしかない。したがって、年表は時間そのものでも、歴史そのものでもない。地図が土地そのものではないように。「しかし、この測定基準が採用され、その使用がしっかり根を降ろしたことは、精神上、心理上、経験上の一つの現実を作ったのだし、人々にもそういうものとして意識された。実際これによって、人々は自分の命と、自分が生まれ育った世紀の展開とを一致させる気になった。この時代には、矛盾し混沌とした出来事に人の感情が高ぶり、それが強められたのである。[21]」

　当時の人々は、次々と移り変わってゆく季節と、少しずつ重なっている世代とのリズムの中で生きていた。大部分の人々にとって、どの年あるいはどの世紀に自分がいるのかということはほとんど重要ではなかった。だいたい彼らは、それを知っていたのだろうか？　後に教皇となるジェルベールのような聖職者たちだけが、知的好奇心から算術の趣味を持ち、儀式上の必要から日を数える義務があったのである。とくに復活祭のような――春分の日の後の満月の後の日曜日に祝われることになっている――毎年変わる祭日の日付を決めることが儀式上の重要事であったこの時代、この算定を任されて算定者《コンピューティスト》と名づけられた聖職者たちは、年代を示す〈千の数字《ミレジム》〉を決定しなくてはならなかった。（千番目の数を指し示しているこの語は、本来は四桁の年数、つまり紀元一〇〇〇年以後に初めて使われるはずのものである。三桁の九九九年から四桁の一〇〇〇年への移行に関して、ミレジムが持つ心理的な影響力をここで強調しなくてはならない。）一年が始まる時期は、ローマ帝国の滅亡以来、実際、何回も変更された。（ユリウス・カエサル〔前一〇二頃―前四四〕による）ユリウス暦では、一年が一月一日から始まることとされていた。だが、ガリヤ地方にフランク王国が成立してから、一年は三月に始まることになった。これは五九八年のオルレアン公会議が、五月を一年のうちの第三番目の月と数えていることから明らかである。また、パリ司教で『規則』の著者でもあったマルキュルフは、フランク族においては一年は一月一日、ないし三月二五日から始まる、と証言している。シャルルマーニュ〔カール大帝、七四二―八一四〕は、一年の始まりをクリスマスとする習慣をイタリア人に取り入れさせ、以後九世紀まで続くことになる。ただしこの時代の公文書類では、一年の始まりは一月となっている。新年をクリスマスに祝うのを止めたのは一〇世紀になってからである。

　このように錯綜していた時期ではあるが、一年の始まりを一月一日とする暦と、復活祭の日とする暦の両方が使われていたことは確かである。これが一般的な慣習だったのだろう。マビヨン〔一六三二―一七〇七、ベネディクト会士〕が記したベネディクト修道院の年代記によれば、ロベール敬虔王治下（九九六―一〇三一）ではこの二つの暦が併用されていた。また三月に一年が始まるという習慣については、私たちの暦がなおもこの数え方の痕跡を残しているのに気がつくだろう。というのも、九月から一二月までの私たちの使っている月の名前が、語源的に一年の七番目〔septembre の sept は七の意〕、八番目、九番目、一〇番目の月を意味することを想起させるからである。

　これは、国内の所々で、一年の始まる日が異なっていたことを示している。フランス王の法務省は三月一日を一年の始まりと定めていた。しかしポワトゥのアンジュー家の一年の始まりは一二月二五日であり、ロワール川沿いのサン・ブノワの大修道院の一年の始まりは三月二五日であった。このように、同じロワール川沿いでありながら、同じ時に、オルレアンの人々はすでに紀元一〇〇〇年に、サン・ブノワ修道院の人々はまだ紀元九九九年に生きていたということになる。彼らは、このパラドックスを意識していたのであろうか？　おそらく意識してはいなかったであろう。そして、仕事柄、年数を記す必要のあった公証人たちだけが困って髪をかきむしっていたか、どう対処してよいものかさっぱりわからないでいたに違いない。[22] それでは彼らは、自分の生きている年代について九五〇年か一〇五〇年かとまでは言わないまでも、九九九年か一〇〇〇年かということをはっきりと認知していたのだろうか？　再度言うが、西暦数字も任意的に定められたものなのである。五世紀末、キリストの生誕年をキリスト教時代の開始と決定した修道士小ドニ〔?—五四〇、ディオニシウス＝エクシグウス〕によって確立された暦は、後でわかったことだが、計算が四年ずれていた。また紀元一〇〇〇年の人々が、主の受肉以前〔紀元前〕ゆえに数字的には逆さに生きた人々、例えば紀元前一六五年から紀元前九八年の間に生きた人々について考えた場合、奇妙に思うことはなかったのだろうか？

　紀元一〇〇〇年の間際には、暦の計算は重要な意味を持っていた。オルレアンにはサン・ブノワ修道院より三カ月も早く世の終わりが襲いかかるなど考えられない！　それゆえ運命の一〇〇〇年への接近は、算定者《コンピューティスト》や博識の聖職者を算術に駆り立てたのである。すなわちオーリヤックのジェルベールやフルリのアッボーといった人々が彼らの大修道院の中で、いわばウンベルト・エーコ〔一九三二—、イタリアの美学者・記号学者〕が小説『薔薇の名前』の中でまさに描写したような雰囲気の中で、算盤（百玉計数器）の玉を用いて、この世の秘密のメッセージを計算していたわけである。自分自身が千年の終わりに近づいているのかもしれない、という興奮。その結果Ｍ・アサヤがエルンスト・ユンガー〔一八九五—、ドイツの小説家・評論家〕の小説『鋏《はさみ》』について強調しているような事態となる。「〈数量化〉とユンガーが呼ぶ、われわれの世紀に付きまとう強迫観念について、彼が注意を払っているのは適切である。ハクスリー〔一八九四—一九六三、イギリスの小説家・批評家〕やオーウェル〔一九〇三—五〇、イギリスの小説家〕の陰鬱なユートピアは、〈計算術の進歩とその利用によって、社会が否応なく数量化する〉し、世界が運命的に進展することをすでに示していた。ユンガーは、この強迫観念に素晴らしい洞察を行っている。〈世界を数量化すること、これは一つのユートピアであり、現代の神話であり、そしてメカニズムである。そしてわれわれはこのメカニズムを狂わせてしまい、これが逆にわれわれを、もはや息のつけない所へと導くのである。[23]〉」同じ理由で、紀元一〇〇〇年頃の雰囲気もまた、息苦しいものであったと考えるべきである。

歴史の流れ、とくに最初の千年紀の終わりを確定するのが難しいということは、〈紀元一〇〇〇年の恐怖〉が紀元一〇〇〇年当時拡まっていたという仮説を疑問視させる。デュビは、「キリストの受肉からきっちり千年、という年は、まず存在しない。歴史学が根拠としている証言の網の目というものは、それほど緩んでいるものなのだ。したがって、紀元一〇〇〇年の恐怖を考察するには、考察領域を拡張して、紀元一〇〇〇年前後の半世紀余り、すなわち九八〇年頃から一〇四〇年頃を分析すべきである[24]」と言っている。こういうわけで、私たちが以下において探究するのは、まさにこの六〇年間ということになる。

紀元一〇〇〇年か、一〇三三年か？

紀元一〇〇〇年前後の六〇年間は、実際に一つのまとまった時期を成している。六〇年間、それは、健康で楽天的な人間ならば、苦労や障害を乗り越えながらも生きられる期間である。これはまた紀元一〇〇〇年の終末を恐れた人が、紀元一〇〇〇年で終末に至らず、その後も生き続けた期間である。紀元一〇〇〇年に二〇歳を迎え——神聖ローマ皇帝オットー三世〔九八〇—一〇〇二〕もその一人である——、黙示録の法廷で有罪判決を受けた人間たちは、執行猶予（もしくは恩赦？）の恩恵に浴すことになるわけである。

このように、歴史家たちの目にとって紀元一〇〇〇年とは、半世紀にわたる時期を意味する。何しろ紀元一〇〇〇年の初日、その夜明けに時間は停止しなかったのだから。何も起こらなかったことに驚いた千年王国信者《ミレナリスト》たちは、他の疑問を持ち出した。「紀元一〇〇〇年に世が終わると考えた人たちは、計算を間違えていたのではないだろうか？　キリストの誕生からではなく、その死から千年後を計算するべきだったのではないだろうか？」と。大急ぎで考えをまとめた結果、彼らは一〇三三年を待とうと狙いを定め直した。後でわかるが、この年には不思議なことや動乱が起こっている。

紀元一〇〇〇年以前の終末の歴史

終末に対する恐怖は、紀元一〇〇〇年の間際に生まれたわけではない。これについては、ずっと以前から、預言者たちによってたえず語られてきた。それゆえ、この預言伝統をギリシア・ラテンのみならずユダヤ・オリエントの古代文明の遺産とするなら、キリスト教的終末論は歴史的ヴィジョンを豊かにしつつ、これらの遺産に新しい次元を与えたことになる。新しい時代が、キリスト教とともに到来した。円環的な時間観念の後に、直線的な時間観念が訪れたのである。「異宗の徒《ジャンティ》〔ユダヤ人や初期キリスト教徒から見ての異教徒〕、あるいは異教徒《パヤン》〔キリスト教徒から見ての異教徒〕にとって、宇宙は永遠であった。彼らは円環的時間の中に生きており、そこでは宗教儀式、祭り、供物は太古の昔から同じものであり、繰り返す宇宙の懐で倦むことなく営まれていたものであるから。そこへ、キリスト教が突然荒々しく、不安に満ちた考えをもたらした。すなわち、時間は前進し、進展し、徐々に燃え尽きるという認識、かくなるゆえに、宇宙は終末を迎えるであろうという認識をである。[25]」

キリスト教では永遠の平和へ近づく前に苦悩に満ちた時を経ると考えられるため、逆説的ではあるが、歴史全体が誕生から死に至る人生と同じように人間的なものとなった。「この永遠の平和は、イエスによって説かれ、使徒たちによって宣べ伝えられた平和であった。ゆえにこの新しい宗教は、現世を征服し、歴史の中に場を得る目的のためにではなく、むしろ反対に、天上の王国という次なる将来、現世の終わり、歴史の終わりを宣べ伝えるためのものであった。」こういうわけで、紀元一世紀以来のキリスト教徒は、〈過ぎゆく〉、つまりは老いゆく時間の中で生きているという感覚を持つようになった。彼らは、ヴァレリー〔一八七一―一九四五、フランスの詩人・思想家〕さながらに、文明は滅ぶが、未来――この新概念は後に進歩の概念によって豊かにされる――は不確かとはいえやって来ると、期待することができたわけである。何人も文明の滅ぶ日を知りはしないが、キリスト教徒たる者はそれを待ち望むべきであり、それゆえ若い時からそれに備えるべきなのである。

しかし、一人の人間の歴史〔人生〕とこの世界の歴史との間にある違いは、なかなか微妙なものである。あるキリスト教徒が、自分の両親が死ぬのを見る。なのに、彼の周りの人々は生き続ける。自分自身の最期も必ずやって来る。なのに、世の終わりはたえず遅らされている。やがては来る終末を、彼が見て、それを被り、その終わりとともに彼自身も消え去る、と言われている。しかし、もしそれが彼でないなら、彼の息子か孫、彼に近い人かその次の世代の人なのであろう。キリスト教が提唱した終末論のおかげで集団意識が現れるといってもよいのだろうか？　いずれにせよ、誰もが互いを〈隣人〉と考え、その息子が父の信仰を引き受けるのである。全ての者が、この大いなる事の証人となることを期待している。そして、全ての者が、それが起こるのを見ずに死んでいく。その預言が自分たちの時代に実現しないことに取りたてて驚くこともなく……。私たちを驚かすのは、そういう信仰が世代から世代へ、かくも忠実に受け継がれていくことである。誰もがその空しさを感じうるはずなのに……。「しかし、本来的に非合理なものであるこうした信仰は、合理的な証拠を何ら必要としていない。ある人がこの世界の終わりが切迫していると信じた瞬間から、最も悲惨な事柄から最も取るに足らないものに至るまで、全てが、すなわち、戦争や地震だけでなく寒過ぎる冬や暑過ぎる夏までもが、終わりの時の前兆として解釈される。[26]」

たしかに、初期キリスト教徒たちの日常生活が、終末観念で律せられていたわけでは決してない。贖いのための大異変を待ち望むからといって、人々は飲んだり、食べたり、眠ったり、睦みあったりすることを邪魔されはしない。日常生活を営みをながら、彼らが罪悪感を感じていたかさえも定かではない。しかし、神の審判はダモクレスの剣〔ダモクレスは前四世紀、シラクサ王の家臣。毛髪一本で頭上につるされたその剣は絶えざる危険の比喩〕のように彼らの頭上にありながら、彼らの生きる欲望を単に大目に見ていただけに違いない。もちろん、たえず彼らの周りで説かれた終末信仰が影響を及ぼすこともあった。実際、全ての仕事を止めて、つまり、種蒔きも冬への備えも止め、木々を植えることも新しい小屋を建てることもなおざりにして、何もせずに生きた人もある。だが、私たちにとって幸いなことに、彼らはそれでもなお子供を作ることはしていた。

したがって紀元一世紀以来、この狂信的な雰囲気によって――これは以後の数世紀に強まる――人々は行き過ぎた振舞いに走るのである。物質的世界の放棄、沙漠への逃避や修道院内への引き篭り、極端な処女性の重視、殉教への召し出し……。終末へのこの強迫観念は、二―三世紀にその絶頂に達する。聖パウロさながらに、預言者たちが相次いで声を上げたのである。アンティオキア司教の聖イグナティウスは、群集の前で「終わりの時が来た！」と叫んでいる。初期の教父たちの一人、ヘルマスは、さらに過激なことを言った。「全てが完成される終わりの日が、すぐに来る。罪人たちは償いをしなければならない！」と。人々は、ロンドンの公園の野次馬たちのように彼らに傾聴し、講壇に立った日曜日の説教者の話に聞き惚れた。こうした預言者のうち、最も成功した一人といえば、異論の余地なくモンタヌス〔?―一七〇、初期キリスト教会の熱狂的預言者、イエスの真理の御霊が彼らに顕現したとして予言し、多くの信者を集めた〕である。彼はフリジアで起こった異端の主唱者で、天上のエルサレムがまもなく地上への到来する、と熱弁を振るった。教会は彼に不快感を示し、七年間、彼を説得し続けることになる。女預言者の役割をつとめたプリスカとマクシミラという二人の女性を伴い、彼はあたかも受肉したパラクレイトス、すなわち聖霊のように毅然として現れた。彼の弁舌は荒々しかったにもかかわらず――彼は結婚を非難し、頑迷な罪人の赦しを拒否した――、人々は彼に耳を傾け、最悪の事態に備えて家に帰るのだった。モンタヌス派はやがて教会より排斥されるが、四世紀まで影響力は残り、その権威ある言葉は東方キリスト教世界に強く影響し続けた。教会博士でカルタゴの司祭、テルトゥリアヌスは、「終末は近づいている。それは全地をひどい暴力に引き渡すためのものである」(『護教論』)と書き、モンタヌスに傾倒し、一時期、その教えに従った。そして彼は、反論されることもなく、ユダヤで天上のエルサレムが頭上を舞っていたとの目撃証言を公に肯定するまでになった。「四〇日の間毎朝、天からやって来たと思われる都が空中に現れた。その都は、かの大いなる日にはなくなるであろう城壁を備えている。」この奇跡の証人たちは——異教徒たちまでもが——どこの物ともわからぬこの飛行物体に登ろうとしたが、この物体はそれ以上自己を見せるまいと急に消え失せた、という。

三世紀初め、のちに教会との関係がこじれる神学者、ローマのヒッポリュトス——彼は最初期の対立教皇の一人にすらなる——は、大評判となる『反キリスト論』を著した。しかし、これは不幸な数々の予言を無効とし、キリスト教徒たちを不吉な予言の軽信から守るものであった。彼は次のように書いている。「敬虔で控えめな人物であったある司教は、自分の見た三つの幻視を信じすぎてしまい、次のように予言しはじめた。『わが兄弟たちよ、知れ。最後の審判は一年後に起こる。もし私があなたがたに言ったことが起こらなければ、もはや聖書を信じず、己の善いと思うことを行いなさい』と。一年の後、何事も起こらなかった。彼は呆然とし、兄弟たちは憤慨し、処女たちは結婚し、自分の財産を売り払った人々は惨めに落ちぶれてしまった。」

終末の歴史、それ自体に進展があることがわかる。やたらに終末を唱えることは初期の預言者によって非難されたり、教父の監視下に置かれたりしたが、今や終末を唱える者は、より社会的に憂慮されること、つまり禁欲の必要性や物質的財産の拒否をも唱えるようになった。また、大いなる裁きの前兆を強調するようになった。モンタヌス派信奉者のもう一人、カルタゴのキュプリアヌス〔二〇〇/一〇—五八〕——

のちにディオクレティアヌス帝の下で斬首される――は、自分の財産を貧しい人々に分配する一方で、この世が今まさに衰退に向かおうとしていることを示す印《しるし》を、貧者たちに知らせている。彼は言う。「宇宙が衰退しつつある時、宇宙が昔と同じだけの活力を持っていないことは皆わかるだろう。聖書の権威でこれを証明するまでもない。この世界そのものが、全ての事物の衰退によって、終末が近づいていることを十分に語り、証言している。冬の雨は種を養うほど降らない。夏の太陽も果実を熟させるに足る暑さではない。春はさほど心地よくはなく、秋もまた、さほど実り豊かではない。採石場はまるで倦み疲れたかのようで、種々の石や大理石を以前ほど産せず、金山・銀山はすでに採掘され尽くしている。土地は耕されぬまま放置され、海には水先案内人がおらず、軍隊には兵士がいない。弁護士に潔白さが少なくなり、判事の中に正義が少なくなり、友の間に団結が少なくなり、技術の中に巧みさが少なくなり、風俗の中に規律が少なくなり……。われわれは、頭髪がすでに真白になった子供を目にする。彼らの髪は、彼らの生まれる以前に死んでいるのだ。彼らは老いによって死ぬのではなくて、老いをもって生きはじめるのである。このように、全てのものが、今から死に向かって急いでおり、この世の全体的な衰えを感じさせるのである。」

この史料には、本書のポイントとなる点が見本のように列挙されている。例えばこの史料は、のちに〈紀元一〇〇〇年の恐怖〉でイメージされた禍を暗示している。それは季節の異常、天然資源の枯渇、風俗の緩み、正義の堕落、人類を襲う新しい病気などで、しかも人類にはこれらの災いの原因を解明し、阻止する力はなかったのである。皮膚色素・体毛欠乏に冒された白皮症の子供たちは、紀元一〇〇〇年前後の終末の風景を満たす、人類最初のモンスターたちであった。彼らは、現代のＳＦ小説に出てくる、地中の穴に逃げ込んだ〈人間モグラ〉をあらかじめ示したようなものである。彼らはまた、砂と塩の沙漠の中の穴に引きこもった隠者たちを疑いなく象徴している。ジャック・ラカリエールも言っている。「言い換えれば、終末は、聖キュプリアヌスによるこの史料や当時の考察においてはもはや恐怖や荒唐無稽な希望の対象ではないし、――聖パウロやモンタヌスの時代のように――無秩序で非合理的な振舞いの源でもない。むしろ、これは観想の対象、人類の最期についての理性的な熟考の源なのである。」それゆえに、初期キリスト教徒たちは禁欲を最も重要なことと認め、隠者や孤独のうちに暮らす者が突然に増え、罪を受け止め、不幸を払いのけるために世俗から離れるようになったのである。「各人が反社会的な振舞いをしたり、死にかけた世界を拒否することは、自らの臨終を自ら読みとらねばならない社会の苦悩に対して成しうる唯一の答え、唯一の解決策のように思われたからである。」[27]

四世紀になると、終末の一層の接近が確信された。予言者たちはたえず口を開き、聖書のメッセージに忠実であったが、予言の成就が遅れても常に平然としていた。そうした中で、エドスの助祭、聖エフィランは見事な雄弁で際立っている。彼の雄弁はボシュエの不吉な将来〈展望〉に匹敵する。聖エフィランが〈主の恐ろしい到来〉を告げた時、彼は弱って身震いし、口ごもり、嘆き悲しむ状態に陥った。聖エフィランは、王の中の王であるキリストの前に地上の不幸な住民を集めるため、主が天から降りて来る様子を黙示録の幻視を混ぜながら描写した。「雷鳴の一撃でさえ、われわれは恐れおののくというのに、死者たちを蘇らせる雷鳴よりも千倍恐ろしい、このラッパの響きにわれわれは耐えられるであろうか？　その音を聞くや否や、全ての人間の骸骨が地球の内奥で蘇り、再び結びつく。地は揺さぶられ、海は荒れ、それらに抱え込まれていた死者たちを吐き出すであろう。魚たちにむさぼり食われていた死者たちも、鳥や獣にむさぼり食われていた死者たちも、全ての人間は同じ瞬間に髪の毛一本さえも欠けることなく現れるであろう……。」

五世紀の初め、正確には紀元四一〇年に、西洋世界を揺り動かした大事件、アラリック王〔三七〇頃—四一〇、西ゴートの王族〕によるローマの略奪が起こっている。この永遠の都は、極度に感情的なギリシア人雄弁術教師、エウナペの言によれば、〈茶色い着物を着込んだ奴ら〉である蛮族の手中に落ちた。私たちの目には、〈茶色い着物〉という言い方は、悪意のある冗談のような感じがする。それはともかく、ローマ人は至る所、茫然自失の体であった。まず、ローマ帝国の首都の運命について人々は嘆いた。聖アウグスティヌスは書いている。「瓦礫の山、火災、略奪、殺人、蛮行……われわれに語られたこと全てが恐ろしい。これら全てが事実であって、われわれはうめき、自らを慰めることすらできずに、それを嘆くばかりである……。この都はむごい苦しみを味わったのである。」

だが、聖アウグスティヌスはその後すぐに別の解釈を流布させる。ローマの通りをうろついていた蛮族は自分たちの厚かましさにぞっとして肝を潰し、ローマは彼らに対する闘いもなしに回復される、というのである。聖アウグスティヌス自身は、自分の苦痛を抑え、ローマの被害を最小限化し、ソドムを滅ぼした神の懲罰については見まいとしている。「ローマの都の破壊は、ソドムのそれとは全く違うのである。再び戻るつもりで都を出た人々がいかに多かったか。そこに残った人々も、いかに多くが死を免れたか。いかに多くの人々が聖人たちの地〔ローマ〕で崇敬されたであろうか。」当時のローマは〈正しい〉支配者の手にあるローマであった。それゆえ征服者による破壊と不当な要求以上に人々を打ちのめしたのは、この都が当時、すでにキリスト教の都であったことなのだ。再びアウグスティヌスは言う。「この都はすでに三回、敵の攻撃を受けていて、そのうち二回は灰燼に帰したが、それは異教の神々に犠牲を捧げていた頃のことである。」しかし今回、四一〇年のそれでは、どのように神の怒りを正当化したらよいのだろうか？　それとも、これは、住民たちの中の罪人を罰するためなのだろうか？　「異教徒たちは、人間どもの裏切りに神々が復讐しているのだ、と言っている。〔異教の〕ローマに対して四世紀間闘ってきたキリスト教徒たちにとって、〔今やキリスト教の都となった〕ローマの陥落は、まるで彼らが孤児にされたようなものであり、彼らはそこに反キリストの到来を見たのである。[28]」

聖アウグスティヌスは、自著『神の国』（四一二年）の中でローマの略奪を取り上げ、当時、再び大波のようにヨーロッパを覆った集団的な恐怖であるこの出来事の千年王国論的な解釈に反対して、虚しい抵抗を行っている。その際、彼は重要な二つの危惧を示している。「第一に、新しい宗教たるキリスト教が、蛮族の侵入から永遠の都を守れなかったとして、これに再び疑問を持つこと。第二に、終末とキリストの再臨への待望に不安を抱くこと。なぜなら、ある人々はこれを第三神殿〔エルサレムの神殿で、紀元六四年に三度目の竣工が成ったもの〕の破壊と見なしていたからである。[29]」当時の大部分の人々の目には、ローマの陥落は紛れもない終わりの印であり、そうした信仰が一般的であった。プロヴァンスの隠者、聖ユシェルさえもがペシミズムに翻弄され、「終わりの日が、わが生涯にばかりではなく、世界に訪れたのである」と言っている。

この宿命論に対して、幾人かの教父が敢然と立ち向かった。その筆頭が聖アウグスティヌスである。彼は『神の国』を書いた四一二年以来、黙示録は文字どおりにではなく、霊的寓意として解釈されるべきものと説明した。教会としては、教会自身がいつかは終わりを迎えることを認めるだけである。けれども、教会は自身に力強さと繁栄を求める。それゆえ、「教会の責任は、時代錯誤の夢や地上の新しい楽園を騙《かた》る者に、キリスト教徒たちが決してしがみつかないようにすることである。[30]」楽園は世の終りの後に現れるのだから。

聖アウグスティヌスはまた、不幸な予言に基づいて終わりの日を算出することも否定した。「世の終わりは近い。異教徒たちは、キリストの名が三六五年末には消え去ると予告する詩を流行らせた。だが、それらの詩は、三九八年には完全にすたれた。ちょうどその時、アフリカで異教の像が壊されたのである。よって、この予言が誤りだったことが明らかにされた。仮に、この世の様々な時代の期間を計算するとすれば、第六の時代はエルサレム占領からキリストの誕生まで、ということになる。われわれは、第七の時代に存在している。もしもこの時代が、第六の時代のように一四世代続くならば〔『マタイ福音書』一章一七節〕、紀元四二〇年にそれは終わることになるだろう。しかし、神はその長さを秘密にしておられる。」

　こうして、あらゆる所、全ての惨事を、終末の印《しるし》とは認め難い、という教会の立場が明らかになってきた。エフェソス公会議が開催された四三一年以降、教会は千年王国《ミレニアム》への信仰を排斥し、千年王国信仰《ミレナリスム》を異端と見なすようになった。しかし、後者はより力を増しただけであった。以来、千年王国信仰《ミレナリスム》は、戦争や侵入、王侯たちの政治的決算のあおりをまともに受ける小市民たちの不安感を培うことになる。なぜなら、帝国の都の首を取って意気が上がっている敵が城門に迫っているからである。スペインのシャヴ司教イダスは、三七九年から四六一年の間の年代記を引用して、自分の教区のキリスト教徒たちの苦悩をよく表現している。「蛮族たちは、スペインを縦断して荒れ狂っている。加えて伝染病禍が広まり、不当徴収を行う者たちによる暴政が都の隠し財産を奪い、軍規の乱れた兵士の群れが略奪のかぎりを尽くしている。飢饉が耐え難いほど猛威を振るっているので、この飢えた帝国では、人々は人肉をむさぼり食っている。母親たちが、自分の子供の喉を掻き切り、これを焼かせて、食べている。飢えや剣、病気によって死んだ者の死骸に慣れた野獣たちは、頑健な人間をも殺す。死骸の肉には飽きたらなくなって、獣たちは生きた人間に襲いかかったのである。こうして四つの禍、すなわち剣、飢饉、疫病、猛獣は全世界で荒れ狂い、預言者たちによる主についての預言は実現することになる。」これは、紀元一〇〇〇年間際の状況として、一語一語繰り返される状況である。

ローマを破壊したフン族を教皇レオ一世が追い払う伝説。ファラエルロ画『レオ１世とアッティラの会見』1514年、ヴァティカーノ宮ヘリオドロスの間、壁画。

五世紀末は、〈この世〉の終わりではなく、〈ある一つの世〉の終わりをもたらした。それは、四一〇年のローマ略奪の後の、ローマ帝国の滅亡である。四七六年九月四日の夕刻初め、その死亡証明書が作成された。しかし、実のところ、この最期は予見できていた。四六九年以降、これを予告するような印《しるし》が増えてきていたからである。イダス司教もまた、ささやかな司教区の底辺の至る所で、悲嘆のみを目にしている。彼は言う。「この時、この年は、通常よりもはるかに痛ましい状況であった。冬、春、夏、秋、収穫の全てが滅茶苦茶で台無しであった。さらには、多くの奇跡が現れている。特異な姿の四匹の魚が獲られ、それにはヘブライ・ギリシア・ラテン語文字で、合わせると三六五になる数が示されていた。数カ月も間を置かずに、レンズ豆に似た苦い穀物と、草のような緑の葉が天から落ちてきた。そして、他にも数え上げられないほど多くの奇跡が起こった。」四九二年から四九六年まで教皇であったゲラシウス一世は、社会のひどい動揺を証言している。彼もまた、威嚇的な混乱状態を告げる奇跡を記録している。自然災害に加えて、彼は風紀の乱れを挙げる。それは、ローマ人たち（彼らはまだこの名にふさわしいだろうか？）がルペルカリア祭〔毎年二月一五日に行われた古代ローマの豊年祈願祭〕の〈青春の風呂〉に再び潜る、その時である。「全裸か、せいぜい山羊の皮でできた腰巻きで覆っているだけの全裸に近い状態で、まず、彼らはルペルカリア祭の場所に集まった。そこは、パラティヌスの丘の側面にある古い洞窟である。そこで、彼らは一頭の身代り《アザゼル》の雄山羊の喉を掻き切って殺し、彼らのうちの二人がその血で額に印をつけられた。彼らは、その身代り《アザゼル》の雄山羊の皮から切り取られた細長い鞭を振り回しながら、走った。群集は、彼らの通った所に殺到し、その鞭の一撃を受けようと押し合い圧し合いした。子供を授かりたい若い女たちは手を差し伸ばし、ある女たちはためらわずに自分の臍《へそ》まで服の裾を巻き上げ、腹や尻をその鞭打つ祝福に差し出した。このように、女たちが不妊薬を買って乱交していたケルメス〔フランス北部・ベルギー・オランダで行われる年一度の定期市〕のような派手な乱痴気騒ぎをもって全ては終わる。」[31] これらの行き過ぎた行為や他の同等のことは、紀元一〇〇〇年後も生き残った千年王国信仰《ミレナリスム》の示威行動の中に見出すことができる。五世紀末、人々は、自分たちが最後の時を生きているのだという意識を強く持っていたし、その苦悩を追い払うために、最も馬鹿げた行為に進んで身を委ねたのである。

　六世紀にも、ローマは依然として存在していたが、しかし、状況が好転したわけではない。度重なる自然災害や新しい侵入者によって引き起された大混乱は、終わりの時への信仰を強めた。終わりの時は近づきつつもなかなか到来しないのだが。五九〇年に教皇になる大グレゴリウス〔一世、在位五九〇—六〇四、四教会博士の一人〕の書簡は、彼の同時代人たちの苦悩と深いペシミズムを反映している。彼自身も、地獄のようなこの生活から人々を逃れさせたペストに、感謝するほどになる。「われわれが他人の死に方を深く考える時、われわれを脅かす死の中にさえ、ある種の慰めを見出すのである。」彼はローマ滅亡という事件の中に、エゼキエル〔旧約聖書の預言者〕による煮え立った鍋の預言〔『エゼキエル書』二四章〕の成就を見ている。（現代は、ニンジンが煮えている時と言えるのではないだろうか。）ほとんど食道楽のように彼は引用している。「この都について次のように言うのは正しい。肉は煮え、その真ん中にあった骨も同様である。どこに元老院があるか？　どこに民衆がいるか？　骨はすべて溶け、肉は焼き尽くされ、壮麗さと威厳は消え去った。すべては焼け落ちたのである。しかし、残ったわれわれの中の幾人かは、毎日毎日、剣による打撃と数えきれぬ嘆きに、打ちひしがれている。それゆえ、今は次のように言う時なのだ。炭火の上の空鍋をどけよ。なぜなら、元老院はもはやなく、民衆も死んだのだから。残った者はわずかなのに、苦しみとうめき声は、いよいよ大きくなるばかりである。もはや空っぽのローマは、炎で焼き尽くされている。こういうわけで、この都の憔悴ぶりを語る際に、鍋の青銅が熱くなって溶けている、とつけ加えるのは正しい。なぜなら、まず肉と骨を焼き尽くした鍋が、すでに焼けているからである。」

　同じ頃、不幸な予言が増えている。五九一年、トゥールのグレゴリウス〔五三八頃―九三、トゥール司教〕は、マリアという名の女性を伴った一人の説教者が、メシアと自称して現れたことについて語っている。その説教者は、おそらく祈禱師にしかすぎなかったのだが、結局はル・ピュイの司教によって死刑に処せられた。しかし、ペストがヨーロッパを荒廃させた時――これはイタリア、スペイン、プロヴァンスを苦しめた大飢饉をも引き起こしたが、その影響はローヌの谷を経由してブルゴーニュ、ベリー、ナントにまで及んだ――、事件は勃発した。トゥールのグレゴリウスは、ここにまた一つの印《しるし》を見ている。「主の言葉によれば、実際、これは苦悩の始まりである。飢饉や地震が起こり、偽キリスト、偽預言者たちが現れるであろう。そして彼らは、選ばれた民を誤った道に誘い込むほど、不思議な行為を行うであろう。」

この自称メシアに注意を向ける必要がある。彼の出現は、紀元一〇〇〇年の出来事をあらかじめ象《かたど》ったようなものであるから。トゥールのグレゴリウスは次のように伝えている。「ベリー出身のある男が、木を切るためにある森の茂みに入り込んでいたら、蜜蜂の群れに取り囲まれ、その結果、二年の間、精神が錯乱した。当然これは、悪魔がそれらの蜜蜂を送ったのだ、と考えられるだろう。[32]」この後、彼はプロヴァンス地方のアルルに赴き、皮衣を着て、修道士のように祈りを捧げていた。彼を惑わすために、敵〔悪魔〕が彼に占いの贈り物をした。その後、彼はジェヴォダン〔フランス中央山地東部の地〕の国境を越え、偉大なる人物であると自称し、恐れ気もなく自分がキリストであると宣言した。群集が彼のもとにどっと押し寄せ、彼に病人を見せた。彼が触れると、病人は癒された。彼のもとに来る人々は、金銀をも持ってきた。人々をより容易にたらし込むため、彼はそれを貧しい人々に分け与えた……。」実際、これは教会をひどく不安にさせることであった。しかし彼が人々を癒さなくなると、人々は彼に背を向け、彼は貧者たちに分け与えたことを非難され、くつろいでいた旅人の身包みを剥ぎ、その分捕り品で飢えた人々を養ったという廉で訴えられた。この神秘家マンドランは、教会当局から非難を招くことしかできなかった。その当局に忠実であったトゥールのグレゴリウス自身は、次のように宣言している。「むしろ反キリストと名付けられるにふさわしいこの自称キリストは、こうして倒れ、そして死んだ。」

しかしこの六世紀末には、西洋世界にとって遙かに恐ろしい偽預言者、イスラムの創始者マホメット〔ムハンマド、五七〇—六三二〕が出現する。マホメットが宗教改革者としてその輝かしい歩みを始めたのである。「この偽のペテン師、マホメットの誕生年であった五九七年、コンスタンティノポリスでは、終末の接近を思わせるひどく長い尾をもった彗星が観測された」と、一六世紀にピエール・ボワステュオーは自著の『驚異の歴史』に書いている。なお彼は、この預言者の誕生年五七〇年を五九七年と間違えている。マホメットに関しては――私にはイスラム的終末論にまで言及する余地はない――、レオン・ポリアコフが『ムハンマドと世の終わり』（一九一二）という自著の中で、P・カノーヴァなる人物による次の文を引用している。「ムハンマドは、この世の終わりが近く、自分がその場に居合わせるだろう、と信じていた。」

したがって、六世紀は、終末感の漂う中で終わることになった。人口が減って荒廃し、ロンバルド族に再び脅かされていたローマは、五九〇年、ティベル川の度外れな増水により、低地地区や穀物貯蔵庫が水浸しになった。腐敗した夥しい死体が浮いている通りには、鼠けいリンパ腺系ペスト菌を媒介するネズミが広がった。犠牲者の中には、教皇ペラギウス二世〔在位五七九―九〇〕もいた……。そして不幸は度重なるものである。イタリアの空には、視界を暗くする巨大な雲のようなイナゴの大群が現れた。集団ヒステリーの極みに達した民衆は、新教皇の大グレゴリウスを攻撃して罵った。「このペスト野郎！　この飢饉野郎！」と。教皇自身、これらの災害が世の終わりを告げていると認め、最後の審判により良く備えるために全てのキリスト教徒たちに悔い改めと地上の富を捨てることを厳命したのだった。

これと同じ頃、ケルト人世界もまた、この不吉な予言と無縁ではなかった。魔法使いメルラン〔『アーサー王伝説』に登場する王の味方の魔法使い。英語名マーリン〕がそれを証明する。ラテン語に訳されたその予言は、終末の暗さの中に、特別な光をもたらしている。「人々はブドウ酒に酔い、地上のことにとらわれて天上のことを忘れるだろう。星々は方向を変えるので、その軌道は混乱する。収穫物は干からび、水が地上から消える。太陽光は水星の銀色の光によって食され、その銀光を見る者は誰でも、恐怖におののくだろう。木星と金星は、その軌道を離れてしまう。人類は、青白い閃光を放つ土星の長柄の鎌に打ちたたかれて死ぬ。月の戦車は黄道を乱し、プレアデス星団〔牡牛座の散開星団〕は涙を流す。じきに全てのものが己の務めを止めるだろう。光線による衝撃で水が持ち上がり、古い時代の塵を再び浮き上がらせるだろう。風はぶつかり合い、その号音は星々の中に消えていく。[33]」

ル・ゴッフの言うように、〈悲劇の七世紀〉は、災害と嘆く女たちに満ちていた。八〇〇年頃に亡くなったモンテ・カッシーノの修道士で助祭パウロは、自分を取り巻く世界の不健全な状態を嘆いている。

「その時まで人でいっぱいであった地方や都市が、ある日、皆が逃げ去り、深い沈黙に沈み込んだ。子供たちは、自分の親の死体を埋葬もせず放置したままで旅立った。親たちは、自分の子供の臓腑が温かいうちに見捨てた。もし、偶然にでも誰かが身近な人を埋葬するために残ったとしたら、その人はそこで死ぬことになり、埋葬してくれる者もない。この世紀は、人類が出現する以前の沈黙の世界に立ち戻っていた。野には声がなく、羊飼いたちの口笛もない。収穫は刈り取ってくれる人を虚しく待ち、ブドウの実は冬が近づいているのにまだその枝についていて、畑は墓地に、人家は野獣の隠れ家に姿を変えたのだった。」

ローマの滅亡に次ぐ重要な出来事が、この世紀に起こった。すなわち、六三八年のイスラム教徒によるエルサレム占領である。このニュースは、西洋のキリスト教徒たちの精神に深い心的外傷《トラウマ》を残し、偽メトディウスの書〔『黙示』〕は、終わりの時の脅威にさいなまれたと伝えている。

しかし、実を言えば、歴史家（あるいは読者）は、世紀の変わりめのたびに同じような黙示録的内容の史料が出現することに、飽き飽きしはじめている。この史料ときたら、新しい空想と啓示を決して解明せず、ひたすら繰り返すだけなのだから。これを語る言葉は常に同じで、そのシナリオは厳格な構想にとどまったままで、そのヴァリエーションはごくわずかでしかない。自分の同時代人による古典の注釈書に引用された予言とメッセージを読んだ人が、原典の存在を知らないために、すべて注釈者が実際に霊感を受けて書いたオリジナルと信じていた、ということがよくある。例えば、八世紀のアングロ・サクソン人たちは、キネウルフ〔七五〇年頃活動したアングロ・サクソン期の詩人。おそらくはラテン宗教文学に精通したノーサンブリアの吟遊詩人〕——彼は、少なくともバルド〔ケルト人の吟遊詩人〕としての文学的才能を持っていた——による史料を、驚きと畏れをもって発見した。「その時、突然の恐怖を伴って、主の大いなる日が、真夜中、輝かしい世界に重く圧し掛かる。地が奥底から鳴り響き、主の御前に逆巻く火の中でも最も大きな炎が、広大な地の上を這う。天には稲妻が走り、静かに瞬いていた星々が落ちる。その時、太陽は血の色のように暗くなり、強い突風を受けて月自体が奈落の底に落ち、惑星が天から落ちる。このように、むさぼる霊が地を徘徊し、焼き尽くす炎が建造物をなめ尽くす。まるで競うように、都市の壊された城壁が崩れる。丘は急速に消え、かつては大海や波に対して陸地を守っていた高い断崖も消え去る。その時、この死の火が、全ての生ける被造物、獣や鳥を襲う。不可解な炎が地の上を走るからである。押し上げられた波が流れ込む場所は火の桶となり、そこでは海の魚が焼けるであろう。打たれた海の怪物たちは死に、その水は蠟のように溶ける。」このイメージは、ノストラダムスに至るまで、あらゆる予言者たちのペンが記してきたものである。（ノストラダムスは、この火にかけられた海と、クール・ブイヨン〔スープの出汁〕になるよう定められた魚について、詩を書いている。）

　さらに強く人の心を摑む描写は、ゲルマン神話のものである。その中では、〈神々の黄昏〉に先立つこの世の終わりが描き出されている。（これは、後にヴァーグナー〔一八一三―八三、ドイツの作曲家〕が作品の題材とした。）また壮大なアイスランド叙事詩『エッダ』の最後においては、この世は虚無に帰し、大いなる神々も死に、人類は地から一掃される。星々は天蓋から剝がれ落ちる、まるで長すぎた旅で疲れ果てたツバメのように。巨人たちは惑星全体を火で満たし、宇宙はもはや真っ赤に燃えた炭火でしかない。炎が岩の裂け目から吹き出し、蒸気が至る所でひゅうひゅう音を立てている。全ての動植物は死に絶える。唯一、むき出しの地面だけが存在しているが、それももはや石と亀裂の混沌《カオス》でしかない。そう、海はあふれて地を覆い、地は波の下に沈む。全てが終わる。そして、再び全てはここから始まるだろう。地はゆっくりと波間から頭を出し、山々は聳《そび》え立つ。人が何も蒔かなかった所から穂が伸び、新しい太陽がそれらを実らせる。そして新しい種の神々、新しい種の人間たちが、この世界を所有するのである。

世紀末

千年の終わりの幻影は、当然、世紀末の幻影とも重なる。こうして〈世紀末〉や〈永劫回帰〉の伝説が創られる。この現象は、宗教史と同様、心性史、文学史、美術史の領域に見られるが、世紀末について最も語られた一九世紀について、ここでは多くの紙面を割くことになろう。

まず、ここでは言葉の問題から入る必要がある。さもないと、この幻影が曖昧な闇の中にとどまってしまうからである。フランス語の世紀《シエクル》という言葉は、もともとは人間の〈一世代〉を意味するラテン語の saeculum〈サエクルム〉から派生し、たとえ、その一生が百年より短い三三年間〔キリストの生涯の期間〕であってもその意味で使われていた。しかし後には、より明瞭でより長い一時代、すなわち百年を意味するようになる。やがて、教会ラテン語では、〈サエクルム〉は類比的に、この世、この世の生涯、世俗的生活を示すようになる。教会は俗人を、世俗《シエクル》に生きて聖職の誓願を立てない人間として、修道士や聖職者と対比させた。かくして世紀末は、この世俗的世界の終末となるのである。

しかし、シエクルという語はまた〈シクル〉〔英語式には〈サイクル〉〕という語とも結びついている。これは、〈回転盤〉や〈輪〉という意味のギリシア語の kuklos〈ククロス〉から派生しており、時間的な周期性を示す一連の諸現象に用いられる語である。「数字の順番をつけることよって特定された各世紀は、他の世紀と代替不能である。だが、各世紀の終わりに線を引いたことによって、それぞれの世紀は、共通の要素を持つこととなった。つまり、世紀には皆、終わりがあり、その繰り返しがなされるわけである。ある世紀から他の世紀への移行という同じ現象は、先天的《アプリオリ》に百年ごと、すなわち世紀末にしか起こり得ない。要するに、この時間区分のための道具は、時間の周期化を導き、時間に反復というものをもたらしたのである。」[34]

ここで、〈世紀の転換期〉のイメージは永遠に繰り返す神話となる。ボルヘス〔一八九九―一九八六、アルゼンチンの詩人・作家・評論家〕が言っていたように、歴史は線的ではなく、未だに円環的なのである。車輪は回転し、人はただ車輪の中心部分がひどく砕けることがないようにと望むばかりである。

一世紀の年数を確定することは――千年紀のそれのように――任意のもので、一世紀は一〇〇年とは限らない。歴史の入門書で、一九世紀と言えば一七八九年から一九一四年まで〔フランス革命から第一次世界大戦勃発まで〕を指すことはよく知られている。それでも、一八九〇年から一九〇〇年の間に大きな世紀末の緊張があった。それがあまりにも大きかったために、他と区別して、かっこ付きで一語としての〈世紀末〉という特殊表現がこの時期に生み出されることになったのである。これは、偶然こうなったわけではない。ゼロが二つか三つ付いた年は、それが自然にめぐってくる年数であっても、数字の呪縛が十分に機能することを示しているのである。

ところで、一つの世紀末とは、どのくらいの期間なのだろうか。一〇年、二〇年、あるいは三〇年か？　人間は生まれたその時から老いはじめ、死へ向かいはじめる。同様に、世紀を運命的にその最期へ導いていく生物的進化のようなものが、世紀にはあるようである。ユイスマンス〔一八四八―一九〇七、フランスの小説家・美術批評家〕は世紀末を〈世紀の尾〉と呼び、次のように言っている。「〈世紀の尾〉は、その時を懸命に生きている人々のうちに終末の不安、掻き立てられる黙示録特有の苦悩、わざとらしい形であってさえも宗教的感情を生み出しうるという点に特徴がある。[35]」彼は、作品『彼方』（一八九一年刊行）の中で、「〈世紀の尾〉はどれも似通っている。全てが不確かで、不透明なのだ」と明確に述べ、「物質主義が猛威を振るっているのに、魔術が行われる。この現象は百年ごとに繰り返す。時代をそう遡らなくても、これまでの世紀末を見てみるがいい。合理主義者や無神論者がいる一方で、聖ジェルマン、カリオストロ、聖マルタン、ガバリ、カゾッテ、薔薇十字会、悪魔崇拝サークル〔中世に奇跡を起こしたとされる聖人、近代の魔術サークルの列挙〕が、まるで現代のようにいっぱいいるのがわかるではないか！」とつけ加えている。彼はまた、登場人物の一人に、ためらわず次のように言わせている。「『ヨハネによって預言された時は近い』と占星術師のジェヴァンシェが絶叫した。ここに、それを示す証拠がある。ライムンド・ルリオ〔一二三五―一三一五、カタロニアのスコラ神学者〕の論証によれば、この古い世界の終わりを告げるのは、反キリストの教義の普及である。そして彼は、その教義とは物質主義と魔術の著しい覚醒である、と定義づけた。私はこの予言は今の時代にもあてはまると思う。他方、聖マタイは、〈聖所で最も忌むべきことが行われる〉時に福音は成就するはずである、と言った。さあ、忌むべき者が今そこにいる！　この臆病で懐疑的、平凡で悪賢い教皇を見よ。[36]この聖職売買《シモニア》の卑劣な司教、軽薄で柔弱な聖職者を見よ。どれほど彼らが悪魔主義に冒されているかを見よ、そして教会がどれほど堕落しうるかを語れ！」教会と国家の、痛ましい分離の直前に書かれたこれらの史料は、たえず蘇る終末の幻影のメカニズムを明らかにしている。

　終末論すべてをひとまとめにするこうした解釈は、明らかに修正されなければならない。歴史家たちは、このように過去を思いつきでゆがめるのを防ぐべきである。「仮に、世紀末感情をひとまとめに分析しようという欲求が正当なものだとしても――〈世紀の悪〉感情をひとまとめに研究する欲求が正当なように――、百年ごとに大衆や知識人を支配する世紀末感情が繰り返し訪れたと結論することは正しくない。これは、私の見地では、現実に則していない思想をでっち上げようとする誘惑、つまり、一つの神話を作ろうとする誘惑であろう。[37]」

世紀末ごとに経験された終末の歴史を記述するのは、不安定なカンヴァスの上でスケッチをするようなものだ。というのも、これは幻影の歴史、少なくとも不穏な噂の歴史だからである。

紀元一〇〇〇年以後の世紀末の歴史

終末の皇帝

紀元一〇〇〇年にも、一〇三三年にも、世界に大異変は起こらなかった。そして終末の恐怖をあおる者を異端的色彩が強いと批判していた教会が正しいように思われた。しかし、清貧運動〔財産を捨てて修行にうち込む運動〕のように最後の審判の前兆を探した人々がいたことから、世の終わりを信じる民衆的信心は消えなかったことがわかる。中でもとくに、終わりの日に偉大な皇帝がエルサレムに赴くはずである、という巫女の予言を信じる信心が強かった。これは、聖地巡礼に取って代わった十字軍運動に、終末論的な意味を与えた。一一世紀末、アルベ司教ベンゾは予言した。「神聖ローマ皇帝ハインリヒ四世〔ドイツ王在位一〇五三―一一〇六、皇帝在位一〇五六―一一〇六〕がこの役を担い、ビザンツ帝国を征服し、不信仰な者を打ちたたき、キリスト教の都を意気揚々とのし歩くであろう。そして、彼は反キリストと出会い、これを踏みつぶすであろう。その後、ハインリヒ四世が世の終わりまで世界帝国を治めるであろう」と。実際、この皇帝は、教皇グレゴリウス七世〔在位一〇七三―八五〕に対抗したことで有名になったが〔カノッサ事件など〕、その最期は惨めであった。マインツの議会で廃位され、その死骸は、五年間埋葬せずにさらしものにするよう命じられたのである。とはいえ、これにより終末の皇帝伝説が誕生することになる。

　このハインリヒ四世が終末の皇帝ではないことがわかると、紀元八〇〇年（これは象徴的な数字である）に教皇が全ヨーロッパ、すなわち全キリスト教徒の皇帝としてシャルルマーニュ〔カール大帝〕を選んだことが思い起こされた。三〇〇年が過ぎても、伝説の皇帝はなおも生きている。彼はただ眠らされ、秘密の洞窟に隠されていただけで、解放されたエルサレムに人々を導き上るために目覚め、人々の前に現れる瞬間を待ち望んでいた、というのである。豊かな民間伝承はこのテーマをしっかり摑んで、民衆的信心ばかりでなく千年王国信仰《ミレナリスム》を助長することになった。

　この神話の起源は東方にある。それは、ムハンマドの従兄弟で娘婿のアリーを信奉する〈アリー党〉のイラン人の伝承に表現されているのである。長い歴史を経て、アリー党のシーア派は、一二番目の導師《イマーム》、一〇歳のムハンマド・イブン・ハッサンが死ぬと衰退してしまう。そして、アリー党は茫然自失の体《てい》で絶望状態となる。なぜなら、導師《イマーム》がいなくては、この世界は瞬く間に滅びるはずだったからである。そこで、次のような噂がたちまち広まった。この子供は死んではおらず、ただ、事態を見極めるために、洞窟に隠れていただけである。彼は、再び現れ、ムスリム国家を再興し、正義の失せた世界に正義を行き渡らせるための好機を待っているのである、と。「ああ、千年以上も前にかくも神秘的に姿を消した、何という不幸な子供よ、彼は世界史上最も有名な人物の一人となった。だが、七〇〇〇万人以上の人間の目にとって、今や彼は時の支配者、救い主《マフディー》である。その到来を人々は待ち望む。[38]」

こうして一一世紀末、終末の皇帝は、シャルルマーニュということになった。エルサレムに十字軍を率い、異教徒を討ち、聖なる都にキリスト教徒を再び住まわせるのは彼であると、〈後になって〉人々は確信したわけである。彼はアーヘンの墓の中で眠っているが、正しい戦を再開し、新たな異教徒を追い払い、幸福な時代を築くために、目覚める用意はできているのである。[39]

一一世紀末

その皇帝が眠っているために当時の社会は封建制《フューダリズム》の閉塞状態となっていたが、教会は目を覚まし、途方に暮れた信徒の群れをその周りに集め、教会の力を再興しようと企てた。その際、教会は、大きな衝撃を人々に与えることで、およそ全ヨーロッパ的規模でキリスト教徒を召集しなくてはならなかった。これこそ集団行動の十字軍であり、個人の巡礼に取って代わるよう意図されたものであった。ミシュレー〔一七九八―一八七四、フランスの歴史学者〕は書いている。[40]「中世の最も悲惨な出来事、エルサレムの不幸に、人々はありったけの涙を流した。紀元一〇〇〇年を世の終わりとする威嚇的な大きな叫び声が再び響きはじめ、神が与えると約束した安息の地を獲得するために、十字軍はパレスティナへ派遣されるのである。サラセン人〔イスラム教徒〕たちの力が限界に達した、という噂が広まっていた。当時の人々にとっては、かつてシャルルマーニュが切り開いたといわれる大路をひたすら歩み続けた。」このように企てられた熱狂は、一〇七一年、セルジューク・トルコが聖都を占領したとの報により、さらに強められた。聖地が汚されたということ。これはキリスト教徒たちを憤激させ、イスラム教徒たちに対する憎しみを強めたのである。一〇九五年、教皇ウルバヌス二世〔在位一〇八八―九九〕が、クレルモンの大聖堂の前庭で一三人の大司教、二二五人の司教、四〇〇人の修道院長、一〇〇〇人の一般信徒を前に発した十字軍遠征のアピールを聴く用意が彼らにはできていたのである。その語り口は、簡潔でありながらも簡略すぎることはなく、純朴かつ無垢な魂を征服するのにぴったりであった。要するに、エルサレムを解放すること、異教徒の拡大を阻むこと、〈われらの兄弟たちが住んでいる地域の、この軽侮すべき連中を追い払うこと〉が重要であり、西方のキリスト教徒たちに助けを求める東方のキリスト教徒たちの声を、ビザンツ皇帝の声を通して聞けということであった。何とも効果的な口実を、ウルバヌス二世は、よくぞ承知の上で使ったものである。（現在の歴史学がそのことを十分に示すであろう。）事実、キリスト教国を荒廃させ、教会の権威を覆した王国内の暴動や私闘にうんざりして、ル・ゴッフが言うように教皇は〈暴力を対異教徒へ振り向け、正当な理由のもとに用いることによって、暴力に活路を開かん〉と欲していたのである。他にもエドガー・ヴェーバーが書いているように、ウルバヌス二世の天賦の才は、十字軍に加わった群集に、空想に満ちた神話を提供したことでもわかる。その神話は、紀元一〇〇〇年の、つまりは過ぎ去った恐怖の幻影を忘れさせうるものであった。この群集はまるで一人の人間ように団結して従い、約束の地へ向かって、全速力で飛ぶ野生の雁のように群れを成して、進んでいった。

しかし、紀元一〇〇〇年に接近していた時のように、群集はまた地上の富を貧者に施せ、という命令にも従った。「これは、まるで世の中がひっくり返ったような異常な光景であった。男たちがそれまで愛していたもの全てを、すなわち彼らの立派な館、妻、子供たちを厭うようになる光景が、突然に見られるようになったのである。彼らは全てを置き去りにして、急ぎ出発した」と、ミシュレーは言っている。十字軍に参加した者たちは、現実に最も貧しい巡礼者たらんという誓いのもと、まさに貧窮状態で出発した。しかし、彼らは聖人ではなかった。その道のりは長く危険であり、十分に食べなければならなかった。そこで、彼らは略奪しながら道を進んだので、〈聖戦の前に報酬に与った〉とも、ミシュレーは述べている。彼らは虐殺はしなかったが、殺しはした。彼らは出会ったユダヤ人を相手に、〈キリストの墓を解放する前に、キリストを殺した者たちを罰せねばならぬと信じて〉殺しの練習台としたのである。この世紀の末、とうとう旅の終着点にたどり着き、彼らはイスラム教徒の都市の城壁の下に天幕を張った。飢えが、飢饉が、彼らを過度な悪に駆り立てた。彼らが食人行為《カニバリスム》〔人肉を食べること〕を行ったことは、明らかに証明されている。「マーラで軍隊はひどい飢饉に襲われ、彼らはサラセン人の死骸で飢えをしのぐしかない、という恐ろしい状況に置かれている」と、公式の報告が教皇になされている。「マーラでは、われわれの軍隊は、鍋で大人の異教徒を煮、子供たちを串に刺して焼き、むさぼり食った」と、率直な年代記作者カンのラウルが告白している。

　彼らが到着した一〇九九年六月七日、彼らはついに、エルサレムを包囲する。この日以上に良い日は選べなかったであろう。七月五日金曜日の「三時、キリスト受難の時刻に、ブイヨンのゴドフロア〔一〇六一頃—一一〇〇。一〇九九年より十字軍国家エルサレムの王、〈聖墓の守護者〉と自称〕は自分の櫓《やぐら》から出て、エルサレムの城壁へ降りていった。囚われた都、その虐殺は恐ろしいものであった。」（ミシュレー）アラブ人の証言によれば、「聖都の人々は剣に刺し通され、フランク人たちは一週間、イスラム教徒たちを虐殺し続けた。アル・アクサのモスクの中で、彼らは七万人以上を殺した。ユダヤ人たちはシナゴーグに集められ、そこでフランク人の手で生きながら焼き殺された。フランク人らは、聖人たちの記念碑やアブラハムの墓をも破壊した」[41]という。

　一一世紀末、西洋の人間は、このようにして自分たちの恐怖を追い払った。ミシュレーは好奇心に駆られて、次のように締めくくっている。「十字軍の大運動は、地方に縛りつけられていた人々がそこから引き出されるきっかけを作り、彼らをヨーロッパとアジアの広い空間に連れ出した。その結果、彼らはエルサレムを求め、自由と出会った。紀元一〇〇〇年に聞くと思われていた、大天使の自由を告げ知らせるラッパの音は、一世紀遅れて、十字軍の説教において鳴り響いたのである。」

年代記作者たちが引用していることを、ここでつけ加えておこう。「一〇九六年八月一五日、最強の遠征隊が出発した日には、天の下に種々の印、すなわち星の雨、火の柱、血の雲、蝶や鳥の大量の飛翔などがあった。」

ジャン・クロード・ギユボーは、筆者がこの文章を書いている時に、『ル・モンド』紙に「十字軍の道」について注目すべきルポルタージュを掲載し[42]、終末的ムードを余すところなく暴露している。彼によれば、キリスト教徒たちは、生と死の境界線においてではなく、文明化されていると言われた西洋と未開と言われた東洋との境界線で自分を失い、そうして自分の魂を失っていった、という。「十字軍兵士は世俗の功績と財産を渇望する騎士たちによって軽蔑される群集となった。それはまた、彼らが多少の嫌悪をこめてしか話さない神秘主義的で飢えた群集であった。そして清貧を賞賛する奇妙なセクトが増加し、その首謀者たちが活動する地において急に表舞台に登場してくるのは、この見捨てられた群集である。暴力の中、そして名誉の中で。」一〇九九年一月（十字軍兵士らを悲嘆に陥れざるをえない日）、渇望されたこのエルサレムのお膝元で、「マーラの地獄の中で、諸侯《バロン》たちが喧嘩をしていた間に、激しい恐怖にさらされ、飢え、渇いた貧者や彼らのセクト（フランドルの恐るべきタフュル派や非妥協的なエビオニト派のような）が、禁じられた食人行為《カニバリスム》の誘惑に大々的に屈した。[43]」そして、街を徹底的に取り壊し、〈異教的な〉生活の後を全く消し去る、という誘惑にも屈した。

二〇世紀末のフランス人である私たちは、現在、理解できない思いで旧ユーゴスラヴィアの〈民族浄化〉に名を借りた粛清を見つめている。私たちがまだ終わっていないこの世紀末の出来事に注釈を加えるのはおかしい。だが、少なくともここでは、紀元一〇〇〇年の幻影が何かの役に立つであろう。

一二世紀末

一二世紀末は、幻影の歴史の展開発展において、重要な段階である。終末論の新しい不安材料となるタイプの予言、すなわちフィオーレのヨアキム〔一一三五―一二〇二〕の啓示が西洋世界に現れたからである。このカラブリア出身の隠修士ヨアキムは、黙示録には未だ全く明かされていない隠れた意味が残っている、という霊感を一一九〇年から一一九五年の間に受けた。「この考えは、全く彼の独自なものというわけではない。しかし、彼によって初めて、倫理的・教義的目的だけでなく、歴史の道筋を理解し、予見する方法として、これ（寓意的解釈）を用いる努力がなされたのだった。ヨアキムは、旧・新約聖書、とくに黙示録の出来事と人物にあてはまる鍵を発見したと思い、自分には歴史の意味を洞察し、詳細に将来を予見することが許されたと信じていたのである。」[44] この独自な解釈において、歴史は線状になり、線的な時間の中で歴史が繰り広げられる。それゆえ、歴史には始まりがあり、発展があり、終わりがある。この線は広がりを持ったものではないので、空間的ではない。しかしながら、歴史は漸進的に進む。すなわち、曲線が決して交わることなく、しだいに直線に近づいていくのである。歴史は、かの有名なオメガの点〔ギリシア語アルファベットの最後の字〕に向かうが、その点に到達するのではなく、やがてその点と一つに溶け合うのである。これは緻密で知的な解釈である。もちろん、ヨアキムは近代数学的なイメージは使わない。

彼は以下のことを肯定するにとどめている。（とはいえ、これがすでに実のある着想なのであるが。）彼によれば、歴史は上昇していくものである。すなわち、この上昇は、父・子・聖霊の時代の三段階によって特徴づけられ、聖霊の時代の段階は人類の最高点を示す。「聖霊の時代は、安息日《サバト》もしくは人類の休息の時代であろう。世界はもはや、修道士たちの住む巨大な修道院でしかない。この修道士たちは、神秘的観想のうちに死んだのだが、主の栄光を称えるために声を合わせるであろう。聖人たちのこの新しい王国は、最後の審判の日まで続く。[45]」

ヨアキムは、この新しい時代の到来を告げ知らせるだけでは満足しなかった。彼はその日の算出までしている。聖マタイの計算に基づくとすれば、アブラハムからキリストまでは四二世代であり、キリストの誕生とこの世の最終的変貌の間もこれと同じだけのはずである。ということは、その到来は一二〇〇年から一二六〇年の間となる。年数が限定されたからには、準備することが緊急事となる。数十年間のこの準備期間は、十分かどうか？　ヨアキムは、これが想像に基づいたものとはいえ、自分の影響力が直接的で無視できないものであったから、新しい修道規則の確立を説いた。その規則は、ユダヤ人をキリスト教に改宗させるばかりでなく、全男子を選ばれた者の一団に再統合するため、世俗的な些事を免れさせようとするものであった。

このような企ては当然大混乱を引き起こした。この預言者によれば、聖霊時代の到来に先立つ三年半は、反キリストに支配されるという。これでは、双六ゲームの振り出しの桝目に戻されるかのようだ。実際、フィオーレのヨアキムの千年王国論は非常に多くの信奉者を集めていたのだが、これは千年王国信者《ミレナリスト》グループの暴動を引き起こし、アシジの貧者〔フランチェスコ、一一八二—一二二六〕の周囲のフランシスコ会士まで誘惑し、終末の皇帝をメシア的イメージで捉えるまでに及んだ。この際、フリードリヒ二世〔神聖ローマ皇帝、在位一二一五—五〇〕は〈教会の懲罰者〉として、義侠の騎士の一人に昇格させられた。彼の祖父、赤髭王《バルバロッサ》と呼ばれたフリードリヒ一世〔神聖ローマ皇帝、在位一一五五—九〇〕は、一一九〇年、自分の役割を果たさずに、第三回十字軍の途上で死んだ。彼にとっての世の終わりは、シリシの川〔ザレフ川〕の中にあり、彼はそこで不慮の水死をとげたのである。皇帝位には彼の息子ハインリヒ六世〔神聖ローマ皇帝、在位一一九〇—九七〕が昇ったが、彼は一一九七年までの七年間しか統治しなかった。彼の通る所は涙の谷となり、不名誉で忘れ難い記憶しか残されなかった。彼はシチリアの人々を虐殺し、リチャード獅子心王〔在位一一八九—九九、イギリス・プランタジネット朝の王〕を人質にした。民衆史の側からは、これを許すわけにはゆくまい。彼の後を継いだのがフリードリヒ二世で、当時の預言者たちは、彼をキリスト教徒の終末の皇帝として奉った。バルバロッサ崩御の後、フリードリヒ二世が聖墓を解放し、千年王国《ミレニアム》を用意するのだ、という噂が流れていた。彼が教皇権に対する闘いを開始し、聖職者堕落の原因であった富を教会から剝ぎ取らんと威嚇し、破門宣告を物ともしない彼の態度が明らかになった時、その噂は人々から納得されはじめた。しかし、「(ヨアキムの味方であった)イタリアの心霊派《スピリチュエル》にとっては、皇帝の聖職者に対する懲罰はしごく当然の報いであり、第三の時代〔聖霊による支配の時代〕の実現に必要不可欠なものであっても、これは悪魔的仕業であった。彼らにとっては、この皇帝は黙示録の〈獣〉であり、ゲルマン人の神聖ローマ帝国は〈バビロン〉だったからである。[46]」千年王国信者《ミレナリスト》の目には、フリードリヒ二世が終末の皇帝と最後の十字軍の指導者の役割を同時に引き受けていると映ったので、彼らは非常に混乱した。しかしその歴史は終わっていない。一二五〇年に死んだフリードリヒ二世はメシア皇帝ではなかったからである。

一三世紀末

千年王国信者《ミレナリスト》たちは、フリードリヒ二世の死を信じようとはせず、皇帝が巡礼者の身なりをして、あるいは隠修士の洞窟に身を隠しに旅立った、という噂を撒き散らした。エトナ山斜面の洞穴に入り込んでいる彼を見た、と強く主張され、二年間、あるペテン師が彼の役を演じもした。一三世紀末の数年間は、他に数名の偽皇帝がドイツに現れた。その中の一人はノイス市の君主に選ばれ、彼こそが本当に帰ってきた皇帝だと、ほとんど一般に信じられるほどであった。ノーマン・コーンの著作『黙示録の狂信』の中で指摘されているが、この偽フリードリヒ二世の長い物語が一六世紀まで民衆に信じられていた、と言われる。

ヤコブ・デ・ヴォラギネ〔?—一二九八〕による『黄金伝説』が広く普及したのも、同じく一三世紀末のことであった。このドミニコ会士は、本名をジャコモ・ダ・ヴィアレッジョといい、多くの聖人たちの伝記を集めてこの書を著した。そこにおいて、彼は世の終わりの前兆を列挙し[47]、反キリストのペテンを暴き、最後の火について叙述している。彼が大した想像力を示さず、黙示録のヴィジョンを繰り返すだけにとどめているのは、とかく千年王国信仰《ミレナリスム》の神話的な黄金時代に後退しようとする彼の同時代人の記憶に、本来の黙示録のヴィジョンを呼び戻そうとしているからである。

一四世紀末

医師で化学者、破門に価するお騒がせ屋のアルノー・ド・ヴィルヌーヴは、一三世紀末頃から、世の終わりが一三九五年に到来すると予言していたが、彼自身その宇宙規模の大異変から免れる結果に終わった。世の終わりはもちろん、起こらなかったのである。彼に傾聴していた者たちは、落胆させられると同時に安心もした。この世界は、なおもその歩みを続けていたからである。しかし、一四世紀の末も、他の全ての世紀末と同様に、苦悩の様を呈している。聖ヴァンサン・フェリエ〔一三五〇―一四一九、ドミニコ会士〕は、最後の審判は近く、当時の人々を襲っている不幸はその前奏曲にすぎないと叫び、西洋中を渡り歩いた。当時の美術の図像は、終末的テーマに彩られている。黙示録に捧げられた有名なタピストリーがアンジェ市で織られたのも、一三八〇年であった。

一五世紀末

『世の終わりを示す恐ろしい一五の印……』、これは、一四九〇年に出た、ある作品の題名である。一五世紀末は以前にも増して黙示録的な印で示され、「世紀末は不可避的に危険で、死に至らしめるものである」という思想が、数多くの印によって強められていたのである。まず、天上に驚くべきことが起こった。一四九二年一一月七日、ラインラント南方のエンシスハイムで、四、五〇億年前に遡る隕石が砕けた。その時、貧しい修道士たちの頭上に、天が落ちはじめたのである。「正午頃、恐ろしい雷鳴があった。最悪の惨禍を告げながら、重さ三〇〇キログラムの岩が野に落ちた」と、セバスチャン・ブラント〔一四五八―一五二一、ドイツの詩人〕が、『愚者の船』〔人間の愚かさを辛辣に批評、断罪し、大評判となった書〕の中で書いている。

この著作は異変の二年後にバーゼルで出版され、素晴らしい成功を収めた。印刷術の発明以来、この*Das Narren schiff* というドイツ語の本ほど流行したものはなかった。ストラスブールの宿屋の息子であるこの作家は、作品の登場人物である極楽の愚者全てを、狂人たちの国、ナラゴニアン行きの外国船に乗せる。これは、大洪水を逃れるノアの方舟のパロディである。だが同時にこれは、唯一、神人（キリスト）の御手のみが避難者を救える、という『キリストの国』の神秘的アレゴリーでもある。「多くの雷や災害の噂を聞くはずだ。今ではもはや、どこに真理があるのか、わからないからである」と、セバスチャン・ブラントは言っている。反キリスト、終末のキリスト（Endkrist）に言及しながら、彼は叫ぶ。「時は流れた。終わりの時は近づいている！　反キリストの到来がもう遠くはないのでは、と私は恐れる。審判の日がわれわれに迫ってきている！　われわれが罪の赦しを軽んじたので、全き闇が、すぐにもわれわれを暗黒の夜に沈めるだろう。未だかつてなかったことが、われわれに起ころうとしている。愚者の船は真っさかさまにひっくり返るであろう……。」波打ち、やはり船は沈められる《フルクトゥアト・セド・メルギトゥル》。〔これは「波打てども沈まず」（フルクトゥアト・ネク・メルギトゥル）のパロディである〕

ところでこの時代、懲罰の前兆とされたのは、とくに疫病の類であった。新しい伝染病が全ヨーロッパに広がったが、医者たちはこれに対して無力であった。一四八五年以降、数日のうちに、全イギリスに恐怖をまき散らしたのは、〈イギリス多汗熱病〉である。その被害自体に加え、これがもたらしたパニックと意気阻喪はすさまじかった。イギリス人たちはたっぷり汗を流した。まるで、彼ら自身で名物の霧を作り出していたかのように。この噴出する熱を、フランス人たちは〈口説きの道具〉に使いながら、それを馬鹿にしていた。だが、さほど経ずして一四九五年、今度はフランス人たちが苦笑する番になった。彼らは、ナポリ市を襲った梅毒にやられたのである。その激しさと感染の速さによって人々を脅えさせる謎の病。潰瘍と発疹に覆われた患者。〈梅毒のヴェルギリウス〉と異名をとったフラスカトルは、次のように書いている。「この潰瘍はしつこい。ある場所で治癒されても、別の場所でまた現れる。いつまでも切りがない。」兵士たち、軍隊についてくる酒保係や娼婦たちに媒介されて、病は全イタリアに行き渡り、フランス、ドイツ、そして別の病でひどく痛手を被っていたイギリスさえも征服してしまう。王たちとて容赦されなかった。一四九二年には、即位前のフランソワ一世〔フランス王、在位一五一五—四七〕やカール五世〔神聖ローマ皇帝、在位一五一九—五六〕、そして、教皇アレキサンドル六世〔在位一四九二—一五〇三〕も、この病にかかっている。

一四九二年、これはクリストファー・コロンブス〔一四五一—一五〇六〕が新世界に上陸した年である。その一一月には、彼はハイチに到着する。その仲間うちで、奇妙な未知の〈病〉がすぐに現れた。その〈病〉は、入植者たちの顔をサフラン色〔黄色〕にするのである。コロンブスは、生きながら死人のようになった船員たちを帰還させた。だが、はっきりそれとわかる彼らの黄色い顔により、彼らが取り憑かれていた黄金への卑しい渇望が話題となる。ブラントは黄金郷《エルドラド》の征服に乗り出したこの〈愚者の船〉を前にして、冷笑するに違いない。

ここで少し、クリストファー・コロンブスのこの企てに、注意を注がなければならない。というのは、アメリカ大陸の発見は——実際には、ヴァイキングによって紀元一〇〇〇年にすでに実現されていた——、幻影の歴史に無縁ではないからである。地理学者であり老練な賢者であったコロンブスは、予言者的な夢見る人でもあった。「それまでの一五〇年ほどを考察した結果、終わりの時が近く、その前に世界の福音化〔世界中に福音が宣べ伝えられること〕とエルサレムの再征服が行われ、反キリストに対するキリスト教の勝利が確実にされるはずだ、とコロンブスは確信した。そこで彼は、このメシア待望論と地理的概念——この世界には地上の楽園を秘めた未知の大陸があるだろう、というものである——の一致に到達したのだった。」[48] 一六世紀初期から、ヴァスコ・ダ・キリガのようなスペイン人行政官たちは、トーマス・モア〔一四七八—一五三五〕の理論に従って、〈インディオ〉の新しい共和国を組織する提案をすることになる。その理論とは、モアが自作『ユートピア』の中で示したもので、堕落し、死にかけている旧大陸の反対側で〈新世界〉がバランスをとっている、と固く信じるものであった。

同じ頃、ムーア人の王ボアブディル〔在位一四八二―九二、スペインにおける最後のイスラム王朝、グラナダ王国最後の王、彼の退位によりレコンキスタは終結〕の退位によって、属州グラナダは解放された。一四九二年一月二日、カトリック教徒のフェルナンド〔アラゴン・カスティリャ連合スペイン王、在位一四七九―一五一六〕とイザベル〔カスティリャおよびスペイン女王、在位一四七四―一五〇四〕が入城する。イスラム教徒を排除したことに満足して、彼らは急いでユダヤ人狩りに取り掛かった。入国の三カ月後、ユダヤ人たちがキリスト教徒を知的・習慣的に堕落させているという口実のもとに、彼らは勅令を発した。その勅令は、「これら悪者どもにとどめを刺すために有効な唯一の手段は、ユダヤ人とキリスト教徒のあらゆる関係を断つことである。これは、ユダヤ人をわれわれの王国から追放する以外に達せられない」というものであった。そこでユダヤ人たちは、七月三一日には出立しなければならなかった。コロンブスは八月二日に上陸したのだが、その時はちょうど、およそ二〇万のユダヤ人が恐ろしい状況下に国外追放の道をとらされ、スペインは国家による人種政策を始めたところであった。これは〈最終的解決〉の始まりであり、かつ〈民族浄化〉の繰り返しであった。他方、コロンブスは同じ頃に、「魂を持っているのかどうか疑わしいような新しい〈人種〉」を発見していたのだった。

この大量の国外追放は、ユダヤ人の日常生活にとってばかりではなく、宗教思想やヘブライ神秘主義にとっても、大きな影響力を持っていた。これによってカバラ主義〔中世から近世にかけて流行したユダヤ教の神秘主義〕は深く影響を受けたので、それまで無視してきた終末論を今や考慮に入れるようになった。ユダヤ教の律法学者《ラビ》たちは、「創造の神秘を明かすことが終末の崩壊を理解するための手段である」と見なした。「この崩壊は起こる。終末を待望することで結ばれた多くの人々によって創造の神秘が解明される時、そしてその破壊によって人の罪が償われるほどになった時に。メシア時代の到来のための産みの苦しみによって、歴史は閉じられ、（黙示録の欲するように）倒れるはずである。つまりは、この追放こそがその産みの苦しみの始まりなのである。」[49] このように体系づけられた時から、ユダヤ人たちは、追放生活の中にあっても、黙示録への期待をもって生きるようになるのである。

一六世紀末

一六世紀は、詩人と予言者の世紀である。両者は――例えばノストラダムスのように、ある者たちは詩人であり同時に予言者でもあった――、教会やパリ・ソルボンヌ大学の検閲が彼らに課した仮面のもとに、かつてなかったほどの破壊をもたらした戦争、ペスト、飢饉といった不幸な出来事を、多少とも遠い将来に投影したのである。とくに「ヨーロッパの変革期と見なされるこの世紀末は、啓蒙的エリートの見地ばかりでなく一般的感情においても、たしかに最も暗い世紀末の一つであった。そこには退廃的な印象、消耗、軍事闘争の一般化、将来に対する苦悩といった、世紀末に特徴的なあらゆる印が見出された。」[50] おそらく他の世紀末と同様、この世紀末も発明や〈バロック〉という新しさに〈満ちていた〉が、その〈仕事〉は痛みの中で行われた。数々の戦争は莫大な費用に上り、一五九八年にヨーロッパを襲ったペストにより全ての人が飢え、パリでさえも食人行為《カニバリスム》に頼るほどに追い込まれたのである。

終わりの時の前兆には、もう事欠かなかった。ヴォルテールが引用しているジャック・ツィーグレルンは、モラヴィアに救世主《メシア》が到来したと宣言したが、このような偽預言者たちが多く現れた。様々な奇跡に人々は翻弄された。噂の中には、紀元一〇〇〇年に教皇であったシルヴェステル二世〔在位九九九—一〇〇三〕

の墓から〈骨のガチャガチャ響く音《オッサ・クレピタッサ》〉が聞こえてくる、というものもあった。一〇九四年に生まれ一一四八年にクレルヴォーで死んだアイルランド人修道士、マラキアスによるような古い予言書が脚光を浴びた。彼の『諸教皇の予言』は、一五九五年にヴェネツィアで出版された。この短いけれども強い好奇心で書かれた史料は、一一四三年から一九五八年までローマに君臨する教皇のリストを提示しており、次のような難解な文で終わっている。「聖なるローマ教会の最後の迫害の中で、ローマ人ペテロ（ペトルス・ロマーヌス）が教皇として現れるであろう。数多くの苦難の中で、彼はその群れに草を食ませる。それらの苦難が起こる時、七つの丘の都ローマは破壊され、恐るべき審判者が人間たちを裁くであろう。」マラキアスが予言した教皇たちは、平均して一五年か二〇年ごとに後を継いでいて、最後の方は――一九五八年以降の教皇の名前は、明示されていないが――、二〇〇〇年頃まで及んでいる。したがってこの年数は、一六世紀末の解釈者たちを安心させるものであった。しかし、テルモディアス某とかいう予言者のように、他の予言者たちはこの世の死を一五九九年四月三日とはっきりと宣言した。

〈前兆〉と暦《アルマナ》の偉大なる作者ラブレー〔一四九四頃―一五五三〕は、これらの禍論者と不幸の予言者たちを馬鹿にした。彼は、当時のマルセイユ司教によって出版された、ヨーロッパの破壊についての予言の本を「全然、信用していない。」これらの悲観的な予言を嘲笑うため、彼はさらに笑わせる文章を書いている。星占い好きのお喋りを茶化しながら、一五三三年という年を名指して、彼は予告する。「この年は日蝕と月蝕の年なので、社会的混乱もないのに、われわれの財布がしぼんでいくのが私は恐い。土星は後退し、金星は直進し、水星は変わりやすく、その他のたくさんの惑星も、われわれの規則どおりには運行しない。そのようなこの年、蟹は斜めに歩き、フランシスコ会士は後退りし、盲目の者はほとんど見えず、聾啞者はよく聞こえない。金持ちは貧乏人より、また健康な者も病人より少し調子が良いにすぎない……。去年、彗星が過ぎ去り、土星が後退したために、異端《カタリ》化され、愚かさを振りかざしていた全ての大悪党は、病院で死ぬだろう。水星はパセリの発育を幾分脅かすとはいえ、これは妥当な値段で取り引きされるぐらいには育つであろう。」

　ラブレーとともに、人々はこの下らない話を笑った。が、実のところ、彼らは恐れていたからこそ、一層ひどく笑ったのである。ドイツ人の数学者であり占星術師でもあるシュトッフラーは、一五二四年二月に大洪水を予言していた。それには、土星、木星、火星と魚座が関係しているに違いなかった。このニュースは全ヨーロッパへの警鐘となり、大工たちは小型ガレー船、吊り篭その他の〈愚者の船〉を建造するために徴用された。運命のその月が来る時のため、各人は食糧の蓄えや傘の備えをした。しかし、雨粒一つ、降ちてこなかった。それどころか、かつてなかったほど乾燥した二月であった。シュトッフラーは馬鹿にされた。しかしながら、これについては人々が彼より理性的だったということではない。彼らは予言者たちを信じ続けたし、シュトッフラーは大洪水の到来をもっと後に引き延ばしたのである。また別の天文学者、レジオモンタヌスの名で知られたジャン・ミラーは、一五八八年に世の終わりを予言した。これら全ての悲観的な予言書を目録にするには、一冊では収まりきらなかった。パラケルスス〔一四九三―一五四一、スイスの医学者・化学者、〈医化学の祖〉と呼ばれる〕は、『次の二四年間を占う前兆』という本を自ら出版した。そこで彼は、一五三六年には、フランス王国の滅亡と教皇の溺死を予見している。

　一六世紀の最も有名な予言者は、もちろん、ノストラダムスである。一九九九年についての彼の予言に私たちは注目する。彼によれば、その年に「畏怖すべき偉大な王がやって来る。」当時にすれば——彼は一五六六年に死んでいる——、この世の終わりはすぐ明日のことではない。だが、これによって〈世界紛争〉、すなわち世界の動乱が遠い将来に延期されたとしても、このサロンの詩人は黙示録の伝統的なイメージに訴えて、次のように語っている。「私は見る、世界紛争の前に、多くの大洪水が起こるのを。これによってあまりに高くまで浸水するので、水に覆われぬ所はまずない。そして、あまりに長い間そこに置かれたことによって、人々やその地の全てが滅びるかのようである。しかし、その浸水の後、世界紛争の前には、多くの国々で雨がほんのわずかしか降らず、天から大量の火と焼けつくような石が降って来るので、焼き尽くされぬものは何もないであろう。」[51]

一六世紀は占星術師や、天上・地上の異常から引き出された予言《プロノスティク》の世紀である一方——これらはアンブロワーズ・パレ〔一五〇九—九〇、フランスの外科医、近代外科学の父〕（一五九〇年のパリ飢饉の際に死去）やピエール・ボワステュオーとその著作『驚異の歴史』によって長々と整理分類された——、とりわけ宗教戦争の時代であったといえよう。これらの戦争は西洋世界の意識を激変させたが、その深い葛藤の中には終末論が介在していたのである。

ドニ・クルーゼの最近の著書『神の戦士—宗教紛争時代の暴力』[52]は、カトリック側にもカルヴァン〔一五〇九—六四、フランス生まれのスイスの宗教改革者〕派側にも〈恐怖《プール》による司牧活動〉が根強く存在しており、それによって数々の恐怖がまき散らされたことを明らかにしている。カトリック側では、新しく登場してくる予言者たちの黙示録的な予言を認める。神の怒りや懲罰の近いことを目に見える形で示す印、驚威、怪物、奇跡を解読し、人々の恐怖を駆り立てる。その恐怖は各人に、終わりの時の偽預言者たちと異端者たちとを同一視し、汚れた者に対する最後の戦いに参加するよう呼びかける。その聖なる戦いのためには暴力をも辞さない。他方、この集団的苦悩を持ち込むことによって、カルヴァン派も自派の教義を強化している。「カルヴァン神学は、予言的占星術と神の印の読み取りを拒絶し、選びと救いの確かさを示す一方で、〈平安《デザンゴワスマン》〉を希求する全ての人を恐怖と不安におとしいれているのである。」[53]

カトリック側の説教者たちはカルヴァン派を告発しまくった。この〈貪欲な犬ども〉――ノストラダムスの『詩百篇』中では mastins と示される――、その吠え声は背教、無神論、反キリストの到来を告げ知らせるものである。ノートルダム大聖堂の高い説教壇から、フランソワ・ル・ピカールは怒鳴りつけている。「最後の審判の日が近づいているのは、明らかである。なぜなら、かつてなかったほどに、悪が満ちているからである。」プロヴァンでは、ドミニコ会士デュヴォレが絶叫した。「フランス王国は聖書的に見て、神の呪いのもとにある。異端者たちこそがその印である」と。それは、大いなる苦難と前代未聞の暴力の時の始まりであった。アルトゥ・デジレという名の聖職者は、異端者の存在は終わりの時の疑いようのない証拠であり、「われわれは今、終わりの時にいる」と繰り返している。

しかし、プロテスタント側は、逆の理由で、世の終わりが近いと考えていた。ルター〔一四八三―一五四六、ドイツの宗教改革者〕は一五四一年、自著『世界の年の計算《スプタティオ・アンノルム・ムンディ》』を出版した。その中で彼は、一時代の長さを千年とする預言者エリヤの伝承を信頼し、躊躇せず次のように書いている。「今年（一五四〇年）は、正確には五五〇〇年である。したがって、世の終わりを覚悟しなければならない。キリストの三日間が丸々三日ではなかったように、六回目の千年は完遂されないであろうから。」世界の終末完成には不可欠な、それゆえ最終的には有益と見なされる大災害。彼は、その前兆となる印について明確化している。「マクシミリアン〔一世、神聖ローマ皇帝、在位一四九三―一五一九〕の統治下、この至福の日の到来を期待させる多くの驚くべき印が、天上、地上、また海中に現れた。中でも倫理家を打ちのめした印は、梅毒がヨーロッパに持ち込まれたことである。」[54]

一六世紀はまた、再洗礼派の時代でもあった。その〈予言者たち〉、トーマス・ミュンツァー〔一四八九頃―一五二五、ドイツの宗教改革者、ドイツ農民戦争の中心的指導者。千年王国論を社会変革と結びつけ〈ツヴィッカウの予言者〉の一人となる。斬首による刑死〕、メルキオール・ホーフマン〔?―一五四三／四、ドイツの再洗礼派指導者〕、ヨ

宗教戦争時の民衆感情を伝えるといわれるグリューネヴァルト画『イーゼンハイム祭壇画』、1512～15年、ウンターリンデン美術館蔵。

ハン・マタイスは、千年王国《ミレニアム》の近い到来を告げ、ストラスブールかミュンスター、あるいはアムステルダムに置かれることになるはずの新しいエルサレム――これはヨーロッパ的な考えである――の場所まで、正確に述べている。再洗礼派は――この運動は複雑なので、少なくとも彼らの中のある者たちは、といった方が良いであろう――、あらゆる汚れを浄められ、欠点のない平等な共同体であるこのエルサレムの建設を自分たちの手で実現させたいと望んでいた。しかし、この建設はなされえなかった。その産みの苦しみすらも果たせなかった。「再洗礼派は、国家や既存の秩序への敵意を自分たちの拠り所としていたばかりではない。彼らは、自分たちの苦しみを黙示録的な意味で解釈していた。すなわち、聖なる者に対する最後の大きな戦いがサタンと反キリストによってもたらされるように、このメシア的な苦しみは、千年王国《ミレニアム》の到来を告げるはずのもの、と解釈していたのである。たしかに、再洗礼派は最後の審判のヴィジョンに取り憑かれていた。彼らは、権力構造がひっくり返されて、地上に千年王国《ミレニアム》が最終的に確立されることを望み、自分たちが立ち上がる日を夢見ていたのである。[55]」

一六世紀末には、もう一つ別の動きも非常に目立っている。ジョルダーノ・ブルーノ〔一五四八―一六〇〇、イタリアの自然哲学者〕の死刑のようなケースがそれで、彼は、地球が太陽の周りを周っている、という〈秩序を乱す思想〉を主張したため、一五九九年一二月二一日に異端宣告を受け、二カ月後、ローマで生きながら火刑に処された。彼に異端宣告を下した教皇クレメンス八世〔在位一五九二―一六〇五〕は、「新しい世紀を迎えるのに、火刑用の小さな薪の山を作ってもよいかどうか」と悩んでいた。実際、この火刑によって、教会はルネサンスの精神を焼き殺したのである。

グラベルの年代記〔『歴史』〕以来、久々に〈紀元一〇〇〇年の恐怖〉を根拠にして、世の終わりの幻影の構想が築かれたのもまた、一六世紀の後半であったことを最後に思い出しておこう。

一七世紀末

太陽の下では何も変わらない〔旧約聖書『コヘレトの言葉』一章九―一〇節〕。同じように、太陽王〔ルイ一四世、在位一六四三―一七一五、フランス絶対王政の頂点を築く〕のもとでも、何も変わらなかった。この世紀末は、一六九三―九四年の飢饉によって大きな影響を受けている。歴史家ピエール・グベール[56]は、ボーヴェ司教の部下の報告書を引用しているが、その詳細はまさに紀元一〇〇〇年の頃の惨劇を思い起こさせるものである。「数限りない貧しい人々が飢えと窮乏で憔悴し、広場や路上、都市内や田園でも、パンがないために死んでいる。彼らには仕事が少しもないので、パンを買う金も全くない。これら貧しい人々の大部分は、その命を少しでも長くし、その飢えを和らげるために、猫や皮を剝がれた馬肉、ごみ捨て場に捨てられたもの、牛の喉を掻き切った時に流れた血、獣のはらわた、腸、その他焼肉屋が路上に捨てるようなものに似た不潔極まりないものを食べている。他の貧しい人々のグループは、草木の根やいらくさのような草をゆでて食べている。また別のグループは、春に蒔かれたそら豆や細かい穀粒を掘り出している。人の身体は衰弱し、恐ろしい熱病など、死に至る様々な伝染病が起こった。これは、金持ちや満たされた生活をしていた人々にまでも及んだ。」一六九五年に、フェヌロン〔一六五一―一七一五、フランスの聖職者・文学者・思想家〕は王に宛てて書いている。「陛下、あなたの民は飢えで死に、地上の文化はほとんど放棄されております。また、都市や田園部でも住民が失われ、あらゆる仕事は不振となり、もはやその働き手を養えず、商業も全く消え失せております。」ヴェルサイユでさえも悲嘆に満ち、宮廷のアパルトマン〔貴族たちが宮殿内に与えられた住居部分〕も、もはや暖められなかった。ルイ一四世は、これらの出来事に茫然とし、贋金を鋳造してこれを金に変えるよう、錬金術師に頼る有り様であった。そして治世末期には、一七〇一年に取り組みはじめた〈運命の戦争〉〔スペイン継承戦争、一七〇一―一三〕という解決策しか彼には思いつかなかった。それを待ち受けたかのように、彼の周りでは全てが崩れていく。女性たちはみだらに肉体関係を持つばかりでなく、大酒を飲む。劇場は空っぽで、「ラシーヌ〔一六三九―九九、フランス古典悲劇の代表的作家〕が死に瀕している。もう何も望めない」とダンジョー〔一六三八―一七二〇、ルイ一四世の廷臣〕は呻いている。そして一六九九年四月二一日、『エステル』の作者ラシーヌは、その死の前に終末論にインスピレーションを受けた作品『アタリー』を上演している。「悪者どもの迫害にさらされた義人たちは、神が介入なさることに全幅の信頼を置いている。悪しき情熱に引き渡された人間たち。しかし、彼らもいつか終わりの時には救われる。なぜなら神はある人々を残しておられるから。彼らの中のある家族から救い主が生まれるのである。[57]」

このように神の介入を待望する精神は、宗教にのみこまれた。よって、静寂主義、従順主義《モリニスム》、ジャンセニスム〔一七世紀ルーヴァン大学のヤンセニウスが提唱した、極端なアウグスティヌス主義の傾向を持つ信仰運動〕、ガリカニスム〔フランスの教会の独自性を強調する立場〕……、そして千年王国信者《ミレナリスト》の悲観主義などが現れてくる。時は、集団的な〈自己の有罪《メア・クルパ》〉を承認する時代であった。ボシュエは、ペンを振るって書いている。「われわれの痛み、悲しみの全ては、まことにもって真実である。これらはまさに罪の痛みであって、われわれを喜ばすような話は何もない。神の言葉は、われわれに喜びをもたらすどころか、正式に破門を言い渡した。すなわち、今、笑っているあなたがたに、不幸を言い渡したのだ！」まさに葬式のような陰鬱な祈り！「ボシュエのヴィジョンは、暗く悲壮である。不安、屈辱そのもの、勝ち誇る悪徳に引き渡された世界。向こう見ずの企て、束の間の輝かしい成功、それを終わらせる崩壊。これらの混沌《カオス》の上に存在する神は、なるほど、われわれを罰し、かつ救う。だが、救うためには、まず打ちたたく。愛と正義と喜びの希望は、われわれが近づけぬほど、遠く後ろに追いやられている。」

当時、啓蒙された哲学者たちがいかに子供だましの手品のような奇跡の嘘やペテンを暴いても——例えばベール〔一六四七—一七〇六、フランスの哲学者〕の彗星に関する手紙は一六八二年のものであるし、フォントネル〔一六五七—一七五七、フランスの思想家・劇作家〕の『神託の歴史』は一六八七年のものである——、蒙昧主義の雲はヨーロッパの空を汚し続けたのである。一六八〇年に彗星が現れた後にも、その他の色々な運命的な印が記録され、人々の注目を集めている。スウェーデンボリ〔一六八八—一七七二、スウェーデンの神秘主義思想家、自然科学に精通〕の父、ジェスパーは一七世紀の厳格な牧師タイプの人物であり、終末についての説教をし、一六三〇年の〈恐ろしい大きな彗星〉に言及している。彼はその彗星を見た三日後、ダレカルリーにあるバルケン湖に、〈濃い血の固まり〉が浮いているのを見た、と語っている。彼はソフィーという名の女性にも言及している。それによると、彼女は一六九八年と一六九九年の夏の間、スウェーデンの諸地方を遍歴し、国の破壊が間近いことを告げ知らせていた、という。しかし、彼女が終末の近いことを示す印と思ったものは、動物どもが、神や天使や全ての清い人間たちから忌み嫌われる恐ろしいかぶり物――これはフォンタンジュと呼ばれる――をつけた仔を産んでいる姿だけであった。[58]（フォンタンジュとは、女性が髪につけるリボンの結び目を意味していたが、ここでは単に、〈帽子〉あるいは分娩の際に胎児の頭を覆っている薄い膜――ここから〈帽子を被って生まれる〉という表現がある――として理解すべきである。）

一八世紀末

スウェーデンボリについて続けよう。彼の最後の一〇年間（一七六二―七二）は、大部分が黙示録的思索に捧げられていた。彼とともに終末の幻影は発展している。

彼は、世界を永遠と見なし、最後の審判は肉体ではなく精神を裁くのだと考えた。これによると、物質世界の崩壊を予期するのは誤りである。世の終わりによって、今の教会に最後の日が来るように望むべきなのである。その審判を受けるのは、全ての教会が堕落して真の信仰をもはや持てなくなってしまった時である。そしてその時こそ、キリスト教会は、新しい教会すなわち新しいエルサレムに取って代わられる。

こうして、スウェーデンボリはルターと結びついた。ルターもまた、カトリック教会の退廃の中に最後の審判の前兆を見ていたのである。スウェーデンボリは父親の厳粛な調子を踏襲して、再びバビロンの全滅やバビロンの都を荒廃させた地震とハリケーン、住民たちが底に沈んでいる黒い湖について言及している。

しかし、彼のヴィジョンは新しいものである。彼によれば、終わりの日の後も世界は以前のとおりに残る。精神世界の大混乱は、諸事の運びに何も変化を与えない。いつものように戦争があり、休戦があり、飢饉があり、収穫がある。ペストがあり、束の間の幸せがある。教会はその教義を教え続ける。「だが、教会のメンバーは、その時には精神的自由を取り戻しているので、以後、信仰の問題において、より大きな自立性を持つであろう。なぜなら、天国と地獄において秩序が確立したからには、両者の間は、しかるべき均衡によって新たに支配されるからである。[59]」

スウェーデンボリは、その人生の終わり頃、彼の同時代人は〈精神的な闇〉の中に生きているもののすでに〈新しい夜明けの微光は射している〉と繰り返していた。彼の思想は、まるで粉が舞い上がるように広まり、彼の弟子たちはイギリスに四〇万の教会員を数える〈新しいエルサレム〉と呼ばれる教会を作ったほどである。

一八世紀の後半には、霊感を受けた人たち、哲学的な意味で言えば非常に啓蒙された人たちが、数多く誕生したように思われる。ペルネティ[60]師の周りに集まったアヴィニョンの霊感主義者たちもまた、〈新しいエルサレム〉の修道会を創設した。これと並行して、エリュス・コーエンのものや薔薇十字会のような心霊主義的《エソテリック》セクトが増大していた。これらについてはすでに多くの本が書かれているので、筆者は触れないことにしよう。

しかし、天啓論的なこうした土壌が、フランス大革命を準備するのに貢献したことについては述べなくてならないだろう。もちろん、この大革命が一つの世紀末に起こったことは偶然の一致である。が、やはり私たちを当惑させる事実ではある。ある歴史家たちは、フランス大革命という並ぶものなきこの大跳躍に、千年王国論的な性格をためらわずに認めている。「最大級の暴力的な苦痛を求めること、過去を帳消しにすること、あの世を明らかにすること……。一七九三年は、まさしく黙示録的状況であった。一七九三年の人間たちもまた、これを黙示録そのものと考え、そうあることを望んだ。実際、他と比べようのないこの世紀末に起こった出来事を上手く説明するには、おそらく、この終末論的モデル以外にないのである。」[61]

ここでヴィクトル・ユーゴー〔一八〇二―八五、フランスの詩人・小説家・劇作家、彼の最後の小説は『九三年』である〕と、彼の終末についての観想を示した『静観詩集』の文章を引用する必要があろう。これは、P・アルブーイによってその直筆原稿が保存され、復元されたものである。[62]

そうだ、私は感じる、全ての変遷と同様に
運命の脇腹にこもったおののきを
年数を重ねる梯子に　ゆっくりと登っていき
一八世紀はその齢、八〇年に達した
さらに　恐ろしい数、一三の年を重ね、
そして、その日は来た！
さぁ、その日は訪れる　あらゆる現象に
魂の、人間の魂の　それぞれの変化に

イエスがゴルゴタの丘で　死んだ時のように
諸世紀を刻む　永遠の砂時計は止まった……
人は見る　時をかき回す　一つの手を
人は理解した　荘厳なるその瞬間に触れたことを……
天底が　天頂にならんとしていたことを
人々が　死せる王の上に　登っていくことを

このテーマについては、ジャン・ドリュモー〔一九二三―、現代フランスの中世史家〕も『恐怖心の歴史』〔邦版一九九七年刊〕で記している。この本は、「一七八九年の大きな恐怖は、非常に古くから存在した暴動モデルを拡大し、繰り返したものであった」こと、並びに、それがキリストの再臨に対する先人たちの恐怖と再結合したものであったことをよく示している。

一九世紀末

一九世紀末は、他の世紀末とは異なり、特異な性格を多分に見せている。すなわちこれは、かっこ付きの一語として〈世紀末〉と呼んでもよい、新しい表現にふさわしいものであったのである。そもそも〈世紀末〉という語が初めて用いられ、この言葉が特別な時代を意味するようになったのは一八九〇年代においてであった。「一八九三年以来、本や新聞、演劇、人々の会話の中で、この表現にしょっちゅう出くわすことになる。これは、単に年代上の一事象を記しているわけではなく、精神の集団的な一状態。文明の一段階を表現しようとするものである。」[63] これを当世風にした最初の人物は、ポール・ブールジェ〔一八五二―一九三五、フランスの作家・批評家、自然主義的手法による心理小説家として名声を得ていたが、カトリックに改宗して伝統主義への方向を決定、ドレフュス事件では反ドレフュス派〕で、それは一八八八年のことであったように思われる。ブールジェは、カトリックの復活と退廃文学の傑出した代表者の一人である。彼がこの表現を採用した時はまだ、ダンディもしくはスノッブな態度を意味する一つの〈語〉にすぎなかった。というのも、世紀末という雰囲気自体が流行《モード》だったからである。世紀末という表現には〈この世紀の悪〉という意味が包含されていた。この語を定義する段階で、すでに究極性、病的性質、そしてとくに退廃的な思想が含まれていたのである。これこそが、一八七〇年の敗北〔普仏戦争におけるフランスの敗戦〕とパリ・コミューン〔一八七一年三―五月のパリ労働者の革命政府〕の激動によって二重に傷を受けていたこの時代のキーワードである。当時の西洋には、一つの幽霊、すなわち退廃という幽霊が出たのである。ユイスマンスによれば、それは、〈魂が空っぽになる〉ほどの退廃であった。

「〈世紀末〉という表現は、経済的変化と社会的緊張を背景として、価値観の恐ろしいほどの崩壊に警鐘を鳴らすため、正確には一八九〇年以降に使用された。それ以来、この表現は一貫して、懐疑的で軽蔑的な意味で使われるようになった。それゆえこの表現は、後期ローマ帝国のローマ人たちの退廃やビザンツの煩瑣主義をいやというほど思い起こさせ、蛮族の暴力とそれを通しての再生を想起させた。」[64]

社会とその代表者たちの荒廃ぶりを理解したい人は、パリ・コミューンとドレフュス事件に精神の高揚の二極を見る。「宗教は迫害され、貴族階級は根絶され、司法官はその自立性とその毅然さを失い、軍隊は打ち破られて侮辱され、産業は死に瀕しており、農業は荒らされている」と、一八八九年五月五日付の新聞『ラ・クロワ』紙は叫んでいる。路上生活者の地位が格上げされるほどであった。なにしろパンはまずく、セーヌ川の水は濁り（市長は何年も前からじきにそこで水浴すると断言していたけれども）、馬車は上手く動かず、御者はますます無礼になり、自国製品は見られなくなり、ワインは混ぜ物をされ、ブラッスリー〔レストラン兼用カフェ〕ではドイツ製のビールが給仕されているのだから。われわれはどうなるのだろうか、と皆が思った。

＊ドレフュス事件　一九世紀末から二〇世紀初めにかけてフランスの世論を二分した裁判事件。一八九四年に軍法廷がユダヤ人将校ドレフュスにドイツのスパイ容疑で終身刑を科したことをめぐり、軍の不正を弾劾する作家ゾラらの人権擁護派・共和派と軍部・右翼が激しく対立、第三共和制は一時危機に瀕した。ドレフュスは一九〇六年に無罪となった。

当時、どれほど品行が乱れていたかを知るには、『ル・リール（笑い）』のような時事風刺新聞のページをめくるだけでよい。ブルジョワは、学寮における自慰行為が再燃し、大通りに男性用共同便所を設置したことが不幸にして同性愛《ホモセクシャル》を助長したと嘆いている。姦通や梅毒が、家庭内で猛威を振るっている。快楽に飽きた人々は、エーテルや阿片、モルヒネという新しい恍惚《エクスタシー》に助けを求めている。文学それ自体が嘲られた。自然主義は――社会派のゾラの自然主義はとくに、また魔術・神秘派のユイスマンスのそれも――、吐き気をもよおさせる。小説の主人公たちは、くたびれているだけでなく、頭の調子《デト》がおかしい《ラッケ》。〈調子外れ《デトラックマン》〉という語もまた脚光を浴びた。「現今の人々の頭の中は、ますます調子外れになって、精神的荒廃が進んでいる」と、ヴェロンは『絵入り新聞ル・モンド』の中で非難している。「この調子外れは、いったい何故なのか？　その答えは簡単だ。この地では、不健全な日常生活の断面を切り取った、異常な小説が大衆小説愛好者の日々の糧なのだ。そこに書かれている、積もり積もった様々な不吉な出来事。これらは、虐殺、死体、センセーショナルな嫌悪しか語らないのだ。人々は、生活というものの基本的概念を失い、病的な興奮に捕らえられている。つまらないトラブルが起こるそれ以前に、毒や精神的な麻痺状態、そしてピストルがあるのだ。」

　時はまさに、ジャック・レヴァントゥールの推理小説や凄惨な色事小説、ブラム・ストーカーの『ドラキュラ』（一八九七年）や狂った学者たちを題材にした小説、空想科学小説の時代であった。たとえば、ウェルズ〔一八六六—一九四六、イギリスの小説家・文明批評家〕の『世界戦争』は一八九八年のものであるし、ジュール・ヴェルヌ〔一八二八—一九〇五、フランスの小説家、『八〇日間世界一周』など冒険科学小説分野の開拓者的存在〕は『風変わりな証言』――これは、この題名が象徴的な意味を担っていて、自分自身の信じ難い旅の行程を締めくくっている――という作品を一八九九年に出している。その直後に、フロイト〔一八五六—一九三九、オーストリアの精神病理学者〕が『夢判断』（一八九九年末）を出版し、同じ頃、後にシュールレアリスムと呼ばれる詩人たちが現れた。すなわちジャリ〔一八七三—一九〇七、フランスの詩人・劇作家。象徴派の影響を受け、俗語・卑語を駆使した自由な文体と奇行で既製の文学概念・社会観念を嘲笑、ダダイズムや前衛劇の先駆者的存在〕が『ユビュ王』を上演させ、カミーユ・フランマリオン〔一八四二—一九二五、フランスの天文学者〕が『世界の終わり』を著した〔二九〇ページ参照〕のである。[65]

　SF《サイエンス・フィクション》の先駆ともいえるような色分けをされ、未来探検を嗜好するこれらの文学と並んで、別の潮流が作家たちを遠い過去へと誘った。レミ・ド・グールモン〔一八五八—一九一五、フランスの批評家・詩人・小説家、象徴詩運動の推進者〕は一八九二年に『神秘的なラテン語』へと回帰し、ユイスマンスは悪魔礼拝研究の後に一転して、華麗なカトリック典礼や修道院の詩に立ち戻っている。「これは、（終末論的倫理観から発せられた）懸念によって織られた状況である。これはまた、（誤った中世観に依って、新カトリック主義者たちが驚くべきノボリをそこに発見してしまう）過去への回帰であり、（象徴主義に基づく解釈を歴史にあてはめてしまう）科学的理性の放棄であり、曖昧で残酷な神秘的信仰であり、要するに！　病的〈世紀末〉の雰囲気なのである。[66]」

　このとりわけ特異な時代を〈象徴づけている〉多くの作家たちの中で、最も代表的なのはレオン・ブロワ〔一八四六―一九一七、フランスの作家、批評家〕である。彼の表現による〈破壊を企てる者〉をここで引用しなければならない。「私は、コサックと聖霊とを待ち望む」と、彼は自著『黙示録の入り口で』の最後を締めくくっている。この作品は一九一六年のものだが、著者自身は一九二〇年と記されることを望んだ。この書で彼は、「それでは〈もう一人の者〉はいつ来るのか?」と書いている。この〈もう一人の者〉とは、もちろん、反キリストである。ブロワは千年王国信者《ミレナリスト》的異端に陥った廉で訴えられた。「(彼は)モンタヌス派から生じ、ヴァントラスによって復活されたフィオーレのヨアキムの狂気をその身に引き受け、それに自分自身の狂気をさらにつけ加えた」、とクローデル〔一八六八―一九五五、フランスの外交官、詩人、劇作家〕は言っている。千年王国《ミレニアム》を文学的意味にとどめておくだけで十分と考えたクローデルに対して、ブロワにとっての千年王国《ミレニアム》は、「神の御子の欠けたところを補うために必ず来る聖霊の働きと考えられた」、神の第三位格による支配なのである。「クローデルにとっての黙示録が本質的には最後を飾る花火であるとすれば、ブロワにとっての黙示録は〈もう一人の者〉たる反キリストの到来、新しい時代の始まりを告げるものである。(実を言えば、彼はそのイメージを明確化しようとしてはいないのだが。)しかし、この神の介入が、ある絶対的な方法でイスラエルの和解と結ばれたものであることは明らかである。[67]

ユダヤ人がかつてないほど、保守的なブルジョワジーに染みついた幻影の犠牲者として、身代わり《アザゼ》の雄山羊《ル》にされたのは、ブロワの時代である。ここでは、反キリストに対する新たな十字軍の口実に使われ、フランスの国論を真っ二つにした、例のドレフュス事件を蒸し返すつもりはないのだが。『シオンの賢人たちの議事録』という本物か偽物かわからぬ黙示録行きのパスポートを通して行われた誘惑もまたその兆候を示している。(この書は、年寄りの霊鬼《デーモン》たちが蘇った時、一九九三年に再版されることになる)。この胸の悪くなるようなパンフレットの初稿は、帝政ロシア警察のパリ局長を煽るために、フランス語で一八九七―一八九八年頃に書かれ、「反キリストの到来は近く、悪霊が地を支配する日は近い」という警告として、すぐに出版された。この小本は、「〈黙示録の獣〉の千年王国《ミレニアム》を悪魔的に組織する謎の秘密会議――これは、神殺しのユダヤ人たちの階級別会議とされており、そこにはユダヤ教パリサイ派同盟と一八九七年にバーゼルで開かれた第一回シオニスト会議との間に抱かれた誤解がある――の間接的議事録」とされている。[68]

誤って〈ユダヤ人の陰謀〉と言われるものには、当然のことながら、無教養な人の強迫観念的な恐怖《プール》が付与されている。ブロワは「私はコサックを待ち望む！」と書いたが、それは彼だけではなかったし、彼がその最初の人物でもなかった。彼以前には、エルネスト・クールドロワが、「西洋のブルジョワ世界を次に破壊するには、コサックの侵入が不可欠である」と述べている。[69] これはロシア・メシア主義の時代であり、赤禍論（一八九五年頃）〔共産主義的な社会体制や思想のもたらすものを害として、資本主義・自由主義の立場から唱えたもの〕の登場にわずかに先立つ黄禍論〔黄色人種の進出によって白色人種が脅かされるであろうという人種主義的感情論で、日清戦争（一八九四―九五）に際して、ドイツ皇帝ヴィルヘルム二世が最初に唱えたもの〕の時代であった。「さて、これら黄色人種のフン族やモンゴル族――彼らは、革命に向かって進みつつあるプロレタリアートのメタファーである――は、ヴィーコ〔一六六八―一七四四、イタリアの社会・歴史哲学者。法・宗教・言語・習慣などの調和のうちに社会は発展するという〈螺旋的社会進化説〉を説く〕風に、ますます考察されるようになった。すなわち、人々が今まで身を委ねてきた古い世界が破壊されることは、なるほどひどく恐れられてはいるが、しかし同時に、全き再生に先立つ、不可欠の段階として歓迎されてもいる、というわけである。」

典型的な〈世紀末〉小説家、ジャン・ロランは自作の『ノロンゾフ家の人々』の中で、一八九九年五月二日にニースで死んだロシアのある公爵の苦悩を描き出している。（ニースは、ニーチェ〔一八四四―一九〇〇、ドイツの実存主義の哲学者〕がそこから〈愚者の船〉に乗船した都市である〔ニーチェが『ツァラトゥストラ』を書き上げたのがニースであった。この作品を彼はキリスト教的終末論に代わる永却回帰の福音を説く

〈第五福音書〉と位置づけている。」〕。）死に瀕して「彼は、自分が嘲弄していたこの都市に、荒廃と火災が降りかかるように、と祈っていた。堕落したこの老いたるヨーロッパに、蛮族がもたらす天よりの火で荒廃と火災が引き起こされることを彼は願った。痙攣と激しい恐怖でひきつり、幻覚に捕らえられた彼は、老いたヨーロッパ世界の崩壊の上に吹きまくる懲らしめの竜巻、アジア人の将来における侵入を祈っていたのである。」

善王グスタフ〔グスタフ五世、スウェーデン王在位一九〇七—五〇〕は、「下層民が女王となり、無教養な人々が出世する」とその有名な著書『群集の心理』（一八九五）の中で書いている。「この無教養な人々は、〈保守的な大いなる恐れ《プール》〉を持った人々に属しているのだ」と、ベルナノス〔一八八八—一九四八、フランスの小説家、レジスタンス運動の支柱となる〕は後に言う。彼らは、同じ族《やから》なのである。

当時の大流行作家であったカミーユ・モークレールは、自作の小説『処女地オリエント』（一八九七）に、〈紀元二〇〇〇年の叙事詩的小説〉と副題をつけた。そこで彼女は、黙示録的な用語を用いながら、黄禍論（もしくは赤禍論）に対して総動員で仕込まれた、昔風のヨーロッパの十字軍を布告している。「われわれは憎しみという永遠に変わらぬ本能によって、これらの人間集団を萎縮させ、彼らがわれわれの大陸に忌まわしくも侵入するのを一時とどめているにすぎない。これらの存在の急激な〈繁殖《ピュルルマン》〉は恐ろしい……。彼らは、われわれとの国境沿いに迫っている。[70] われわれの地方や首都に沿って、〈粗暴な面々《ファス・ド・ブリュット》〉をした、〈大滝《カタラクト》〉のように大量の人間の不気味な流れがあることを、誰も言えない。」とりわけ黙示録的なイメージ、害虫を髣髴《ほうふつ》とさせる〈繁殖〉とノアの大洪水を思わせる〈大滝〉という表現が注意を引く。〈粗暴な面々〉とは、現代を辱めている犯罪者の風貌を意味したものである。

一八九〇年代、モーラス〔一八六八―一九五二、フランスの詩人・思想家、過激な国家主義者としてヴィシー政府に協力〕は、外国人を〈信用を抱かせない外観、振舞いをする人々〉と定義した（一八九四年）。それによって、外国人は必然的に外人面、あるいは〈怪しげな外人〉の顔をしている、ということになった。この〈怪しげな外人〉とは、当時流行し、この時代の反国際主義を強めていた言葉である。そして〈犯罪者の風貌〉という表現もまた、公的に認められていた。これは、犯罪者の好ましくない身体的特徴によってその人類学的分類を追究したロンブローゾ〔一八三六―一九〇九、イタリアの精神病学者・犯罪人類学者の創始者。犯罪者に一定な身体的特徴を見出し、犯罪者の出現は先祖返り（隔世遺伝）によるとして〈生来的犯罪者〉説をとった〕のようなタイプの研究が、正当な医学として認められていたということである。右翼の風刺的な新聞の数々は、漫画《カリカチュア》の中にこれら〈人殺しの相〉を示すのを忘れなかった。

今日もこうしたことは、街で見かけられるであろう。新インテリ層が参加支持する〈黒禍〉を作り出した無政府主義者《アナーキスト》たちのように。当時としては、ローラン・テラード、オクターヴ・ミルボー〔一八五〇―一九一七、フランスの作家、自身の出身であるブルジョワ階級を激しく嘲罵〕、フェリックス・フェネオン、アンリ・ド・レーニエ〔一八六四―一九三六、フランスの詩人・小説家〕、『本質的犠牲の改革者』の名でラヴァショルを奉り上げたポール・アダム、といった名が挙げられる。今一人の〈破壊を企てる者〉、アウグスト・ストリンドベリ〔一八四九―一九一二、スウェーデンの劇作家・小説家〕は次のように書いている。「私は世界の破壊者、解体者、放火犯である。世界が灰塵に帰す時、私は飢えながらも、『このようにしたのは私だ。私がこの世界史の最後のページを書いたのだ。まさに最後のページを！』と言えることを喜び、廃虚の中を徘徊するだろう。」

一九世紀末、パトモス島の聖ヨハネの時代のように、終わりの時は真っ赤に燃え盛る炭火の形を取って、燃える字で記された。レオン・ブロワは、自分の部屋の窓から、「非常に甘美な火事の、最初の火の手があがるのを」覗っていた。一八九七年五月、ラ・シャリテ通りで行われた貧しい人々のための慈善バザーで火事が起こり、パリの貴族階級の名花たちが一束のマッチのように焼け死んだ時[71]、彼はそこに「無垢なる者が罪ある者と一緒に見舞われただけに、まさしく懲罰の否定しがたい印」を見出している。加えて彼は、「さらに待ち望め。今回のバザーの災害など序の口と思われるほどの、ひどい大惨事に対する備えをせよ。今世紀の終わりは近く、世界はかつてなかったほど脅かされているのを、私は知っているからだ」と言っている。

その一方で、ブロワは他の作家たちや〈カトリック改革派〉の理論家たちと同調している。彼らは、諸聖人による神への取りなし、選ばれた者や清い者の耐え忍ぶ苦しみが、罪人たちの贖罪になると考えた。これらが償いと信じられたのである。クルーデナー夫人やエルネスト・エロー、シャルボネル修道院長（彼は一八九七年に反キリストが到来すると予言した！）、ブーラン修道院長によって有名になった〈カトリック心霊主義《エソテリスム》〉でバランシュ〔一七七六―一八四七、人類の歴史を神秘主義的に考察した思想家〕が使った重要な用語は、この〈義人たちによる償い〉である。そしてブーラン修道院長の予言が〈カトリック改革派〉の逸脱の因となっていくのだが、彼としては、聖霊による第三の支配への信仰と黙示録の間近いことを強調していただけである。「奇跡や聖人の出現が起こるこの時代の中で、〈カトリック改革派〉は幻想趣味の道を選ぶことしかできなかった。次のことを忘れないようにしよう。これはまた、聖痕を受けた者や、（カタリナ・エメリッヒ〔一七七四―一八二四、ドイツの修道女〕のような）苦しみを受けた幻視神秘家が最も注目されるべき時代なのである。彼らは世の終わり、聖母の苦しみ、神の怒り、最後の審判の近いことについて語っている。」（ユベール・ジュアン）

幻影の世紀末を満たしているこれらの奇跡については、次のことに注意すべきである。すなわち、〈カトリック改革派〉の支持者たちは、ルルド〔フランスの巡礼地。多くの奇跡が起きたとされる〕の退屈な凝り固まった信心よりも、ラ・サレット〔フランス南東部の巡礼地〕で聖母によって語られた話——その中で聖母はキリストの再臨の日にちを告げたという——を好んだ、ということである。ユベール・ジュアンは次のようにつけ加えている。「その一八七九年九月一九日という日にちは誤りだったが、そのことにレオン・ブロワやエルネスト・エローは喜んだ。というのも、ジョサファット〔紀元前九世紀のユダ国王。イスラエルと同盟してモアブ人を破った〕の谷に起こった素晴らしきことが悲しみの谷にも及ぶのを、生ける全ての者が見られるだろうと考えたからである。（ブロワ、ブーラン、ユイスマンスなど）彼らは皆をラ・サレットに巡礼させた。これが〈カトリック改革派〉にとっての聖地、記念すべき場所であった。」

　彼らの目には、聖母は〈償い〉を求めていると映った。不信仰という悪は、周知のように、本質的には共和主義者たちの悪徳であり、それに対する償いが必要とされたのである。パリ・コミューンの〈放火団〉や〈女放火団〉による共和国の記念建造物の破壊に対して、サクレ・クール聖堂の建設はそれを償うものであろう。サクレ・クール、この初聖体の巨大なお菓子のような汚点一つないその白さは、回復された清さの象徴であり、紀元一〇〇〇年の後に修道士グラベルが見た、教会に広げられた〈白いマント〉を髣髴とさせる。

　こうしてこの問題の専門家ポール・ブールジェは、『現代人の心理についてのエッセー』の中で次のように書くことになる。「ヨーロッパの隅々まで、社会は人種による憂鬱と不和の色を帯びた同じ症状を呈している。この世界の欠陥を眼の前にした不快感により、スラヴ人もゲルマン人もラテン人も吐き気をもよおしている。この不快感は、最初はニヒリズムとして現れ、二番めにはペシミズムとして、そして現代には孤独と気まぐれなノイローゼとして現れている。」これはまた、ウィーンの〈喜ばしい黙示録〉の時代でもある（ヘルマン・ブロッホ〔一八八六―一九五一、オーストリアのユダヤ系作家・詩人〕）。

次のお気楽なあるいは楽観的な覚え書で本節を締めくくることとしよう。一八九九年一一月一一日付の『ル・リール』紙は、（一週間以内に起こるはずの）世の終わりのはっきりした時間を告げるガストン・ド・パヴロフスキーの文章を掲載した。（彼は、後に『第四次元の国への旅』の作者となる人物である。）「一八九九年一一月一三日、午前九時四五分三〇秒に、天文台の最も尊敬すべき、最も年老いた、最も学識のある天文学者たちが、わめきながら街中を駆け出す。『愛しき女性たちよ、愛しき女性たちよ！　われわれの研究生活が、一人の恋人のためだったとは！』と。われらの偉大なる数学者たちの、通常の精神状態とはあまりに対極的なこうした振舞いが、群集に何か重大なことが起ころうとしていることを理解させずにはおかない。それが起こった場所を正確に知らずとも、われわれの博物館の常連にはよく知られた不吉な警告が、すぐに空中に鳴り響くのだ。『終わりの時が来た！　終わりの時が来た！』という、あの警告が。」

天上のエルサレムがなくても、結局のところ、この世紀末は、宇宙というものを示して見せた。

ここで私は、マリオ・プラッツの結論を私のものとしよう。[72]「退廃と間近に迫った――ソドムを焼き尽くした火のような――神罰という思想そのものは、疑いなく、背徳的な猥雑さにあまりにうんざりした社会がサディズム的極端に走ったゆえのものに他ならない。この時代は、非常に伝染しやすいがゆえに精神的態度を問題視したし、快楽の深みに嵌まったゆえの過ちをも問題視した。だがこれも、じきに単なる〈慣習という深淵〉――これはコレット〔一八七三―一九五四、フランスの女流作家〕の文章に使われる表現である――ゆえに干上がってしまう一過性のものなのだ。社会の真の崩壊が問題だったのではないことを、この時代は示している。」さらにマリオ・プラッツの注意を引くのは、もはや紀元一〇〇〇年ではなく、一九〇〇年がこの世の終わりを味わったということである。「ショーペンハウアー〔一七八八―一八六〇、ドイツの哲学者〕の哲学も、ヴァーグナーの『神々の黄昏』の音楽も、ロシア小説も、メーテルリンク〔一八六二—一九四九、ベルギーの詩人・劇作家〕の劇も、甘美な苦痛という印象しか与えなくなってからはその作品の全てが理解され、受け入れられた。」

ここでヴァーグナーの作品に触れるのも、おそらく有意義であるかもしれない。彼はその楽劇四部作を、ヴァルハラ宮殿の真赤な夕日の輝きによって締めくくっているが〔楽劇『ニーベルンゲンの指環』は神々の住むワルハラ城の炎上で終わる〕、これは神々の神話時代に取って代わるよう運命づけられた、新しい人類の時代の到来を意味している。私たちは、今や後ろに戻る必要はないのである。

政治的パンフレットに対するロマン主義的神話

紀元一〇〇〇年の人間が世の終わりは近いと信じたという神話は、一九世紀前半——すなわち怪奇小説や吟遊詩人スタイル、すなわち人をぎょっとさせたり熱狂させるようなことが流行であった時代——のロマン主義歴史家たちによる創作物であることを、もう一度繰り返さなくてはならない。正直に言えば、この創作物はもっと早く一八世紀末以来、中世風というより安物の中世じみた〈ゴシック〉小説的・演劇的趣味とともに形成されてきた。だが、これらの作品が不法監禁された修道女や姦淫の罪を犯す修道士の話でいっぱいなのは、そこに終末の問題がゼロではないからなのだ。幽霊の出る城は反キリストの亡霊に怯え、そこでは恐怖心が君臨している。

そういうわけで、紀元一〇〇〇年の幻影が具体化するのは、あえて言うなら一九世紀初めのことである。まず次のような当世風に仕込まれた新しい予言が、もっともらしく語られた。霊感を受けた人々は、終末が一八一六年七月一八日に訪れると予言していたのだが、クルーデナー夫人はこれを一八一九年に、ド・リベンシュタイン氏は一八二三年に、ド・サルマール・モンフォール氏は一八三〇年としながらもさらに首尾悪く一八四〇年にこの終末を延期している。こうした情報は、一八二五年に出版された『悪魔の辞典』という題名の、好奇心をそそられる作品から得ることができる。この書はJ・コラン・ド・プランシー某という人物によって刊行された。これはガブリエル・パバン嬢という女性のペンネームであり、〈迷信を粉砕する〉という口実のもとにありながら、最も古臭い民衆信心にとらわれた読者たちを喜ばせ、有頂天にさせるものであった。当作品は、当然「世の終わり」という項目を備えてはいるが、これは反キリストに捧げられたものである。この本はたびたび再版され、流行した。

　次に滑稽物の怪奇小説にインスピレーションを受けたスタイルのものについて見てみよう。一八三七年、喜歌劇《コミック・オペラ》『紀元一〇〇〇年』（メルスヴィルとフーシェによる台本）が演じられたが、その要旨は、秘密を解く類のものである。「若く美しい騎士で、十字軍で行方不明になっていたラウルが、親類のゴドフロワ・ド・タンカヴィル（悪賢く残忍で下品な、ケチくさい暴君）のもとに自分の領地と婚約者を取り戻しに帰って来る。修道士に変装したわれらがヒーローは、この城主を騙すために日食を利用して――紀元一〇〇〇年の一月一日にそれがあたっている――、世の終わりが到来したことと、地獄で焼かれたくないのなら彼の全財産を手放さなければならない、と彼に信じ込ませる。」[73] 十字軍がここで時代錯誤に属する問題になっているのは、後でわかるように物質的富の放棄が、完全に紀元一〇〇〇年の時代精神――この時に数々の恐怖が想定されたことが、いま明るみに出されているわけである――と一致しているからである。

　〈ゴシック〉と呼ばれた中世のロマン主義的解釈は（〈ロマン〉という用語はもっと後になってから現れるものであるが）、〈紀元一〇〇〇年〉という稀有の出来事を喜んで取り上げ、歴史家や考古学者は入れ替わり立ち代わり、紀元一〇〇〇年の苦難というテーゼを強調した。

この説を華々しく世に出した最初の人物がミシュレー*である。一八三三年、彼は『フランス史』[74]の第一巻を出している。この書の第四巻の第一章は〈フランスの暴かれた事実〉を論じたものだが、たしかにこれは紀元一〇〇〇年の恐怖の幻影を創作した本である。この本は有名になり、今日まで学校教育の場に紀元一〇〇〇年の恐怖の幻影を培うことになった。

＊ミシュレー（Jules Michelet　一七九八―一八七四）　一九世紀フランスを代表する歴史家。一八三三年に出版した『フランス史』第四巻で、ラウル・グラベルの『歴史』を引用しながら、紀元一〇〇〇年の人々が強い終末を抱いて教会に救いを求めたと主張した。これは〈紀元一〇〇〇年の恐怖〉として定説となった。一七八九年の革命に始まる動乱を歴史の変革期と認識したミシュレーは、紀元一〇〇〇年に同じような歴史の断層を見たと考えられる。

彼は言う。「この世界が、キリストの受肉後一〇〇〇年に終わりを告げるというのは、中世においては広く信じられていた。キリスト教以前には、エトルリア人もまた一〇世紀間という期間を定めていたことから、この予言も実際になされたわけである。地上の人間を旅人、もしくは天国から追放された客人と考えるキリスト教は、容易にこの信仰を受け入れるはずであった。中世世界は、古代都市のような公的な規律を有していなかったので、私的な秩序と社会的規範を判別することは難しかった。この世界は、自身のうちには、ただ混沌《カオス》しか見ていなかったのである。だからこそ中世人は秩序に憧れ、それを来世に期待していた。さらにこの奇跡と伝説の時代には、全てが薄暗いステンド・グラスを通して奇妙に色づけされたように見えたので、目に見えるものが現実なのか空想なのか、区別が微妙であった。普通の生活に奇跡が満ちていたのである。オットー皇帝の軍隊は弱ってサフランのように黄色くなった太陽を本当に見た。姪と結婚したために破門されたロベール敬虔王〔教皇グレゴリウス五世により破門される〕の子は、化け物の姿で生まれた。悪魔は、もうわざわざ隠れるには及ばない。ローマでは魔法使い教皇（シルヴェステル二世）の前に悪魔が荘厳な姿を現しているのを見た者がいる。地上には、多くの霊の出現、幻視、不思議な声があり、また、神による奇跡と悪魔の威光が満ちている。それなのに、突然ある朝、運命のラッパの音が響いて、この地が煙と消えるかもしれない。その時、われわれが価値あると思っていたものが虚しいものとわかり、永遠の世が始まるのである。」

〈幻影に捕らえられた神秘家〉たるミシュレーは、このまた聞きの作り話に価値を与え、それをまさに薄暗いステンド・グラス――神の光がこのグラスを通って道を開くに違いない――の渋い色で描きながら、リュシアン・フェーブル〔一八七八―一九五六、アナール派の基礎を築いたフランスの歴史家〕がそう言ったように、実際は自分自身が抱く幻影しか表現していない。それは彼の〈日記〉と彼の研究が表現するものである。のちにポスト・フロイト主義の注釈学者たちは、彼の研究を、「内面的に陰気なこの男は、歴史の中に悲劇と不幸しか感じなかった。それは、非常な強さで、自分自身の悲劇と不幸を生きるためであった」（クロード・メットラ）と言うであろう。

ミシュレーは、紀元一〇〇〇年の終末の恐怖について記した自分のメモの中に、非常に興味をそそる挿話を残している。「全ての者が苦しみから抜け出したがっている。どんな値を払ってでも！　彼らにとっては、熱い褥《しとね》の中にいるよりも、神の御手に一度陥って永久に休息する方がよかったのだ。さらに、鋭く激しいラッパの音が暴君たちの耳を刺しぬくその瞬間は、魅力的でもあるに違いない。その時には、城砦の塔から、修道院から、畑から、恐ろしい笑い声が、悲しみの真ん中に響き渡ったのではあるまいか。」

ミシュレーはまた、私生活において妻の月経を聖遺物のように崇拝するほど血に魅せられていたことを示してみたり、様々な恐怖を並べ立てながら、明らかに悦に入る人だった。彼は紀元一〇〇〇年の恐怖を、すでにユイスマンス的な調子で語っていた。「最後の審判に対するおどろおどろしい希望は、紀元一〇〇〇年前後に起こった種々の災害の中で増大した。この頃は、季節の順序が逆になったかのようであったし、色々な事件が起こってからそれに対処するため新しい法律が作られているかのように思われた。ひどいペストがアキテーヌ地方を荒廃させた。それゆえ、病人の肉は火で打たれたかのように腐り、骨から剝がれ落ちた。こうした悲惨な人々が巡礼ルートを覆い尽くし、諸教会を取り囲んでいた。彼らは、教会の門の所で押し合い圧し合いし、そこに折り重なっていた。教会を取り囲むその悪臭で彼らは不快にならなかったのか……。」彼の想像力とペシミズムを明らかに掻き立てる飢饉と食人行為《カニバリスム》に関する文章は、初期においてすでに見出される。この歴史家が、フランス大革命（一七八九）の痛みのさ中に生まれたこと（一七九八年生）、そしてパリ・コミューンの苦しみの直後に死んだこと（一八七四年没）を忘れてはなるまい。ある世紀末から次の世紀末へと、彼は生きた人物だったのである……。

　メリメ〔一八〇三―七〇、フランスの小説家・考古学者〕は、これらミシュレーの書物が出版された四年後に、別の危機感を抱いていた。「メリメは、哀惜に満ちた過去への崇拝を持たず、王政復古時代（一八一四―三〇）から時を渡る吟遊詩人であった。廃虚の詩は彼を冷淡にさせた。」[75]そして彼がフランス大革命で荒らされた記念建造物の下で人生を送ったことで、「教会後陣のすぐ下の肥溜《こえだめ》、聖具室の中に積み重ねられた薪の束、柱の上の砲手たちによる猥褻な落書きは、メリメの魂を祝福はしなかったが、教会を再建しようという希望を掻き立てた。」一八三六年、彼が『中世の宗教建築についてのエッセー』の執筆にとりかかった時、彼は当然のことながら一〇世紀について論じ、紀元一〇〇〇年の幻影をそこに描いている。「世界が紀元一〇〇〇年に終わるに違いないというこの奇妙な思想は聖職者によって広められ、皆に知られていた。この思想は、地上のドゥニエ貨〔フランスの古い貨幣〕と交換して天国の地所を売っていた聖職者によって、巧みに利用された。この時代に聖職者がなした財は、一一世紀の建築術の発展に大いに貢献した。」魂を高めることよりも記念建造物の建立の方に興味があるこの〈信仰なき無宗教者〉――モナ・オズーフ〔一九三一―、フランスの歴史家、フランス大革命期の祭典に関する専門家〕がメリメをこう呼んでいる――は、紀元一〇〇〇年の歴史の本質と、それに恐れを抱いた信者の喜捨から生まれたロマネスク美術の本質を強調している。[76] しかし、彼が激しく非難したのは、建築の貧困化である。すなわち、運命の日に先立ち、全ての都市化計画が中断したこと、将来がかつてないほど不確かとなったために建築が計画されなかったことである。「退廃的趣味と全体的無知に加えて、頻繁に繰り返される変革や戦争、ヨーロッパが被った略奪被害のもとで、将来への思考というものがほとんど消えてしまい、大建築物を創る人々は後世を夢見るどころではなくなり、自分でそれらを完成できないかもしれないと心配していたようである。沈着で、急ぐことなく、完全を求める遠大なプランに基づいた大建築物が、当時は全く作られなかった。建築が完成しなかったため、何の建物だかわからないような廃材の山だけを残すことのないようにと、大急ぎで完成させる必要が、当時の人々には感じられていたのである。」

ミシュレーのように、（おそらく彼からそう遠い存在ではない）メリメは、自分で思い描いた紀元一〇〇〇年のイメージの中に、彼固有の強迫観念を投じている。モナ・オズーフが再び言っているように、〈朽ち果てかけた傑作を救う専門家〉であるメリメは、「身体の一部を切断された天使とハンセン病に蝕まれたような聖人の浮彫りを修理するために、夜昼絶え間なく呼び出され、崩壊した教会の鐘楼の側に出頭を命じられ、古文書の朽ちた部分について相談を受け、柱頭の傷ついた所を直し、壊れた小円柱を立て直すように要求された」人であった。彼の新しい幻想趣味には、紀元一〇〇〇年の幻影をはぐくんだ先祖たちによる恐怖を反映させた舞台がうかがえる。

一九世紀に中世的な恐怖が存在していることを立証したのは、公職にある歴史家たちであった。一八四四年に出版され、広く読まれ、たびたび再版されたテオフィル・ラヴァレの『フランス人の歴史』の中に、次のようなくだりがある。「これら中世的恐怖の存在は、一般に陰気で悲惨で野蛮なものであった。さらに、終末を信じる信仰、すなわちフランスに荒廃をもたらしたペストや飢饉、あらゆる種類の災害によって正当化されたこの信仰は、世界に無気力状態をまき散らしていた。皆が運命の日を待つ恐怖で凍りつき、全ての事業が停止し、全ての運動が止んでいた。もはや希望も将来もなかったのである。その一方で、人々の宗教的熱意は倍加した。人々は修道院へ駆け込み、教会に財産を喜捨した。至る所でこの悲痛な叫びが聞かれた。『この世の終わりは近い！』と。」

こういう歴史に、大衆小説はうってつけであった。大衆小説が過去の社会に関して、いかに自由奔放なイメージを描いてきたかは承知のとおりだ。アレクサンドル・デュマ〔一八〇二―七〇、大デュマ、フランスの小説家・劇作家〕の言葉によれば、もし良き子を作らせるのであれば、歴史を強姦〔歪曲〕してもかまわないのである。こういう小説の生みの親の一人は、ユージェーヌ・シュー〔一八〇四―五七、フランスの小説家〕である。彼は、一八四九年から一八五七年の間に大好評を博した『民衆の神秘』（何と全一六巻！）を出版した。この〈あるプロレタリア家族の大河小説〉は、フェヌィヤール家の人々が万国博覧会を訪れるように紀元一〇〇〇年の世界を訪れる。社会主義者という名称が成立する前の社会主義者（だがプロレタリアよりはダンディー）であったこの作家は、自分の受容した思想をもって、中世史を容赦なく書き換える。例えば、殺人と姦通のおかげで王冠を得たユーグ・カペー〔在位九八七―九九六、フランス、カペー王朝の創始者〕を鞭打ったり、教会の承認を得てイスラム教徒の肉を食べた十字軍兵士たちを告発したり……。事実と空想を混ぜながら、彼の文章は、見事に私たちのテーマである紀元一〇〇〇年の恐怖を明らかにしているのである。

「私は、紀元一〇〇〇年の終わりの数カ月について語りたい。それは、カトリック教会の悪辣な金銭欲が、世の終わりと定めた期間なのである。この下劣なペテンによって、聖職者は、非常に多くの純朴な領主たちから財産を強奪した。この貴族たちは、それまでは盗人や狂暴な者よりも宗教的感覚が鈍かったのだけれども。紀元一〇〇〇年の終わりの数カ月間には、土星の接近が観測され、そこでは情念と信仰、その反対にひどい不信仰や最大級の非常識、馬鹿馬鹿しさ、酷さが爆発したのであった。無知と悪魔への恐れのせいで、農奴たちに劣らず愚かになった領主たちは、神からの懲罰を避けるよう望み、聖職者の語ることを聞いて、彼らの私有教会、土地、屋敷、城、農奴、家畜の群、素晴らしい食器類、金貨、立派な甲冑、豪華な衣装、それもシャツに至るまで、全てを施した。その後、ずた袋を着て、灰の上に横たわり、自分たちが教会に喜捨した城の門の所で、一摑みのそら豆を施してくれるように求めた。彼らは、声を合わせて歌った。『われわれは金銭を騙し取り、乱暴を働き、人を拷問にかけ、虐殺したが、今やわれわれの全財産を〈神の御民〉に捧げた。われわれは義人たちと共に行こう！　天使たちと共に行こう！』一方、〈神の御民〉である聖職者は、ご馳走を食べ、愛《セックス》を交わし、互いに言いあった。『愚か者を笑ってやれ。軽信する者を軽蔑してやろう。彼らの酒を飲んでやれ。彼らの金を受け取ろう。われわれのために農奴たちを働かせよう。そのとおり、世の終わりは来た。それは確かに来たが、しかし、愚か者たちのためにだけだ。他方、新しい感覚世界は、われわれ、主の聖職者たちの前に開かれている！』」

ユージェーヌ・シューの批判的なこの文章は、皮肉な〈世紀末〉精神の本質的特徴の一つを描き出している。それは、旗のように振りかざされた黙示録を背景として、教会と国家の分離という火を地域の争いから国家レベルの争いまで掻き立てたのである。

一八五九年、愛書家ヤコブ（彼の本名はポール・ラクロワ〔一八〇六―一八八四〕といい、アルスナル図書館の上級司書であった。彼は古典を扱う職権を与えられた際、自分のフランス的な名前を聖書に出てくる人物名に変えるのが良いと思い、周知の反ユダヤ主義者であったにもかかわらず、ヤコブと称するようになった）が、反キリストについての長い書物を出版している[77]。ここで彼は、自らの責任で例の幻影の伝統的な資料データを手直しし、そこに自分自身で考えた事柄をつけ加えた。彼は、紀元一〇〇〇年の集団的恐怖について、「教会人と修道士は、自分たちに非常に利益をもたらすこの迷信を抹消しようとはしなかった」と言っている。彼は、貧者から教会や修道院への〈自発的な〉喜捨を強調する一方で、大異変の前兆に言及しつつ、〈改宗ユダヤ人や蘇った死者、奈落の底から出てきた幽霊、悪魔的な恐ろしい奇跡〉について語っている。ユダヤ人の〈少々強制された〉改宗を示すことは、明らかに間違った信仰と幼稚な反ユダヤ主義によるものであったが、それ自体はキリスト教的終末論に基づくものであった。愛書家ヤコブは、反キリストのイメージをさまよえる〈ユダヤ人のイメージ〉に結びつけた点で先駆者的な仕事を行い、その変遷を語っている。「すでに一三世紀以前にこの話は、全キリスト教徒のもとでよく信じられていた。おそらく十字軍兵士たちがこの話をパレスティナから持ち帰ったか、あるいはむしろ福音書の一節の誤った解釈によって、この話が紀元一〇〇〇年のご大層な言い伝え――紀元一〇〇〇年はカトリック教会にとって恐怖であったから――に結びついていたためであろう。それによれば、紀元一〇〇〇年は、世の終わりと反キリストの到来、そして最後の審判が起こるはずであった。だが、反キリストは来なかったし、終わりを予告するような威嚇的な印《しるし》があったにもかかわらず、この世は終わらなかった。しかし、間違いなく、ずる賢い連中はこの世界的恐怖を利用するのを怠らなかった。反キリストの役割を演じ、この称号ゆえに多くの施しを集めながら……。あちこちに現れたこれら偽の反キリストたちは、同じ場所に留まることができず、風か稲妻のような速さで東洋から西洋へ移動していた〈さまよえるユダヤ人〉以外の何者でもないと人々は思うようになった。」

一八三五年頃、アンリ・マルタンは彼の記念碑的著作、全七巻の『フランス人民の歴史』（これは、彼にとってはパリ一六区の大通り一つ分に匹敵する価値がある）にとりかかったが、彼が中世初期に関する諸章を書いたのは一八六五年になってからであった。彼の作品は非常に広く読まれ、その勢いに翳《かげ》りが見えたのはようやく一九三〇年代になってから、というほどの成功を収めた。一八九〇年からアナール派による歴史学革命の開始〔一九二九年の『社会経済史年報』の創刊〕までの間は、フランスの全小学校教師および生徒は、今日では古典劇となってしまった題材を、アンリ・マルタンとともに繰り返したのだった。「紀元一〇〇〇年が近づくと、キリスト教徒はあらゆるものに怯えていた。一〇世紀の最後の一〇年間は、全ての快楽、全ての商売、全ての関心が失せ、種を蒔くぐらいのことしか欲しなくなった。人々は、天の御国が開かれるよう、神の加護を確実にするために、教会や修道院に自分の財産を遺贈した。その紀元一〇〇〇年の第一日が近づいた時、最後の審判のラッパが頭上に鳴り響くのを期待して、人々は至る所で教会や礼拝堂に詰めかけた。しかし、その年の第一日も、そして紀元一〇〇〇年の年も、何事もなく過ぎていった。宇宙の運行や神が自然を治めるにあたって与えられた法則が、何ら途切れることはなかった。けれども、聖職者になされた贈与は取り消されなかったので、この年、聖職者は領主たちに請求されていた全額を十分に補償できた。」

退廃と無秩序、そして〈破壊を企てる者たち〉の荒々しい攻撃文が目を引くこのテクストは一九世紀において世紀末の幻影を掻き立てた。それが紀元一〇〇〇年の現実を伝えるものでないことを明らかにしようとするのは、クリスティアン・アマルヴィの次の文章である。「〈紀元一〇〇〇年の神話〉は、当時の政治的・宗教的な第一級の博打となった。」[78] アマルヴィは、一八七九年から一九一四年にかけての、まさに一九世紀末、人心に深く印象を与えた紀元一〇〇〇年の幻影の変遷とその現れ方を振り返っている。彼によれば、君主制と政教一致とを支持する右派に対して共和制支持の左派が勝利した後には、教会に挑発または扇動された〈紀元一〇〇〇年の恐怖という神話〉は、かえって宗教色のない教育者の指導に有効に働いた、という。なぜなら、当時すでに宗教は〈民衆の阿片〉〔カール・マルクスの言葉〕と見なされ、宗教を根こそぎにしようという動きがあったからである。紀元一〇〇〇年の接近によってパニックに陥った社会、という黙示録的なイメージが大量に広まった結果、学校において教会は慈悲深く無私無欲な組織と思われなくなり、かつ、「修道士の杖〔指導〕の下で良く生きるという田園・牧歌的な中世神話の象徴的表現は消滅してしまった。そのような教会に対するイメージは、フランス王政復古以来、あらゆる聖職者や君主制を擁護する文学によって媒介されたものであったのである。」

なおも信じる人々、もはや信じない人々

生を非常に辛いものとして捉える神話の影響は残った。マルク・ブロック〔一八八六—一九四四、フランスの社会経済史家〕やリュシアン・フェーヴルといったアナール派の新しい歴史家たちの抗議があっても、見たところ真面目な諸作品は中世初期の苦悩が鉄のように厳しいと認め、それを信じ続けていたようである。「有名な〈紀元一〇〇〇年の恐怖〉は、中には笑いを誘うようなものもあるが、実にしっかりした根拠のあるものである」と、一九三七年にアルベール・コルナーは書いた。[79] 一九六六年にはまた、作家ジョルジュ・

ボルドノヴが、灰の下でくすぶっていたこの熾火《おき》を搔き起こしている。『モン・サン・ミッシェル物語』[80]において、彼は随所にこの幻想劇の幕や場面を繰り返している。彼はそれらを思い起こさせるために、ユイスマンス的に次のように強調する。「〈世界最後の真夜中に〉存在するはずだったもの、すなわち身体の震え、魂の痙攣《けいれん》、祈禱、嘆き、これら生ける者たちの希望、そしてこの世の生において最良のものを経験してきたのにそこから引き離されねばならない者たちの憤懣やる方なさ。それらを感じられるようにするには、数ページを費やす必要があるだろうし、私に似合わぬ謙遜も必要であろう。」

その一方で、二〇世紀初期から、古文書学校出身のカトリックの歴史家たちは、紀元一〇〇〇年に人々が恐怖を抱いたというのは間違った危険な伝説であるということを裏づける史料を提示している。教会に対してなされた非難、とくに教会が終末の恐怖をあおって喜捨を増やして富裕化したという非難への反発が、一九一四年の戦争——これは第一次世界大戦という、まさに現実に体験される黙示録的状況に発展していくものとなった——が近づくにつれて、目立ってくる。「教会は、フランスで公職による反教権主義が有力になるまで、すなわち一九四〇年まで、紀元一〇〇〇年の偏った解釈に対して反発したと思われる」と、再びクリスティアン・アマルヴィは書いている。一徹なカトリック作家のジャン・ギローは、一九一一年以後、公立学校で使う教科書を告発している。「紀元一〇〇〇年の恐怖など存在しなかったのだから、教会の富はこの恐怖のおかげだったのではない。したがって、これらの恐怖を認め続ける人々や聖職者をでっち上げる党派は、現代の歴史学の動向から逸脱した無知な人たちであるか、虚偽をもって教会と闘うために間違った伝説をいつまでも広め続ける中傷家であろう。どちらにしろ、こういう人々は全く信頼するには値しない[81]。」

過去の歴史学は、多くの場合、作り上げられた神話を現実の歴史と見なしてきたので、どの時代にもそれぞれの中世像が作り出されている。中世が新しい顔を持ち、千年王国信仰《ミレナリスム》の恐怖によってつけられた傷痕から立ち直るためには、第二次世界大戦初期を待たなくてはならなかった。中世史家たちが、集団的記憶に付きまとわれていたロマン主義的解釈と決別しようとするのは、さらに少し後、ようやく一九四五年以降になってからであった。「一九四七年にフェルディナン・ローやエドモン・ポニョンが、そして一九五二年にはアンリ・フォシヨンが、科学的論証を支えとして、紀元一〇〇〇年の暗い伝説を晴らそうと努力した。だが、それは空しく終わったようだ。というのも、ピエール・ロシェが一九七六年に、レーモン・ウルセルが一九八九年に、大衆が愛着を抱いていたそのドラマティックな解釈に——これはおそらく学校教育の伝統によるものである——、改めて反論を加えなければならなかったからである。」（クリスティアン・アマルヴィ）そしてこれらの歴史家たちの後に、華々しくジョルジュ・デュビとジャック・ル・ゴッフが続いてくる。

　こういうわけで、二〇世紀初めのカトリック作家たちを引き継ぐべき最初の人物は、エドモン・ポニョンであったと言えよう。彼は、紀元一〇〇〇年の恐怖の現実、そして教会による恐怖からの回復という図式には、様々な理念上の根拠をもって異議を唱えている。彼は、著作『紀元一〇〇〇年』[82]において、リウトプランド、グラベル、シャバンヌのアデマール〔一一八頁参照〕、アダルベロー、エルゴー〔一一八頁参照〕といった、多少なりとも事件の実見証人といえる人物たちの作成史料を統合し、これを翻訳している。この本は、「われわれには、集団心理学的な現象を歴史研究に加える権利があるのか？」という問題について俯瞰し、この問題に冷静に答えている。「信頼できる歴史家たちは、紀元一〇〇〇年の恐怖に関して、最も明白で最も根拠のしっかりした慎重な態度を表明している。これに対し、信じやすい人間、とくに幾人かの考古学者の間ではなおもこれらが重要視されている。なぜならそれは、単に一九世紀独自の中世のロマン主義的解釈ではなく、これが事実整理にとって、なおも便利な方法だからである。」

エドモン・ポニョンの後には、アンリ・フォシヨンが続く。彼の著作『紀元一〇〇〇年』[83]は、〈この世の終わりが近いとする信仰の波〉があったかどうかを分析したものである。彼は言う。「今日の多くの人々は、世紀の終わりに近づくにつれて終末感が潮汐のように増大し、紀元一〇〇〇年がこれらの恐怖の絶頂点となっていたように思い込んでいる。」彼がこの本で言っているのは、紀元一〇〇〇年前後のわずか数年間には終末を信じた信仰の跡がなく、九世紀の後半にその跡を認めるという見解も疑わしいということである。「世の終わりと思われ、運命の期間が満ちると思われた紀元一〇〇〇年が過ぎ、世の終わりが先のことだとわかると、終末を以前からひどく恐れていた当時の多くの人々は大きな安堵と生への確信に満ちみちたという見解があるが、これには何か腑に落ちないものがある。」

ジョルジュ・デュビが彼の小著作、しかし、この幻影の歴史において重要な本を出版したのは、一九六七年である。その本『紀元千年』[84]は、それまでの歴史家たちによって注目されてきた中世史料の批判選集であり、〈紀元一〇〇〇年の恐怖〉を、次のように、ある意味で正当化している。「終末の接近を恐れた人々。多くの教養ある人の精神の中に、紀元一〇〇〇年のこのイメージは、なお生きて残っている……。集団意識の中でのみ示される千年王国信仰《ミレナリスム》の図式は、現代人をも引きつける力を全く失っていない。」そして彼は、次のように結論づける。「〈紀元一〇〇〇年の恐怖〉を信じることは誤りである。が、その代わり、当時の最良のキリスト教徒たちが、この不安の潜む中で生きたこと、そして福音を観想しながら身を慎み、彼らがこの不安を徳に変えていたことは、認めるべきである。」

第2章

〈紀元一〇〇〇年の恐怖〉の真実と虚偽

世の終わりは、キリストが生まれて千年目（紀元一〇〇〇年）にも、キリストが死んで千年目（紀元一〇三三年）にも訪れなかった。しかし修道士グラベルが報告しているように、当時は天候不順による大飢饉が起こって人々は人肉まで喰らい、戦乱は絶えず、社会は不安定で不平等であった。日常の暮らしに倦む民衆は、こんな世の中など終わってしまうことを願ったかもしれない。

人間を呑み込む怪物。モンマジュール修道院（プロヴァンス）回廊の彫刻。12世紀。

ドラマの証人と作者

紀元一〇〇〇年に生きていた人々あるいはその直後に生きていた人々は、紀元一〇〇〇年の〈出来事〉の証言をほとんど残していないと言われる。それでも、わずかながら証言を残した者がいる。

その第一の人物は、九八八年にフルリの修道院長になったアッボー〔九四五―一〇〇四〕である。彼は数々の数学や天文学の小論を著し、キリスト教の始まりの年を計算した。本書の序文において述べたように、九六〇年頃、世の終わりが近いという威嚇的な説教を聞いたのは、彼である。同時代、モンティエ・ラン・デール修道院長であったアドソーは、九五四年に『反キリスト小論』を書いている。この書は最後の審判を心配する人々に訴えかけ、「それまで服属させられていた世界の全ての王国が、ローマ帝国から離反しないかぎりは終わりの時はやって来ることはない」として、彼らを安心させている。

九七七年、ラン司教となったアダルベロー――同名の同時代人、ランス大司教のアダルベローと混同しないように――は、興味深い人物である。「カロリング王家が進んで司教団を募り、疑う余地のないほど潔白な魂の政治家〔司教〕を養ったロレーヌ地方の貴族の一人として、アダルベローは、仲間たちと同様に自らを反動分子〔カロリング家の王を理想とし続ける〕だと感じていた。そこから『ロベール敬虔王に捧げる詩』が

大洪水による大量死。リエバナのベアトゥス『ヨハネ黙示録注解』挿絵、11世紀、フランス国立図書館蔵。

生まれた。その中で彼は王国の状態を暗いイメージに描きながらも滑稽な風刺を混ぜ、政治的・宗教的な主義主張を示し、王に復興のプログラムを示唆している。」[85] つまりは、彼は自分自身の終わり〔死〕も世界の終わりも信じていないということである。

歴史家たちは、紀元一〇〇〇年頃に恐怖をそそるような重大事が彼の詩に見出せないとしても、この時期の他の年代記作者たちには注意を向けた。例えば、メルゼブルクのティートマール――彼は九七六年、修道士たちが七つの大罪以上に狼や熊を恐れていたほど未開の地であったザクセンに生まれている――、シャバンヌのアデマール――彼は九八八年に生まれ、アングレームのサン・シバール修道院の修道士となる――、そしてフルリのエルゴー――彼はロワール沿いのサン・ブノワ修道院の修道士で、一〇三一年からロベール敬虔王の伝記を書きはじめ、その三年後、自分が死ぬまでこれを書き続けた――などに。

紀元一〇〇〇年を乗り越えていくことに多少は触れているこれらの年代記は、全て教会人によって書かれている。当時においては修道士や司教たちだけが、ラテン語で読み書きのできる人々であったからである。諸侯たち自身は文筆活動を侮っていた。彼らは本分を羊皮紙の上に書き留めることではなく、〈事を起こすこと〉だと自負し、自分たちの職分と読み書きとはほとんど両立できないと考えていた。実際、王国で最も力のある諸侯の一人であるアキテーヌのギョーム〔三世、敬虔公、?―九一八、クリュニー修道院の設立者〕は書けなくとも読むことはできたが、これをシャバンヌのアデマールは例外的な事と見なしている。

歴史家、ラウル・グラベル

アンリ・フォシヨンが〈黙示録的な厳しい性分の修道士〉と評するラウル・グラベルは、紀元一〇〇〇年の出来事と信仰を記した主要な歴史家である。一〇世紀の末に生まれた彼は、放浪生活とやや乱れた生活を送った後でクリュニー修道院へ入り、紀元九〇〇年から同時代に至るまでの出来事を五巻の年代記に書き記そうとした。これはクリュニー修道院のオディロー〔一六三ページ参照〕に献じられており、一〇三〇年頃から書きはじめ、晩年まで執筆を続けた大作であった。デュビによれば当時の歴史家の間でも「ラウルは評判が良くなかった。彼はお喋りで、軽信しやすく、粗忽だと言われていたし、彼のラテン語は冗長である。私たちの常とする考え方や論理で、彼の作品を判断しない方がよい。だが、彼の思考過程に滑り込めば、彼はすぐにも、当時のずばぬけて最高の証人となる。[86]」

まず、グラベル、あるいは〈髭無しツルツル《グラーブル》〉――これが彼の渾名であった――その人について語りはじめるのがよさそうだ。もちろん、彼は自分の〈遍歴〉[87]の冒険については何も言っていない。だが、私たちは、彼が悪魔を見たと確信していることに、好奇心をそそられる。このブルゴーニュ出身の修道士――ジャック・ラカリエールのような体格や気さくな熱っぽさを彼が持っていたと私は想像し、楽しんでいる――は、その品行より教養の高さを評価され、修道院から修道院へと移り住んでいた。彼は、奇怪な醜い姿をしたサタンの出現について語っている。サタンは、シャンポーのサン・レジェ修道院、ディジョンのサン・ベニーニュ修道院、ムーティエ・サン・ジャン修道院といった様々な修道院で、彼に一撃をかまそうとした、という。

この狡猾なる者〔サタン〕の出現は、現実であれ空想であれ、当時の心理的ムードに当然結びついている。警告と見なされるような事柄を見たと記しているのは、何も彼一人だけではない。彼はただ、出来事にひそむ神の印《しるし》にとくに敏感なのである。「ラウル・グラベルの『歴史』が修道院文学に属していることは、強調されなければならない。この分野においては終末論的洞察がその本質をなし、その本分は第一に、神が与え給うた種々の印を通して神の働きを解釈することだからである。自然現象や他の奇跡がサタンの力と人間たちの堕落を証言するものならば、神の警告は人間たちを改悛させ、希望を持たせるためのものである。[88]」

同様に、彼の年代記が、多くの奇跡や前兆を、また、人を仰天させるような〈素晴らしい〉事柄、あるいは世界の荒廃を示すと解釈される恐ろしい大災害のグラビアを、やたらと〈詰め込んでいる〉としても、驚くべきではない。グラベルは世の終わり、反キリストの到来、最後の審判を信じている。彼は、当時の苦難を大いなる闇を告げ知らせるものとして解釈する。しかし、彼は終わりの時を勝手に決めつけないように、控えてもいる。紀元一〇〇〇年の時、おそらく彼は若さの盛りの二〇歳であったが、その時は見たところ何も起こらなかった。一〇三三年頃には、彼は『歴史』を書いている最中だが、世の終わりが来たとは思っていない。キリストの死の記念となるこの年に耐え難い飢饉が起こったが、彼はこれを事細かに描写するにとどめている。この飢饉により、人間たちは互いをむさぼり食うよう強いられていると、彼は、歯に衣きせず物語っている。結局、彼は自分の年代記を公にする前に読み直しながら、世の終わりの時を機械的に計算することをもはや信用せずに、一〇三三年を過ぎてもなお、贖いの大異変が起こることを信じ続けていた。

「この証言からどのような結論が引き出されるのか？　まずラウル・グラベルを、その時代の典型的な人物と見なしてはならない。このお喋りで、気が変わりやすく、疑い深い修道士は、……むしろ時代の戯画である。彼は馬鹿らしいまでに、ある点ばかりを誇張する。彼は、当時の多くの人々を特徴づけている建設的な感覚、バランスのよさを全く持ち合わせていない。」こうした厳しい判断を彼に下す現代の歴史家は、さらにはっきりとこう言っている。「彼の『歴史』の題材は、近代のあらゆる作家たちの文章中に透けて、再び見出される。そうした作家たち――筆頭はミシュレーである――こそが、〈紀元一〇〇〇年の恐怖〉というテーマを粉飾したのである。」[89] グラベルは、紀元一〇〇〇年に――また、一〇三三年にも――、実際に生きていたがゆえに、この幻影の歴史の中心にいたのである。

また、グラベルがその時代を特徴づける人間の有為転変を詳しく調査するに際して何ら満足感を示していないことは注意すべきである。彼には、事細かな現実的な憂慮はあっても、そこに楽しみを見出す趣味は全くない。彼は奇妙なオプティミストなのである。ただ、同時代の他の歴史家、修道士リシェの場合は、全く異なっている。

他の歴史家、修道士リシェ

「ラウル（グラベル）は当時大成功を収めたクリュニー修道制に属する者であった。他方、リシェが属していたのは衰退するグループ、九世紀にランスで輝きを放ったものの紀元一〇〇〇年以降は衰えた司教文化のタイプである」と、ジョルジュ・デュビは言っている。[90] ランスのサン・レミ修道院の修道士であったリシェ〔九五〇頃―九八〕は、オーリヤックのジェルベールのかつての弟子で、九九五年に自著『フランス史』をこの師に献じている。紀元一〇〇〇年の間際の時代に生きたこの年代記作者は、証人というより剽窃《ひょうせつ》者である。この書の中には、彼の師が最大級に美化された筆致で、しばしば登場する。紀元一〇〇〇年の間を記した『年代記』を史料として信用し、破古文書保管人フロードアールが九一六年から九六六年の間を記した『年代記』を史料として信用し、破廉恥にも時折剽窃することとさえためらわずに、自分の誕生以前、つまり一〇世紀前半に起こったことを語っている。そういうわけで、彼の『フランス史』の最初の二巻は、彼が他の史料を吟味しようとしなかったゆえの誤りやいい加減な記述でいっぱいである。（しかし、他のどの史料を使えたのか？　当時、史料は本当に稀にしかなかったのである。）この剽窃については、彼はそれを隠そうともしていない。予言者たちにとっての将来と同様に、歴史家たちにとっての過去も十分に光を当てられたものとは思えない。彼は書いている。「もし私が、われわれには不明の過去について語ったことで告発されるならば、私は包み隠さず答えよう、ランスの聖職者、フロードアールの著作からいくらかの借りものをしていると。しかし、私が同じ言葉を使わずに他の言葉をそこに当て、完全に文体を修正していることがわかるだろう。」こうして彼は、歴史家と同時に作家であることを望んでいるのである。彼は、サルスティウス〔前八六—前三四頃、ローマの歴史家・政治家〕以後、最初の改革者の部類に入る。（ロベール・ラトゥーシュが、彼をサルスティウスと比較しているのは正しい。）彼は修辞学者的な歴史家であり、「この種の歴史家たちに好まれた技巧の一つは、著作中の英雄たちの感情をまざまざと復元し、彼らの行動の心理的理由を探すことにあるのである。[91]」

フロードアールは九六六年に死んでいるので、リシェは著作の後半は、自分一人で作成しなければならなかった。だが、この部分は自分の生きた時代について語っているのであるから、文学的な想像に引きずられながらも、誤りは少ない。しかし、彼の熱情を帯びた歴史書は、全体が世間を動揺させた政治的な出来事に向けられている一方で、人心を動揺させ、世の終わりの前兆となるような地上・天空の諸現象には関心を払っていない。リシェは、紀元一〇〇〇年を運命の時としては語らない部類の人物だった。彼は九九八年頃、この世を去った。自分自身の死後に何か起こったとしても、死んでしまえば世界の大異変ですら関心の持ちようがなかったであろう。

権力者たち

紀元一〇〇〇年の間際に、世界の動きに号令をかけるような大人物たち——そこには悪魔も含まれる——が、タロット・カードの大アルカナ〔人間の欲望や活動が描かれているカード〕のように現れた。このたとえは、おそらく大胆なものであり、この占いカード自体、ずっと後の一三世紀か一四世紀になって初めて現れたものであるが、世界の将来を担っている紀元一〇〇〇年の皇帝や教皇を象徴するには、かなり都合のよいものである。エドモン・ポニョンは言っている。「紀元一〇〇〇年は、たしかに特筆すべき年である。まさしく紀元一〇〇〇年に——〈そのずっと前から〉でもなく〈長い間〉でもなく——、並外れた二人の人物がいたのである。彼らは、当時の世界にあって、最も広範な意識を持つことができ、将来の方向づけをしようとする場を占めていた。その場とはローマであり、彼らとは教皇と皇帝のことである。」これは、すなわち、教皇シルヴェステル二世〔在位九九九—一〇〇三〕ことオーリヤックのジェルベールと、ドイツ皇帝オットー三世〔ドイツ国王在位九八三—一〇〇二、神聖ローマ皇帝在位九九六—一〇〇二〕である。

彼らの相互依存関係は緊密であった。ミシュレーはこれを理解し、次のように要約した。紀元一〇〇〇年には、「政治が教権の基礎となり、聖性が帝権の基礎となっていた。」お互いに任命し合い、あるいは尊重し合って、以後、双頭の鷲〔二つの頭を持つ鷲の図柄、神聖ローマ帝国の皇帝権力の象徴〕に統治される帝国の頂に、彼らは相並んで君臨した。彼らは理解し合い、補完し合った。「双方ともに神の法の執行人であり、彼らは人間たちの正しさを認めるため、悪者たちを制圧するため、そして義人たちに報いるために重荷を分け合っていた。緊密な絆が両者を結びつけていた。たしかに、皇帝はドイツ諸侯たちによって選ばれたが、この選挙は皇帝の徽章の保管者たる教皇の塗油によって聖別された。一方で、ローマ教会の安全は、宗教的権力による法の執行者、かつ保護者たる皇帝によって保証された。[92]」

紀元一〇〇〇年の第三の権力者は、この二人に比べると多少軽い扱いを受ける人物である。それはフランス王、というよりこの際むしろ、フランス国のごく一部分――その権力は分散していて、その領域は〈徐々に減っていき、しまいにはすっかりなくなる〉かつかつの収入分でしかない――を統治する人物〔ロベール敬虔王〕である。

これら三人が皆、あたかもジャリの戯曲『ユビュ王』に出てくるような一シーンに登場して来て、運命の時を告げる鐘が鳴り渡る時、悪魔と骸骨の間でジャックマール〔『ユビュ王』中の登場人物〕のロボット的人物として罠に嵌まるのである。

皇帝オットー三世

〈流血王〉と言われ、九八三年、おそらくは毒を盛られて死んだオットー二世〔ドイツ国王在位九六一―八三、神聖ローマ皇帝在位九六七―八三〕の息子であるオットー三世は、三歳で王位に就いた。彼は九八〇年に生まれ、おそらく彼もまた毒を盛られて、一〇〇二年に死んでいる。要は、紀元一〇〇〇年の皇帝の統治期間が短かった、ということである。それでもなお、彼は権力者の一人に含まれる。彼はテオファヌ〔母后〕とアーデルハイト〔祖母〕に育てられたのだが、彼女たちが権力の手綱を引き継ぎ、後見に立っていたので、彼自身が力を持つようになったのは九九六年以降でしかない。こうした困難な状況下で、彼自身の野心は増長するばかりであった。

オットー三世は、オーリヤックのジェルベールとプラハのアダルベルト〔九五六—九七〕——この二人は紀元一〇〇〇年頃の二大〈知識人〉である——の弟子として豊かな学識を授けられ数学の知識を身につけ、神秘的な雰囲気を漂わせていた。ビザンツ文明に夢中になった彼は、神聖ローマ・ドイツ帝国が立てる唯一の巨大な旗のもとに、東と西を結びつけることを夢見た。そして彼の目に、自分自身はローマ帝国の後継者にふさわしい、と映ったのである。これは民族感情を無視した考え方であった。彼はローマに定住することを決心したが、その結果失望したドイツ諸侯たちから反感を買い、イタリア人からもドイツ人に身を委ねさせるつもりか、と反感を買ってしまった。

九九六年、ローマは、ローマ貴族で小テオドラ〔一〇世紀前半、ローマ貴族小テオフィラクトの妻でローマの教俗両界に影響力を持った。道楽者で知られる〕の息子、クレシェンティオ〔?—九八四〕の手中にあった。彼はドイツ人の敵であり、気違い地味た野心を持っていた。彼は、かつてサン・タンジェロ城の地下室でベネディクトゥス六世〔教皇在位九七三—七四〕を絞殺したことと、新教皇ヨハネス一五世〔在位九八五—九六〕との絶えざる闘争のために訴えられていた。ヨハネス一五世はオットー三世に救いを求めたのだが〔オットー三世の第一次イタリア遠征〕、オットー三世は永遠の都ローマに着いた時、この教皇の死を知った。皇帝は、当然のこととして、自分の礼拝堂司祭たちの一人を聖ペテロの座、すなわち教皇位に選出させた。それは皇帝自身の従兄弟ブルーノで、教皇グレゴリウス五世〔在位九九六—九九〕となった。彼は最初のドイツ人教皇である。その代償にグレゴリウス五世は、自分の親類であり恩人であるオットー三世を公式に神聖ローマ皇帝と宣言する一方で、クレシェンティオに対して追放宣告を行い、さらに彼のローマ教皇への要求を棄却したのであった。表面上とはいえ平和がローマに再び確立されたので、オットー三世はアーヘン〔ドイツ皇帝が戴冠式を行うドイツの町〕へ帰還した。しかし、彼がイタリアを離れるや否や、クレシェンティオが暴動を扇動し、教皇を追い払うのに成功した。九九六年九月、教皇はスポレト〔イタリア中部の町〕への逃亡を余儀なくされる。九九七年初から、このローマ貴族クレシェンティオが自分自身の権威で、コンスタンティノポリスのフィラガトス〔対立教皇ヨハネス一六世、在位九九七—九八〕を対立教皇として教皇座に登らせた。

ドイツの国内問題に引き止められ、オットー三世は九九七年末になるまでイタリアに戻ることができなかった。彼は、グレゴリウス五世とパヴィアで再会する。皇帝の軍隊は、九九八年二月にローマを包囲した〔オットー三世の第二次イタリア遠征〕。対立教皇フィラガトスは捕らえられ、命令を無視した皇帝の兵士たちによって、残虐にも手足を切断された。その二カ月後、クレシェンティオが逃げ込んでいたサン・タンジェロ城の要塞は奪取され、このローマ貴族は斬首された。オットー三世は、今やローマと帝国全土に君臨し、パラティヌスの丘〔古代ローマ七丘の一つで、ローマ発祥の地とされる〕に身を落ち着け、そこで彼はビザンツ風の才気に満ちた宮廷貴族に取り巻かれた。ミュンヘン図書館所蔵の福音書の挿し絵は、彼を、玉座に座り、手に皇帝杖と地球を持った、コンスタンティノポリスの皇帝像風に描写している。オットー三世は、シャルルマーニュ〔カール大帝〕の肖像を表面に、黄金のローマ《ローマ・アウレア》——槍と楯で武装した女性の姿で表されている——を裏面に配した教皇の勅書の付いた証書に調印した。九九九年についにオットー三世は、自分の従兄弟であった教皇グレゴリウス五世の死後、自分の師であったジェルベールを教皇シルヴェステル二世として選出させた。帝権と教権を同時に補強する、すなわち俗界と聖界とを一つに同盟させる、これ以上願ったりの手段はない。

ところで、オットー三世の物語は〈紀元一〇〇〇年の恐怖〉を棚上げにする。運命のこの年に恐怖がわき上がることも、世界が消滅することもなく、無事に踏み越えられた。オットー三世は〈使徒の奴隷〉であり、ローマ人たちの尊厳者《アウグストゥス》なる皇帝でありたいという欲求を実現した、と信じ込むことができた。

だが、その崩壊に天からではなく、ローマから来ることになった。ローマ市民たちが、それまでの長い伝統に抗して自分たちを統治しようとする〈教皇・皇帝〉の二重権威に対して暴動を起こしたのである。紀元一〇〇一年一月一日以降、紀元一〇〇〇年の大いなる恐怖は忘れられ、一〇三三年頃まで延期された恐怖はローマ市民たちにとって先のことだったので、彼らはこの二人を追放した。そこで教皇と皇帝は泥棒のようにこの都を離れ、ラヴェンナへ逃れなければならなかった。オットー三世はこの恥辱の後に生き長らえることなく、一〇〇二年一月二三日に死去した。長らく彼の死は変死と見なされることになり、一六世紀にもなお、ピエール・ボワステュオーは書いている。「皇帝オットー三世は、クレシェンティオに対して行われた残虐な戦争の中で死んだのではなく、毒を仕込まれた一組の手袋によってその生涯を終えた。この手袋は、クレシェンティオの妻が彼に贈ったものであった。」しかし彼が死んだのは、ラヴェンナ湿地の蚊に刺されて引き起こされた高熱のため、という方がより確かなようだ。

紀元一〇〇〇年が近づくにつれて、二〇歳の若き皇帝オットー三世は、不安げな様子を示しながらも、あちこちで告げられていた〈終わりの時〉に自分がいるのかどうかを知ろうと渇望した。プラハのアダルベルトの弟子として、彼は宗教的な霊性を受け継いでいた。そしてオーリヤックのジェルベールからは、数字と数学によって世界のメカニズムと象徴体系を同時に説明しようする傾向を受け継いでいた。その一方で彼は、修道院長アドソーの警告──『反キリスト小論』において展開された、終わりの時は〈世界の全ての王国がローマ帝国から離反しないかぎりは〉起こりえない、というもの──をも忘れなかった。これは、オットー三世の目には自分の帝国を守ることがこの運命の大団円を追い払うことになるのだと映った。政治上の用心が十分とはいえなかったのに、彼は神の怒りにも用心しなくてはならなかった。彼は、自分を取り巻く高位聖職者たちにではなく、孤独のうちに終わりの時について観想する隠修士のもとに通い、その助言と模範を求めた。彼は聖ニル〔九一〇—一〇〇四、ネイロスとも呼ばれる〕を訪ねた。聖ニルとは年老いた修道士で、モンテ・ガルガノの上にあるあばら家の寄せ集めでしかない修道院に、何人かの隠修士たちとともに引きこもっていたのである。「皇帝は言っている。これらの人々は、真に天国の住民である。彼らは地上にあって異邦人のように生きている。」それから皇帝は、聖ロムアルドにも会っている。彼は、ラヴェンナから四里〔約一六キロメートル〕離れたペレ島の隠修士であった。彼は自分の著名な訪問者〔皇帝〕にも、葦のベッドしか提供できなかった。これらの対談については何も知られていない。しかし疑いなくこれらの宗教者たちは、帝国を救うためであっても自分の魂を決して失わないようにと皇帝に助言したが、皇帝が帝位を守りつつ、かつ世界をも救おうとする意気込みは変わらなかった。

帝位を守るために、オットー三世は、帝国にカロリング朝時代の栄光——その中でも最も偉大なる記憶、すなわちシャルルマーニュの姿——を再現したかった。ティトマール、シャバンヌのアデマールを含めた何人かの年代記作者たちは、次のような内容を語っている。紀元一〇〇〇年の五旬節《ペンテコステ》の日、「皇帝オットー三世は、アーヘンに埋葬されていたシャルルマーニュの遺骸を掘り出せ、と夢で告げられた。しかし、その場所は時とともに忘却され、当時は正確な場所がわからなくなっていた。三日間の断食の後、皇帝が夢で見た同じ場所、聖マリア聖堂の地下納骨堂の中に、黄金の肱掛椅子に腰掛け、金と宝石で飾られた冠を頭に被り、スペクトルを放つ純金の剣を持ち、完全な形で保存されたシャルルマーニュの遺骸が発見された。人々に見せるために、それが掘り出された。しかし、そこの聖堂参事会員の中の一人、巨漢のアダルベルトは、サイズを測るためと称してシャルルマーニュの冠を手にとり、自分自身の頭に載せた。すると、彼の頭はそれには小さ過ぎた。その冠はあまりに大きかったので、頭全体がすっぽり入ってしまったのである。それから自分の脚をシャルルマーニュの脚に比べたら、シャルルマーニュの方が長いことがわかった。と、その途端、神の力によってアダルベルトの脚が砕けてしまった。シャルルマーニュの身体は、聖マリア聖堂の右翼、洗礼者聖ヨハネ礼拝堂の後ろに安置された。その上には壮麗な黄金の納骨堂が建てられ、素晴らしい奇跡が起こった。」

発掘を行ったオットー三世は、シャルルマーニュの黄金の十字架を持っていき、自分自身でアヴェンティヌスの丘〔ローマの七丘の一つ。皇帝の宮殿の所在地〕の玉座にそれを巻きつけた。ジョルジュ・デュビは次のように注目している。「紀元一〇〇〇年の皇帝は、人々の苦悩や自分自身の苦悩ゆえに、このような象徴的な行為をすることでこの世界の基盤を強固にするよう、強いられたのではなかろうか？」

ジェルベール、教皇シルヴェステル二世

一八三三年にミシュレーが描いた民衆史では、紀元一〇〇〇年の教皇について、次のようなポートレートが書かれている。「このジェルベールは、やはり魔術師であった。オーリヤックの修道士であったが、追放され、バルセロナに逃れた彼は、コルドバで文科と代数学を学ぼうとして還俗した。そこからローマへ赴いた彼は、オットー大帝〔一世〕により、その息子と孫の家庭教師とされた。その後、彼はランスの有名な司教座聖堂付属学校で教鞭をとり、そこでは、われわれの善き王ロベールも彼の弟子の一人であった。ランス大司教の秘書であり相談相手であった彼は、その任を解かれ、ユーグ・カペーにより地位を与えられた。カペー家がこのような人物を手に入れたということは、カペー家にとって重大事であった。というのは、もし彼らがジェルベールを大司教にするよう援助すれば、彼らもまた、ジェルベールによって王になるよう援助されるからである。オットー三世の側に戻ってから彼はラヴェ

ンナ大司教になり、ついには教皇にまでなった。彼は諸侯たちを裁き、王たちを任命し、民衆に王を送った。彼は、教権と学識によって君臨した。彼は十字軍を奨励した。一人の占星術師が、彼が死ぬ場所はエルサレムをおいてない、と予言したからである。彼は順風満帆であった。しかしローマで、エルサレムと呼ばれていた礼拝堂に彼がいたある日、悪魔が現れ、この教皇の魂を要求した。教皇はイスラム支配下のスペインで悪魔と取引していたからであった。当時、ジェルベールは勉学をしていた。長大な研究に出会い、そのため彼は、つまるところ悪魔に自分を明け渡したのである。彼がアラビア数字と代数学、時計の作り方や自分を教皇にする方法を学んだのは、悪魔からである。それ無くして、これらの習得が彼に可能であったか？　彼は自分を譲り渡したのである。したがって、彼はその主人〔悪魔〕のものである。悪魔はそれを証明し、そして、彼をさらった。『おまえは、私が論理学者だということを知らなかったのか！』と言いながら……。」

情熱的な歴史家のミシュレーは、切り込みの鋭い効果的なペンの勢いで執筆するが、このような誇張した筆致でモデルのジェルベールを戯画化してしまっている。それはともかく、一修道士から教皇にまでなったこの人物を非常にデフォルメする伝説的諸要素を強調しつつも、彼は幻影の歴史にとって鍵となる人物像を明示しているのである。

しかしながら、ジェルベールの生涯が奇妙さと矛盾に満ちているのは事実である。彼は九五〇年頃オーリヤックで生まれた。まず彼は、その地のサン・ジェロー修道院で修道士になり、そこで自由学科の基礎と文法を学び、ラテン語にも親しんだ。彼のこれらの勉学には、修道院の神父たちからは学べない修辞学と弁証法の知識が欠けていた。そこで修道院長は、まだ若い彼をバルセロナ公（フランク王国が変遷していく中で、将来のカタルーニャとなる地方を領有していた人物）に預けた。公は、彼に他の自由学科と、とくに数学を学ばせた。公はこの頭の冴えわたった生徒の迅速な成長に大変満足し、彼を教皇のお膝元のローマへ一緒に連れていった。リシェによれば、「この若きインテリの学習意欲は、教皇の目を逃れることはなかった。イタリアでは音楽と天文学が全く遅れていたので、すぐに教皇は、イタリアとドイツの王であったオットー〔一世〕に、この若い男が来たことを使節を送って知らせた。この男は数学に精通し、厳格にそれを教えることもできる、と。オットーは直ちに教皇に、この若い男に愛着があることと、彼を去らせるいかなる手段にも同意しないことをほのめかした……。いったん教皇に託されたこの若い男は、教皇によって王に身を託された。自分の自由学科について質問された彼は、自分は数学にはよく精通しているので、自然科学と論理学を学びたい、と答えた。彼はそこでも成功しようと励んだので、その習得にもさして長い時間はかからなかった。」

こうしてジェルベールはランスの司教座聖堂付属学校と神学校の指導を任され、聖職者になる若者たちに人文学科と彼らの担う義務を教える立場となった。「彼がランスで教鞭をとったのは九七二年から九八二年の間で、それにより彼は、知られている世界では最大の学識者——とくに自然科学の分野で——、との称賛を受けるようになった。[93]」修道士リシェのおかげで、私たちは例外的にこの教授内容——当時の進歩の最先端を行っているものの、発見には乏しい——の詳細を知ることができる。実際、「あらゆる分野でジェルベールは、自分が天才的先駆者であることを示している。[94]」当時、キリスト教世界の学問よりも進んでいたアラビア諸科学にカタルーニャで彼が接触していたことは、彼の才能を豊かにした。

こうしてジェルベールは、天文学の基礎を生徒たちに教えるため天球儀を作成した。これについて、リシェの記述が残っている。「彼は、木製の球体を使って、天球を形作ることから始めた。その形は、要するに大きな天球の形に似せたものである。二つの極を設け、それを水平に対して斜めに傾けた後、彼は上の極には北の星座を、下の極には南の星座を配した。彼は、ギリシア人たちが水平線と呼んだ輪によってその位置を調整した。なぜなら、目に見える星座と見えない星座とを区別し二つに分けているのは、この水平線だからである。このように、星々の昇り・沈みを眼の前ではっきりと見せるべく、水平線を使った方法で天球を位置づけて、彼は生徒たちに自然科学の手ほどきをし、星々を知ることを教えたのである。夜になると、彼は輝く星々を彼らに見せることに当てた。そして、星々が昇り、沈む時に、世界のそれぞれ異なる地方では、それらがどの程度傾いて進むのかを彼らに観測させた……。」

　数学の分野でも同様に、ジェルベールは改革者として登場する。ローマ人たちの数字の書き方――当時は、ローマ数字以外の方法は使われていなかった――は、複雑な計算をするには非常に困難であることに気がついたので、彼はアラビア数字に近い記号を導入し、最も初期の計算機といえるものを発明した。「彼は、職人に楯状の計算機、つまり仕切りのある板状のものを作らせた。この板は、縦に二七個に区切られていた。ジェルベールはこれに沿って、全ての数を表現するように九つの計算珠を並べた。彼はまた、可能なだけ全ての数を掛け算・割り算するため、計算機の二七個の仕切りの中で珠を入れ替えながら、千の数まで示すような計算機を作った。この装置により割り算・掛け算が非常に速くできるようになり、その素晴らしい効用ゆえに、運算を行うよりも少ない時間でそれを暗算できるようになった。」[95]

　同様に、彼は、時計（水時計か？）の発明と自動装置の発明さえも行った。彼の多くの科学は、称賛と嫉妬を呼んだ。ローラン・テーは言っている。「彼は、古代後期と中世初期が宿したあらゆる知識を具現化しており、同時にヴェルギリウス〔前七〇―前一九、ローマの詩人〕の息子であり、セヴィリャのイシドルス〔五六〇頃―六六三〕の息子である。それゆえに彼は、やや魔術師的でもある……。ジェルベールはスペインのイスラム教徒たちのもとに、禁じられた科学を学びに行ったのかもしれないし、セックス、したがって悪魔がらみの色事の中で人間が知り得る全てを閉じ込めた本をしっかり摑んだのかもしれない。」彼をファウスト〔一四八〇―一五四〇頃、ドイツの魔術師・占星術師、ルネサンス時代の人間の認識への無限の衝動を象徴する人物とされる〕の先駆者とする伝説は、ロマン主義時代、すなわちヴィクトル・ユーゴーの時代までに創作されたものである。[96] コラン・ド・プランシー某の『悪魔の辞典』の中には、次のように書かれている。「彼の知識は彼の世紀のレベルをはるかに越えていたので、その偉大さを否定することはできないものの、異端者たちは彼の知識の広がりを悪魔との契約のせいにしていた。彼が没頭していると見られた線と三角形はわけのわからぬ文字の一種と見られ、彼を降霊術者と思わせることになってしまった。彼は、自分が死んだ時はその身体を細かく切り刻み、二頭立ての馬に引かせた戦車に乗せ、馬たちが勝手に向かい、そして止まった場所に埋葬するよう頼んでいた、と中傷家たちは責め立てている。」ローラン・テーは、彼はまた、〈恥ずべき自分の秘密が自分とともに消え去ること〉を望んでいたと、はっきり述べている。

この歴史家は、「彼は全てを知っていた。彼はそれらを知りすぎていた」と、ミシュレー式の結びで述べている。実際、九九一年、ランス大司教になったジェルベールは、グノーシス派とマニ派の教義を教えたとの嫌疑をかけられている。彼は、異端者と見なされそうになった。[97] 本書では詳しく触れないが、ある事件で教皇グレゴリウス五世に反対した彼は、まずはユーグ・カペーと、それからロベール敬虔王、すなわちフランス王と衝突した。彼はランスの大司教座から追放され、若きオットー三世の側にしか避難所を見つけられなかった。そうして彼は、オットーの善き助言者、かつ予言者となる。彼は次のように予言した。「生まれついてはギリシア人、帝国によってはローマ人である厳かなわが主人よ、あなたは言わば父祖伝来の権利として、ギリシアとローマの知恵の宝を要求するであろう。そこに、神からの何かがないはずがあろうか？」麗しい約束の代償として、オットー三世は彼をラヴェンナ司教に指名した。これは、彼をローマに近づけることであった。そして九九九年二月、グレゴリウス五世が死去した時に、この皇帝によって、ジェルベールはすんなりと教皇シルヴェステル二世となった。この二人は今や世界の頂上に、一人はラテラノ宮殿〔教皇庁の所在地〕に、もう一人はアヴェンティヌスの丘〔皇帝の宮殿の所在地〕に君臨したのである。

このようにして、ジェルベールは紀元一〇〇〇年の教皇になった。だが、これは世の終わりではなくて、彼の人生の終わりになってしまう。一〇〇一年の初めに、彼はオットー三世のようにローマから追われたからである。皇帝は一〇〇二年一月に、教皇は一〇〇三年五月に死去した。[98]

ロベール敬虔王

九八七年五月二二日、カロリング朝の王ルイ五世〔九六七頃—八七〕は、サンリスの森で行われた狩りの事故で死んだ。彼には息子がいなかった。カロリング家の中で彼に最も近い親戚は、彼の父の弟、下ロレーヌのシャルル〔九五三—九二〕だったので、彼が王位を要求した。しかし、フランス王国の諸侯たちは、フランク人の公ユーグ——彼は後にカペーと呼ばれることになる——を王に選出した。ユーグはロベール家の出で、この家系はフランスにすでに二人の君主、八八八年にはユードを、九二二年にはロベールを輩出していた。九八七年七月三日、ユーグはノワヨンで、ランス大司教アダルベローによって祝福された。こうして、カペー朝という長く続く王朝と、千年にわたる君主政治が開始される。フランスはこの日に生まれた、と言えるであろう。これがフランスの建国である。

この王を祝福する際、大司教アダルベローは、王選出の宗教的意味と価値を想起させようと努めた。彼は宣言した。「この王国は、相続権によって獲得されるものではない。王位に登るべきは、身体的に高貴であるだけではなく精神的英知によっても卓越する人物、すなわち信仰によって強められ、魂の偉大さによって支えられる人物のみである。」

ユーグはこの言葉をよく聴いていたので自分が選ばれると数週間後には、スペインの対イスラム遠征が自分の命を危険にさらすという口実で、自分を選出した諸侯たちに、（自分が死んだ場合には）次期後継者と考えられる息子、一七歳のロベールを即座に王に選ぶことを要請した。その結果、慣例に反して、この若者が領土を分割することもなく王位に登ることになった。後にロベール敬虔王、紀元一〇〇〇年の王となるこの人物は、同年の九八七年一二月二五日、公式に皇太子となった。

九九六年、父の死で王位に登った時、彼は二六歳であった。ミシュレーが引用した『サン・ベルタン年代記』では、次のように語られている。「彼は、非常に敬虔で、賢く、教養があり、優れた哲学者であり、素晴らしい音楽家である。」〈非常に敬虔〉とは、彼の渾名が証明するであろう。〈賢い〉というのはそれほど確かではない。彼は女好みで、熱心に女性たちの尻を追い回した。王に即位する前に、彼はイタリア王の娘と結婚していた。彼女はあまり貞節とは言い難く、すでにフランドル伯の未亡人で、ロベールよりはるかに年上であった。しかし彼は愛人ベルトと結婚するために、彼女をすぐに離縁した。ベルトは彼の本従姉妹であり、ブロワ伯の未亡人で、すでに五人の子供の母であった。つまり、少なくとも彼女は経験豊富な女性であったわけである。ロベール敬虔王は自分の愛人を公けにし、自分が独り身になるや否や、九九六年に彼女と結婚した。

当時、従姉妹との結婚は近親相姦と見なされていた。よって、この結婚はスキャンダルになった。時の教皇グレゴリウス五世（このドイツ人教皇は〈皇帝たちによる創作〉であると、ミシュレーは強調している）は、この花嫁がブルゴーニュ公国を嫁入り持参金として持っていけることに嫉妬し、激怒し、ロベール敬虔王に妻を離縁するように厳命した。ところがロベール敬虔王の丁寧だが明白な堅い拒絶の返答を受けたので、教皇は、彼に破門《アナテマ》の宣告を投げつけた。

これは驚くほどの出来事ではなく、神の怒りや最後の審判の接近を告げるものでもない。しかし、大きな噂となって、人心を深く揺り動かした。王の権力がすでにふらついていたのに加えて、彼は破門を言い渡されたのだ。そして、ロベール敬虔王についての破廉恥な話が言いふらされた。尾ひれのついた噂によれば、王妃ベルトは奇形の子供、〈アヒルの頭と首を持った小さな化け物〉を産んだと言う。「この事件により王妃ベルトは、肖像画では、ガチョウの足をしているように描かれるようになった」と、コラン・ド・プランシーは語っている。ミシュレーはこの出来事に興味を持って、次のように言っている。「ロベール敬虔王が孤立して物笑いの種になった話やベルトが化け物を産んだという伝説は、よく知られている。王はしもべたちにも見放された。彼らは王が触れたものを全て、火の中に投げ込んだという。いくつもの大聖堂の正面入り口には、ガチョウの足をした王妃、つまりロベールの妻を示していると思われる像が見られる。」この〈ガチョウ足王妃〉の不幸は、世の終わりを告げ知らせる奇跡のリストに入れられた。

王のしもべたちが王の触れるもの全てを火の中に投げ込んだ、とミシュレーが語った時、彼は心性の歴史において重要な点に言及している。それは、魔術師としての王の能力に対する信仰である。聖油の塗油式（塗油式にはプロヴァンス地方のサン・レミ村のオリーヴ油が使われた）とは、即位に際して王の身体に神の力を染み込ませる儀式で、これによって王は超自然的な力を着せられているのである。王が触れることによって、病は回復するとされた。ロベール敬虔王の聖別の際に助手をした修道士エルゴーは、次のことを確認している。「神の徳は、この完全なる人物に大きな恩寵を与えた。それは王の敬虔な、十字架の印のついた手が病人の傷口に触れると、その身体が治るというものである。王は苦痛と病から人々を解放するのである。」こうして、瘰癧《るいれき》〔首のリンパ腺が腫れて、ぐりぐりのできる病気。多くは結核性で、普通、子供に見られる〕に王が触れるという慣習が紀元一〇〇〇年に生まれたが、これもまた幻影の歴史と関係がないわけではない。

この修道士エルゴーは、ロベール敬虔王の心理とその時代の精神を同時に明らかにする別の行為を伝えている。「厳格な正義感に支えられたこの非常に穏やかな王は、嘘によって自分の口を決して汚さず、むしろ自分の心に真実を確立することに熱心であった。それゆえ彼は、宣誓を受け取った人々をも（彼らに偽りの宣誓をさせずに）自分自身と同じくらい浄めたいと望んでいた。そこで王は、純金で周りを飾った水晶の聖遺物箱を作らせた。その中に聖遺物をあえて入れなかった彼の敬虔なるごまかしを知らない大諸侯たちはその箱にかけて〔無効な〕宣誓を行ったが、これにより聖遺物の前で偽りを述べる罪を免れた。王はもう一つ別の聖遺物箱を銀で作らせた。その中に彼はグリフォン〔ギリシア神話で半獅子半鷲の怪物〕と呼ばれる鳥の卵を入れ、これにかけて最も力の弱い者たちや領主たちに誓わせた。」ミシュレーは、この逸話で、封印された宝の番人を象徴する〈身体が獅子で頭が鳥〉のグリフォンという空想上の動物に大きな関心を払っている。そして彼はつけ加える。「紀元一〇〇〇年という恐ろしい時が来たのは、このロベール敬虔王の統治下であった。そしてこの純朴な男によって、神の怒りはその武装を解いたように思われる。というのも、彼のうちに神の平和が具現化しているからである。」ロベール敬虔王自身は一〇三一年まで、つまり千年王国信者《ミレナリスト》たちにとっての第二の記念すべき年〔一〇三三年〕の間際まで生きた。

修道院と教会の風紀の乱れ

神はロベール敬虔王の（不完全な）聖性に確信を抱いたとしても、自分のしもべたる聖職者たちの清さには、あまり確信を抱けなかったはずである。エドモン・ポニョンは言う。「中世全体を通して、よろしくない司教たち、司祭たち、修道士たちがいた。高潔な者もいたが低俗な者もいたのである。一〇世紀の教会は低俗の域にとどまっていたが、立ち直る糸口はつかんでいた。そこでもまた、紀元一〇〇〇年は、転回点の重要な役割を果たしている。」

この時代の注釈者たちの言うところを信じるとすれば、風紀の乱れは社会の全階層に及んでいる。まずは俗人たちから見てみよう。修道院長アッボーは、サン・ジェルマン・デ・プレ教会の説教壇の上から、怒りを爆発させている。彼の目には、フランス王国はもはや汚物の塊でしかなかった。「あなたがたの淫乱な不品行はあまりに甚だしく、あなたがたは羞恥心もなく親の寝床を汚し、主に捧げられた宗教的なものにさえも敬意を払わない。また、自然に反する不品行すら行っているほどである。あなたがたを満足させる気のある女性たちが十分いるのに……。」[99]

同性愛、淫蕩、売春行為、姦通は、もちろん紀元一〇〇〇年に始まったことではない。粗暴な兵隊たちによる強姦、村の結婚式の初夜権、田舎の近親相姦——これは、雑魚寝（同じ家族の人間たちが一つのベッドで眠る）のためにしばしば起こったし、あるいは家計のため（自分の種子を他家へもたらすことによって相続財産を分散させないため）でもあった——もまた、この時に始まったわけではない。しかし、これら農民たちの破廉恥な行為は、当時の修道士たちや司祭たちのそれより目立つものではない。

モーリス・ルヴェは言う。「聖職者の放埓さは、一般人のそれに負けはしなかった。司教たちは結婚し、彼らの妻たちは、厚かましくも〈司教夫人〉という称号を名乗っていた。ル・マンの司教シーグフリードは、イルデブルジュと年老いてから結婚したが、彼は何人もの子供を持ち、彼らに教会財産を結婚の持参金として与えた。」イタリアでは、数多くの高位聖職者たちが彼らの結婚を宗教的に祝福させていた。正直に言えば、当時、これは大したスキャンダルの対象ではなく、聖職者の結婚についての長い歴史における一つのエピソードにすぎないのである。二〇世紀末を迎えている私たちは、その結末を見ているわけである。

より不道徳に見えるかもしれないのは、聖職者のもとで増加したと思われる同棲である。まさに紀元一〇〇〇年、聖職者の規律の再建に取り組んだポワティエ公会議では、司祭や助祭たちが自分のもとに女性をはべらすことを、罷免の罰則を持って禁止した。「ノルマン人の来襲以後、聖職者の風紀はひどく退廃していたので、教会人たち、すなわち司祭や司教までもが内縁関係の女性たちと公然と生活しており、子供たちの数の多さを誇っていたほどである」[100]と、オルデリック・ヴィタル〔?—一一四一、イギリス生まれの修道士。サンテ・ヴルール修道院長〕は自著『ノルマンディー教会史』の中で書いている。（この作品はキリスト教時代の初めから一一四一年まで、つまりノルマンディーのサンテ・ヴルール修道院でオルデリックが死ぬまでを取り扱っている。）ついでながら、こうした行為をもっともなものと認めさせるのは、ただ性欲だけではなく、そこには父になりたい欲求もはたらいていたことは、よくわかるであろう。

聖職者の同棲は、教会の倫理的権威によってしばしば暴力的に告発された。教会は、堕落した聖職者を懲らしめるのに努力していたからである。ラヴェンナのペトルス・ダミアーニ〔一〇〇七—七二、イタリアの聖職者・教会政治思想家、聖職者の悪徳を攻撃して教会刷新を提唱〕は浄化を進めた一人であった。彼がウンブリアにある自分のフォンテ・アヴェラーナの修道院から出るのは、聖職者の身体に関わる根本的な改革を求める説教をするためだけであった。しかし彼は、この規律違反の深い原因は、人間の本性にあると理解するのを忘れずに、改革を行った。彼は、多くの聖職者に内縁の女性がいるのはなぜかを、次のように説明している。彼らへ支給する禄が少ないので、生活は女性の日常の働きで支えられなくては不可能であり、家庭の切り盛りにはなおさら女性が必要である、というわけである。

ここで語られているのは〈正常な〉性欲についてのみであり、宗教的良俗に禁じられた性欲は別物である。これら良俗の退廃は、別の事柄を浮き彫りにすると思われる。その証拠に九八〇年頃、大司教アダルベローの権威の下、その教区の修道院長たちを召集して開かれた驚くべき教会会議がある。「自己批判にかられて、サン・レミ修道院長のラウルは、修道士たちの生活を汚している風紀の乱れについて、嘆かわしい記述をしている。すなわち、同性愛、自由外出、金銭の所持、贅沢な衣服、けしからぬ衣服の流行である。「彼らの絞った腰と突き出た尻は、背後から見ると、修道士用というより、むしろ売春婦用の服のようだ……。」[101]」ローラン・テーは同時に、同性愛に対して〈ある種かなり寛容な雰囲気〉をほのめかしている。これは、同性愛が当時は一般風俗の中に迎えられていたことを示すものであろうか？　この歴史家はユーグ・カペーの性格として、ある意味深な行動を述べている。ユーグはある教会の片隅で二人の男性が愛撫しあっているのを発見したが、彼らを叱責しないばかりか彼らを自分のマントで覆い、信徒の目から隠したというのである。しかしながら、教会は聖職者が同性愛に関わっている場合、より激しく断罪している。一般人の場合には、(自慰行為を非難する際のように) 性行為の本来の目的である生殖から外れていること、および「増えよ、繁殖せよ」という法に従っていないことで、教会は同性愛を非難する。どれほど将来が不確かであっても、将来、大人になる子供を作らないということは、非難の対象となる。千年後（一九八四年六月一一日）に、ジャン・マリー・ル・ペン〔フランスの極右政党の党首〕は次のように宣言して、この警句を再び用いた。「同性愛への熱心な勧誘は処罰されるべきである。実際、地球を脅かしている最大の危機は、第三世界の出産過剰に比して西洋世界の出産率が低下していることなのである。同性愛が発展しているという事実から、この同性愛こそがわれわれを世の終わりに導いている、と私は判断する！」

この愛の氾濫に対して立ち上がってきた人々の中で、一人の特別な人物を取り上げなくてはならない。それはフロツヴィタという修道女で、九三五年頃に生まれ、ドイツのガンデルスハイム修道院にいた。この閉じこもった生活を送っていた人物は、何か特別なアンテナを持っていたに違いない。なぜなら彼女の純潔な耳に、退廃した世界の噂が届いていたからである。彼女の修道院内においても、風紀がやや緩んでいたのでなければ。とにかく、彼女は自由に出入りできる図書館によく通っていたので、咎むべきほどの熱心さで、古代の〈異教の〉作家たちの著作、とくにテレンティウス〔前一九五頃—前一五九、ローマの喜劇詩人〕の喜劇を読んでいた。すなわち非常に世俗的で、修道女の徳を強化するにはおよそ似つかわしくない文学を。それは教父たちの寡黙な著作では見られない雄弁さと文体を学ぶ、という口実においてであった。彼女の同時代人たちを納得させるには、このような〈当世風の〉形式を置いてほかはないと彼女は悟ったのである。そこで彼女は、〈好色な女性たちの低俗な破廉恥〉に反対し〈聖別された処女たちの純潔〉を勧める劇を書きはじめる。「修道女フロツヴィタは、キリスト教劇を自分自身で書こうと決心した。それも、テレンティウスが羞恥心の欠けた女性たちの好色な恋愛を描写したのと同じような文体で、キリスト教徒の処女たちの禁欲を称賛する劇を書いた。そういうわけでフロツヴィタは、罪の恐ろしさをわからせずに恩寵の勝利を示すことはありえないように、自作の劇をわかりやすい散文で書いた。その際、彼女も恋愛シーンを書かないわけにはいかなかった。それらを想像するのが許されなかったら、何も書けなかったであろう。」102

彼女の主著は『アブラハムか、堕落か』で、ある修道士に誘惑された一人の修道女の物語である。修道女はいかがわしい場所に身を落とすが、（自分の伯父の）隠修士によって買い戻され、無意識の恍惚状態の後に敬虔な生活に連れ戻される。『パフヌティウス、あるいは娼婦タイスの改悛』〔パフヌティウスは、四世紀の人物で生没年不明、エジプトのテーベの司教、高潔な生涯で知られる。タイスは四世紀のエジプトの聖女、伝説ではもと娼婦で、パフヌティウスの導きで悔い改め、修道院に入ったという〕（後にアナトール・フランス〔一八四四―一九二四、フランスの作家・批評家〕がそこからインスピレーションを得て一八九〇年に『タイス』を書いている）では、彼女は貞潔の幸福に加えて、〈男性的強さへの陶酔にまさる女性的弱さの勝利〉を称賛しようとしている。このように、彼女の劇は暗黒小説として始まり黄金伝説に終わる、というものである。サド〔通称サド侯爵、一七四〇―一八一四、フランスの軍人・小説家〕は、間違いなく、そこに自分の快楽と関心を見出したであろう。

〈女性教皇〉ヨハンナの伝説

好色な修道士という存在は笑いものにできたとしても——ラブレーの時代のように——、ふしだらな教皇というものはむしろ不快で歯ぎしりがするものであった。教皇の座は聖ペテロの座であるのだから、あらゆる徳の座であり続けるべきであろう。だが、紀元一〇〇〇年直前の出来事は、残念ながら種々の破廉恥を暴露している。伝説とは、破廉恥の証言を誇張しつつ集めたものなのである。

こうして、あまりに胡散臭い〈女性教皇〉ヨハンナという伝説が出てくる。中世の複数の年代記作者たちは、きわめて男性的な二人の教皇、レオ四世〔在位八四七―五五〕とベネディクトゥス三世〔在位八五五―五八〕との間、すなわち八五五年に、マインツ出身のある女性が（悪魔とぐるの）奸計を用いてローマの説教壇に就いた、と述べている。無論、この作り話の嘘臭さは年表が証明している。

それはともかく、ジャンブルーのシジェベールは――彼は一〇三〇年生まれだが、彼の書いた年代記は三八一年から一一一一年までを取り扱っている――、レオ四世の後継者、ヨハネスという名の教皇が実は女性であり、出産によって彼女の性が暴露された、と非常に真面目に語っている。その後の年代記作者たちも、この事件を潤色している。例えばジャン・ブーシェは、自著『アキテーヌ年代記』（一五二四）の中で、この女性教皇が自分の部屋付き従僕の子を宿し、宗教行列の最中に出産したこと、そしてこれによって新教皇選出の際には、「生殖のための〈良きぶら下がりもの〉を検査すること」が決定されたと主張している。また同じ時代、ジャン・クレスパンは、同様のスキャンダルが起こるのを避けるために、枢機卿たちが「教皇に選ばれた人物が男性か女性かわかるように、座面に穴の開いた椅子を用いて、一人の助祭がその人物の隠し所に触れて確認すること」を命じた、とはっきり述べている。そうこうするうちに愛書家ヤコブは、次のようにつけ加えている。「無知でもなく、一般人ほど迷信深くなかった幾人もの作家たちが、近代の批判研究が教皇史から追い出すのにやっと成功した女性教皇ヨハンナの作り話を、反キリストに結びつけていた。この女性教皇は悪魔と取引していて、この最悪の取引の結果、反キリスト以外の何者でもない子供を産んだのではないか？　そこから結論づけると、反キリストは八五七年頃に生まれ、彼が登場するはずの紀元一〇〇〇年の時代には、一四三歳になっているだろう。」[103]

ペチコートをはいた権力簒奪者と言われるこの女性を無視するわけにいかないだろう。彼女は言うなれば、タロットの薄いカードの中で、道化師と皇后の間の第二の地位に姿を現してくる重要なカードだからである。彼女の像は座った女性の姿で、教皇冠を被り、膝の上に一冊の本を持っている。おそらく一五世紀末の数年間に現れた初期のタロットカードには、この女性教皇のイメージが描かれていた。『ケルン市年代記』（一四九九年！）の中には、冠をつけ、腕に本ではなく、一人の子供を抱いた女性教皇が登場する。「一五三三年（これもまた象徴的な年である）の有名なドイツ語挿し絵入り聖書の中には、黙示録の大淫婦が頭に教皇冠をつけて描かれている、という注目すべき事実を思い起こさなくてはならない。これは、ルター自身の望みでこのように描かれた、と言われている。これによってルターは、タロットの中で表現されたこの図像に自らの思想を示したかったか、あるいは自分のローマへの旅の思い出が彼にこのパロディーを思いつかせたのか、と考えてもよいのではなかろうか。[104]」

権力を握った女性たち、罠にかかった教皇たち

女性教皇ヨハンナの伝説は、一〇世紀前半というこの〈重苦しい時代〉に、女性たちが行使した権力のせいで生まれたのではないかと思われるかもしれない。バルボニウスが言っているように、たしかにこの時代には、強烈な印象を残す教皇が相次いで立てられている。彼らは、〈世の終わり〉の前でさえ自然な死を迎えられず、その中の何人かは、女性たちのおかげで教皇に選出されたのだった。

教皇の地位は、ローマの富裕で全権を掌握した一族、ラテラノ宮殿の高級官吏出身のテオフィラクト家の手の中で推移したことが知られている。実際、この一族は、三人の恐るべき女性たちによって支配されていた。その三人とは、テオドラ——初代のテオフィラクトの妻——と、彼女の二人の娘、マロツィアと小テオドラである。この三人が権力と快楽を愛し、愛人たちを集め、寵愛を浴びせた者らを重

要な地位に就けた。当時のローマ人たちは、「われわれの教皇に女性たちだ」と言っていた。ここに女性教皇ヨハンナの伝説の根拠があるとも考えられる……。この女性たちのせいで、西洋のキリスト教徒たちは、以下に列挙する教皇たちを選ばざるをえなくなった。ヨハネス一〇世（九一四）、レオ六世（九二八）、ステファヌス八世（九二九）、ヨハネス一一世（九三一）、ヨハネス一二世（九五六）、ヨハネス一三世（九六五）……。彼らのうちの何人かは、彼女たちの愛人または息子たちであった。彼らの大部分は短命かつ不安定で、時には不幸な教皇職を経験した。例えば、マロツィアの息子であるヨハネス一一世は、自分の弟アベリックに裏切られ、毒殺された。

ベロール・ベルカステルの修道院長は、「ローマに対して汚れた霊が荒れ狂った不幸な時代、そこでは長年の間、マロツィアと（彼女と同様にふしだらであった）彼女の妹テオドラが、己の情熱の赴くままに指導者たちを任命し、罷免し、かつ永遠の忘却に値する教皇たち――諸教皇の中でも、時間と事件を整理する際にしか想起するに値しない教皇たち――に戴冠させた」と、一七七八年（ヴォルテールの没年）に出版した『教会史』の中で非常に手厳しく書いている。この尊ぶべき（二二巻の）編纂物中には、一〇世紀末前夜に聖座に就いたこれらの教皇たちの一人、ヨハネス一二世〔在位九五五―六四、彼がローマで実際に君臨していたのは九五六―六三年であった〕についての興味深い人物描写がある。（私はこれを、世紀末の反聖職者主義的な悪口を言いふらしていると非難されないために、引用しよう。）

「皇帝は、国家と教会の財産しか眼中になく、一方で教皇は、その対立者〔後の教皇レオ八世、在位九六三―六五〕と互いにスキャンダルにまみれることしか喜ばないかのようだ。各々が、およそ際立った特徴とも言える乱れた生活を根拠に告発し合っていたのである。一方には、気違いじみた情熱で、いくつかの都市の統治権ばかりではなく、サン・ピエトロ教会の黄金の十字架と聖杯まで与えてしまったレーニエという人物の未亡人の名が挙げられる。もう一方には、彼の子を出産して死んでしまったエティエネットという女性の名が挙げられる。かつては聖人たちの住居であったラテラノ宮殿が、ヨハネス一二世の下では、もはや売春行為と近親相姦の巣窟、彼の愛妾――彼女は自分の父の妾の妹であった――の女郎屋でしかなかった、と皆が書き合っていた。調べてみれば、聖座の教会をあえて訪ねた女性たちは、貞淑ではなかったことがわかる。そこでは多くの女性たちが――処女であれ、寡婦であれ、婚姻の血縁関係にある女性であれ――、強姦されていたのを皆が知っていたからである。義理の姉妹であれ、そうでない女性であれ、富裕な女性であれ、貧しい女性であれ、名門の出であれ、最下層民であれ、彼の飽くことを知らぬ肉欲の前に、次々と慰みものとなった……。大勢の聖職者や一般人は、彼が教会時課の祈禱を全然唱えなかったことや、十字を決して切らなかったこと、戯れながらジュピターやヴィーナス、その他の誤った神々に加護を求めたりしたことを証言した。助祭枢機卿ベネディクトゥスは、（あまりカトリック的ではないこの教皇の罪について判決を下すために開かれた公会議で）教皇が司教叙階を売り、トーディの司教座に一〇歳の子供――自分の子供の一人――を任命したことを挙げて、告発文を読んだ。教皇は、自分の霊的な父でもあったこのベネディクトゥスの目を潰させた。そのため彼はほどなく死んだ。教皇はまた、枢機卿ヨハネスを屈辱的なやり方で傷つけ、死なせ、火災を起こさせた。全くもって何の遠慮もなく、品もなく、教皇は兜、鎧、剣で武装して公けに現れた……と、教皇の犯罪は延々と続いた。」教皇は、自分自身で聖別した皇帝オットー一世によって退けられたので、彼はローマから逃げ出さねばならなかった。デュシェーヌ神父〔一八四三―一九二二、フランスのカトリック教会史家〕は、「神の御手は、既婚女性のベッドにも達するのである」と言っている。

一〇世紀の教皇たちの歴史を続けても意味はない。皆、〈酩酊状態〉のさ中にあった。[105] 教皇たちと対立教皇たちは、まさにギャング的抗争を繰り広げた。ヨハネス一四世〔在位九八三—八四〕は、正式に選ばれたのではない対立教皇ボニファティウス七世〔在位九七四〕によって、ナン・タンジェロ城の牢に投獄され、毒殺された。次は、このボニファティウス七世が暗殺される番であった。下層民は、通りに彼の死骸を引いてきて、彼の衣服を剥ぎ取り、その裸をマルクス・アウレリウス〔ローマ皇帝、在位一二一—一八〇、五賢帝の最後〕像の前にさらした。九九六年、皇帝オットー三世が、自分の若い従兄弟を教皇グレゴリウス五世として選出させた。（前述の）ローマ貴族クレシェンティオは、グレゴリウス五世に対して対立教皇、ギリシア人のフィラガトス——彼はヨハネス一六世〔在位九九七—九八〕と命名される——を立てた。しかし、正式の教皇〔グレゴリウス五世〕はこの二人の敵対者のされるままにはならず、彼らを死に至らしめることになる。ヨハネス一六世は捕らえられ、傷つけられ、群集に引き渡された。群集は、彼を刑場に引き立てていく前に彼の名誉を剥奪するため、ロバの尻尾に彼の顔を向けさせながら、やじの中を調子を取って鞭打ち、引き回した。クレシェンティオはといえば、サン・タンジェロ城の獄舎の中で、教皇によって斬首させられたのである。

聖職売買《シモニア》の罪を犯した者から異端の主唱者まで

聖職者の風紀の乱れ、とくに高位聖職者や教皇の不品行は、この西洋文明の堕落した時期に他の犯罪、すなわち聖職売買《シモニア》をもたらした。このシモニアという言葉は、聖書の魔術師シモンに由来していることが知られている。このシモンは、秘跡と按手〔司祭が祝福を受ける人の頭に手を置く儀式〕を授ける力を受けるために使徒職を金銭で買いたがったのだが〔『使徒行伝』八章九—二四節〕、ここから、霊的特権を卑しい金で獲得したり売ろうとする意志を意味するようになった。この用語は、フランス語ではおそらく一二世紀末になってから初めて現れたのだが、この習慣自体は紀元一〇〇〇年頃にはどこにでも見られていた。グラベルは、「ほとんど全ての諸侯が、ずっと前から虚しい富に目が眩んでいたので、聖職売買というペストが、世界中の教会の全高位聖職者たちの間で猛威を振るうことになった。キリストから無償でもらった尊い贈物を、彼らは金銭欲にまみれた不正取引に変え、自分自身の地獄落ちを確実にした。彼らが高位聖職者の職務として本来備わるべき霊性に全く達していないことは周知のことだっただけに、なおのこと彼らには聖務を果たす力がないと思われた。そういう人々の厚かましさは、聖書の多くの章句によって警告しても無駄である。教会の様々な秩序の中で、今日ではかつてないほどの厚かましさが猛威を振るっているのは確かである」と言っている。

　グラベルはさらに続けて言う。「王たちでさえ——彼らが聖務の候補者たちの能力を判断しなくてはならないのだが——、惜しげもなく与えられた贈物によって買収され、教会と魂を治めるためには、最も豊かな贈物を受け取ることを好んだ。聖職者の地位は、市の商品のように金で買えるものになっていた。」しかし、自律する力がない教会に対して、王たちばかりが教皇たちをその地位に就けたり外したりしていたように思われるが、聖職売買《シモニア》の不正取引をしたのは王たちだけではなかった。フランス王やドイツ皇帝、とりわけオットー一世は、小村や田舎の聖職叙任権をさほど持ってはいなかった。教区の司教選出を引き受けていたのは主に地方の諸侯たちであり、諸侯がそれを濫用していたのである。「司教区は、伯の世襲財産として見なされる傾向があった。九九〇年、ベジエの副伯は、自分の妻のためにアグドの司教を、また、自分の娘のためにベジエの司教を任免した。[106]」司教たちが同じ諸侯の家柄出身者であることは、非常によくあることであった。皮肉でもなく、当時は社会の秩序を決める〈二〇〇の家柄〉を挙げることができたのである。

それは、最も下級の貴族階級でも同じであった。村の田舎貴族が教会や聖域の地主となり、彼らの意志一つによって教区の臨時主任司祭たちが配置され、彼らの思うままに、それらの土地譲渡も行われた。これらを金次第で売ることもできたし、結婚の持参金や相続財産として与えることもできたのである。宗教的な権利もまた、彼らが握っていた。この田舎貴族こそが聖職者を任命し、その聖職者に信仰の誓いを立て、その職務の象徴である礼拝堂の鍵や教会の鐘を鳴らす紐を任せたのであるから。これら田舎諸侯のある者たちは、それをよく承知の上で、自分の領民の中から聖職者を選んだ。つまり、自分にぺこぺこし、初歩のキリスト教要理《カテキズム》程度しか知らない無学な者、波風を立てずに自分自身の権威を強化するのに適した人物を選んだのである。

教会権力を世俗が支配することは、「グラベルによれば明らかに次のような結果を見てとっている。すなわち霊的指導者の任命に金銭が介入することは、神の全ての民を弱らせる。聖職売買は神の怒りを引き起こし、神の懲らしめである災害や不幸がこの世に満ちあふれる。」[107] ここでもまた、紀元一〇〇〇年の人間は悪魔的なサイクルによって罠にかけられている。彼らが最初の犠牲者となる罪や懲罰について、たとえ彼らにも責任の一端があったとはいえ、彼らだけが咎められるべきではないのではないか？

運命的結末

史実と史料は、〈紀元一〇〇〇年の恐怖〉の実際がどのようなものであれ、風紀の堕落とすぐにも神の怒りを招いた責任は聖職者のモラルの退化にあると記している。グラベルの証言の他に、ジェルベールによって校訂された記録がある。その中には、九九一年に開かれた（ランス近郊の）サン・バスル・

ド・ヴェズィでの教会公会議で、ローマ教会の状態を過激に批判したオルレアン司教アルヌールによる発言がある。「かくも偉大なる教会を保護する者はいないのか、何と惨めな時よ！　今日、どの町に隠れ家を見つけられようか？　諸国民の主権者たる教会が、人間はおろか神の救いをも失っているのに。ヨーロッパは教会から離れてゆく。コンスタンティノポリスの教会は離れ、スペインの内陸部はもはや神の掟を認めない。これこそ使徒パウロが語っていた、諸国民ばかりでなく教会もまた分裂するという預言のとおりである。反キリストの到来は間近いように思われる。なぜなら、彼の手先たちがガリア地方を占領し、われわれを悩ませているからだ。」[108]

知る危険から無知の徳へ

歴史家の数が紀元一〇〇〇年頃には少なかったことから、一つの大きな問いが浮かぶ。その頃の人々には、カウントダウンして〈紀元一〇〇〇年〉を通過していく、という認識があったのかどうかである。彼らは自分自身の歴史について何も知らなかったし、〈歴史〉を知的な学科もしくは自由学科と見なしてはいなかっただろう。歴史とは、当時の最も教育ある人々にとってでさえ、キリスト以後の時代に起こったことを甚だ雑然と学ぶような類のものであった。それも聖書の預言を実際の出来事にあてはめたいという意識によって。さらに出来事は、象徴的な理解においてのみ考察され、年代順に考察されていない。また彼らは、昔の預言者たちの預言を学ぶことで将来現れるべき世の終わりがやって来ることを知る。遠い過去と近い将来との間にある現在を、彼らは無視するのである。

もちろん、このような異常な思考の背景を分析するべきであろう。まず、大部分の人々には〈文化〉

たる書物への接触はなかった。なぜなら、彼らは文字を読むことができなかったからである。しかも、これらの書物が書かれた言語はラテン語であり、専門家以外にはもはや理解できなかったからである。そして、これらの書物自体が近づき難いもの、宝物として貯蔵され守られるものであって、図書館を持つ唯一の存在であった修道院においても、しばしばテーブルに鎖でつながれていたからである。そして仮に読めたとしても、そこでは古い書物、すなわち古代後期の〈古典〉か預言書をまとめたもの、要するに過去か未来〔預言〕についての書物しか——ここにも現在が不在である——、まず見られなかったのである。ジョルジュ・デュビが言うには、年代記《アナール》とは、かつては年ごとに《アネー・バー・ラネー》（それゆえにこの名〔アナール〕がある）記憶されるべき出来事を書き留めたものであり、カロリング文化はそれによって豊かにされていたのだが、一〇世紀中には事実上消滅していた。「紀元一〇〇〇年には、もう滓《かす》しか残っていない」というわけである。様々な出来事をなおも書き留めようとした何人かの年代記作者たちは、序文において自分を正当化せざるをえないように感じていた。グラベルは次のように書いている。「（おそらくぼんやりして、一時的に世の終わりを忘れているのであろうが）この紀元一〇〇〇年前後の今、神の教会のただ中でたくさん起こっている特筆すべき出来事を、一つとして後世の人々に伝えようとする人は誰もいないのである。」

さらに悪いのは、これらの年代記が世の中全体に対して秘密を暴露するために作られたのではないことだ。これらは王や高位聖職者にしか語りかけていないのである。この時代に書かれた本はたいへん少ない。〈公衆〉というものには、誰も関心を持っていない時代である。もちろん本屋はなく、大きな包みの中に本を持ち運ぶ行商人さえもいない。本は、しばしば彩色を施された高価なもので、それがあるのは図書館だけであったし、そこの保管者は嫉妬深い、ときている。また、時には内容よりも外装の方に価値を置くものもあった。羊皮紙はとても高価であったので、再利用品として、古い写本を躊躇なく削ってその上に新たに書かれた。それが重ね書き用羊皮紙《パラムプセストゥス》である。修道院では、このような羊皮紙の再利用がよく行われた。多くの写字室では、若い修道士たちが非常に念入りに、文章とは全く無関係の飾り文字を書いていた。修道士の見地からすれば、書くことは全ての身体的労働のように、罪を償うための修行なのである。これは聖アウグスティヌスの伝えであり、彼らはこれを繰り返し行ったものだった。

このように書物は、知識の伝達手段というよりも、むしろ――偉大な聖職者がそこに依拠するテキストを修道院の平静さの中で音読し、説教の中でそれを注釈するための――テキストの束であった。より重大なのは、権威のない人々が〈知る〉ことは危険となりうると思われていたことである。ユダヤ教の律法学者《ラビ》養成学校のやり方に比較して、〈知的な〉聖職者たちは、テキストの狙いとするところを操作することができた。解釈とは、難しく、疑わしくさえある技術であるから。当時、知るということはせいぜい魔術と見なされていたのに対して、無知は穢れなき無垢と解釈された。「魂の単純なる者は幸いなるかな」という表現は、この意味で理解されるべきである。知らなければ知らないほど、罪を犯す危険が減るのである。私たちの祖先を楽園から追い出すことになった、善悪の知識の木のかすかなる記憶《レミニサンス》〔過去の経験の非意図的な想起〕を想起するとよい。[109] 学ぶこと、討論すること、異議を唱えること……、これは教会が非常に恐れた異端への道である。信じることで満足せよ。すなわち、信仰を持て、そして救われよ。ひどい無知、徹底した純朴さ《クラッサ・ルスティチタス》は、もはやそれがあまりない世界では、一つの徳なのである。

教会が、堕落した構成員を減らすことに熱心となり、分　離《セグレガティオ》（ラテン語のこの動詞は、他の群から分離させることを意味している）の新しい形を実行に移しはじめるのは、紀元一〇〇〇年頃である。それは破門であり、信仰共同体からの除名と土地共同体からの追放を同時に意味していた。シャバンヌのアデマールは私たちに次のように伝えている。「リモージュ司教オードワンは、九九七年から、軍人たちによる汚職や貧しい人々の所ではたらいた狼藉に際し、新しい慣習法を実施するよう徐々に追い込まれていた。それは、教会や修道院で礼拝やミサ聖祭の執行を停止することや、その人物をあたかも異教徒であるかのように、神への祈りの民から除名することにあった。この手段は破門と呼ばれた。」

破門という言葉はなくとも破門の状態は以前から存在しており、聖パウロの書簡中にも読むことができる。「もし兄弟と呼ばれる人で、みだらな者、強欲な者、偶像を礼拝する者、人を悪く言う者、酒におぼれる者、人の物を奪う者がいれば、つき合うな。そのような人とは一緒に食事もするな……」〔『第一コリント』五章一一節〕この追放を執行するのは簡単のように思われるが、速やかに教会はこの〈劇薬〉を慎重に取り扱い、非常に深刻な場合にしか適用しなかった。すなわち、教会がその構成員を切り捨てる決心をするのは、その人物が壊疽《えそ》のごとく本当に腐りきっていた場合のみである。さらに教会は、そこに〈麻酔をかけるような〉手続きをとったし、情状酌量の余地をも考慮に入れた。破門された人は、不信仰者として取り扱われる。キリスト教徒たちは、その人物とはもう交際しないし、その人物のための祈りはなされない。しかし、破門者でも、説教を聴くために教会内に入ることはできた。司教は彼を見捨てなかったし、赦されることも可能であった。

一〇世紀にはもはや、破門は単に特定の個人だけを目的としていたのではない。破門は、教会の教義に反逆する集団の誤りを断罪するものとして、世俗の諸侯と領民の誤りを抑制するために役立っていた。

破門宣告は家族全員、村・教区全体、時には国民全体になされることもあった。

破門は、鐘の音で告げられる恐ろしい呪いを伴なっていた。宣告文の朗読の後、司教や司祭たちは、手に持っていた松明の火を消し、大声で次のように叫ぶのである。「このように、神は破門された者の命を消される！」破門を宣告されたままで死んだ人の身体は、聖別された場所には埋葬されない。時には、教会は黒い布で張りめぐらされ、聖像には覆いがかけられ、聖遺物は土の上に置かれることもあった。聖堂の入り口には、接近を禁ずることを表すために、イバラの束が置かれた。こうした儀式は人々の想像力に強烈な印象を与え、破門を見せしめ的な懲罰にするために、よく行われた。みだらな者や酒飲みの者に劣らず、頑迷な者も疑いなく新しく教会から懲罰を受けるべき存在になっていた。

破門を科せられた諸侯たちに対して、時には反抗する者があった。自分の領主の過ちによって教会からの救済を奪われた人々は、領主に頭を下げさせ、破門よりは軽い訴責に譲歩させるべく立ち上がった。そこから重大な不都合が生じた。とりわけ、破門された諸侯が全権力を公的に取り上げられ、その家臣たちが忠誠の誓いから解かれて、諸侯に従わなくてよいと認められた場合には。こうして教会は、教会自身を脅かすかもしれない自由の風に——それを予想もせずに——、門戸を開いたのだった。

人口過剰の〈人里離れた所〉

エピナルのイメージ版画〔ロレーヌ地方のエピナルで作られた通俗伝説や歴史を題材とする版画〕なら、紀元一〇〇〇年の西洋世界について、簡単ではあるが十分わかりやすい概観を示すであろう。都市、村、森まで延びている畑など……。これらの諸空間の間にはほとんど交流がなかった。街道は存在せず、ローマ街道の素晴らしい網の目は消え、その傑出した交通網は草木の下に消えてしまった。その代わり一方では、ガリア人の古い道、先史時代の道、すなわち歩行者用の道筋が再び現れたけれども。

しかし、おそらくこれは〈馬に乗る人〉の見方である。この見方では、商人や巡礼者などの大きな移動性が隠されてしまう。彼らは猟師の使う小道も、またブリュヌオーの大道をも通ったのである。これらの伝説的な街道は、権力や信心の大中心地を結ぶものであった。道路交通の実態がどうであったかは様々な説がある。歴史家たちは道路システムが公的権力によって放棄され衰えていったと指摘し、公道は地方当局や領主の雑役によって保たれる程度の規模であったとしている。しかし、公権力以外の手によって、巨大な蜘蛛の巣のように国中を覆う交通網が辛抱強く再建されていったのを忘れてはならない。「九九一年、修道士リシェは、自分を未熟な騎士だと言うように、あまり旅慣れてはいなかったが、一日に五〇キロメートルから七〇キロメートルの行程を進むことができた。同じ時代、カンタベリー司教シジェリックは、ローマ時代の古い街道を通ってフランスを横断している。」[110]

中世の道の実態は、おそらくこれら二つの見方の中間だったろう。いずれにせよ、既存の道を通ることは、その維持状況が非常に悪いのに加え、一般に領主が領地の境をなす道の所有者として通行税を課していたので、やや困難であった。この難しさについては、例に事欠かない。ここでは一つだけ、生彩に富んだ例を挙げることにしよう。一〇三〇年頃、リモージュ〔フランス中西部リムーザン地方、現オート・ヴィエンヌ県の県庁所在地〕のサン・マルシャル大修道院付属教会は、ナルボンヌ〔南フランス、スペイン寄りの地中海近くの都市〕の教会が所有していた大理石製の重い祭壇を手に入れようと決めた。だが、ナルボンヌからリモージュへつながるローマ街道は通行不能であった。リムーザン〔フランス中央山地北西部の地方〕の運送屋は、近道をしたがり、ロデスの近くでリヨンからボルドーへ通じる道《ルート》を捨てて、ロット川の右岸一五〇メートルを支配していたキャプデナックの宿営地を抜ける道に入った。しかし、その道を進むには、そこの土地の領主が自分の城の城壁の一面を壊させることに同意しなければならなかった。というのは、その城門があまりに狭かったので、この大荷物を通せなかったからである。その領主は親切にもその荷物の牽引を助けるため、自分の領地の境界まで、牛を提供してくれた。そのほんの少し先に行った所で、その荷車が断崖に落ちてしまったが、しかし、リモージュの大修道院の有力な守護聖人、聖マルシャルの奇跡によって引き上げることができた。

どのルートをとろうとも——これについては巡礼に関するところで後述するが——、道は集落、村《ブール》〔市の立つ大きな村〕、都市を結ぶだけのもので、人跡未踏の巨人な森の周りを迂回していた。中世の森には野生の獣がいっぱいいて、森はこれら動物たちのものであると同時に、狩猟場であり、避難所でもあった。この時代の人間は、そこへ果物やキノコを摘みに行ったり、薬草を探しに行ったり、そこで豚たちに食べさせたりもした。隠修士やハンセン病患者、殺人者、反逆者たちは、そこに引っ込み、肥溜づくり、樵《きこり》、炭焼き人と接触していた。しかし、森は野生の力、恐怖、危険の領域でもあり続けた。そこはキリスト教が民衆の心性から完全には取り去りきれなかった悪い妖精や、強盗の住む所だったのである。

森の奥には荒れ地が広がっていた。そこを歩きまわる人もおらず、森と耕作地を分ける居住者もいなかった。耕作地は城や大きな村の周囲に同心円状の輪を形作っていた。このように紀元一〇〇〇年の田舎の風景は、大雑把に言って〈野生の世界、ほとんど処女地の自然〉であったように思われる（デュビ）。そして徐々に増えてきた人間たちがこれに立ち向かっていったという状況であった。

過密人口は、この時代の特徴である集団的恐怖を加速させた要素の一つである。集団的恐怖という幻影は、当時大きく上昇した出生率と、自然災害で不毛になったり乏しい実りしかもたらさなかった大地との間に新たな格闘をもたらすことになった。リュス・ピエトリの言うように、「十分な家畜も有用な

グルノーブルの山奥にあるラ・グランド・シャルトルーズ修道院の森。

耕作器具もないので、耕作者は原生林に挑むことができない。」同時に、人口がとても増えた。どの夫婦にも五、六人の子供がいた。そして子供の死亡率、侵入者たちによる虐殺、疫病による被害も、この人口増加を阻むほどには至らなかった。この時代、若年人口の多さを強調しなくてはならない。当時の推定寿命年は、三〇―三五歳でしかなく、五〇歳といえば老人であった。紀元一〇〇〇年頃には人口増加の現象が発生していたこと、それも都市へ逃れるために田舎の土地を離れる傾向へと走る若年人口が増えていたことは、注意すべきである。今日の過疎・過密の問題は、新しいものではないのである。

修道士の閉じこもり

しかし、紀元一〇〇〇年の間近においても、森の状況には以前と比べて何の変化もなかった。隠修士たちは人里離れた所、すなわち人々から見放されたような場所に住み続けていた。大部分の隠修士は無名であり、人の噂に上るようなことは何もしなかった。聖人伝も彼らについては黙しているので、王侯が相談を求めて彼らを訪問した時のことぐらいしか知られてはいない。例えば、オットーが聖ニルをラヴェンナの湿地に訪ねて行ったことなどのように……〔一二八ページ参照〕。彼らは、何よりもまず隠者、孤独な人なのである。「彼らは孤立して暮らしている。ある者は鷲とともに住んでいる。またある者は、急流の陰に身を隠している」とミシュレーは言っている。隠修士は自分の洞窟の入り口に根が生えたように動かず、俗世のことから遠ざかっていた。彼は時間の枠の外で生きているので、切迫した時の終わりを心配しなかった。彼は黙している。沈黙の祈りを捧げるために、わめき声に満ちた世界を捨てたからである。

しかし隠修士、ジャック・ラカリエール式に言えば流謫《るたく》の鍛練者は、教会の外で生きる者であった。彼らはミサに行かないし、秘跡を受けも与えもしない。もし彼らが他者の罪をその身に負っても、その者たちはそのことを知らないし、教会の権威はそこから何の特権も引き出さない。教会は隠修士たちの信仰を尊重し、彼らの中のある人たちの聖性を認め、時折、司教の座に就くよう〈必要なら力ずくでも〉懇願することもあった。しかし教会は彼らの生活様式には賛同しなかった。隠修士は何者にも管理されず、徴兵忌避者のように離れて暮らしていた。教会は常に彼らを教会的な秩序の中に戻そうとしていた。教会の目には、彼らの節制、粗食、禁欲さえもが模範であった。彼らは救いの道に兄弟たちを導くので、その存在は共同体において、より〈有益〉であった。

隠修士の中のある者たちは、都市の中でも同様に孤立して生活していた。世界の無秩序ぶりを前に、教会は己の群れを集めていた。例えば一〇世紀の六〇年代末以降、ランス大司教アダルベローは聖堂参事会員たちの習慣——自分の家に住み自分の仕事しか行わない——にもかかわらず、彼らに共同体内で生活するよう依頼したことを、リシェは記している。ロベール敬虔王自身も、修道院が栄えるようテコ入れした。パリ近郊にあるヴィトリ、ムラン、サンリス、エタンプ、オータン、ポワシー等の修道院の建設は、彼のおかげである。大部分の修道院は都市内に、そしていくつかは人里離れた所、例えばビエールの森やイヴェリーヌの森に設置された。

いずれにせよこれらの修道院は、都市にあっても田舎にあっても、閉ざされ孤立した場所にあった。信仰と文化の要塞として。そこには聖遺物と書物の宝が貯め込まれていた。また知識が貯め込まれ、処分しなければならない罪人たちの物質的な富も貯め込まれていた。したがって、そこに規律と法を確立する試みも行われた。時はそういう時代であった。「封建体制《ヒューダリズム》の崩壊は修道院にも及んできていた。修道院財産は貴族の剣によって取り去られ、敵の軍団により略奪され、自分の家族を縁づかせようとする俗人の修道院長によって搾取されたので、修道院はその文化、規律、宗教的精神を失い、堕落と不品行の場と化した[111]。」

修道院の繁栄は修道士の増加をもたらした。その大部分は真摯な信仰を持ち、野蛮な世界にあっても平安のうちに祈りと観想の場を見つけようと集まった人々である。修道院とは、力強い純潔な人々が俗世の罪を避けられる場所である。「宗教というものは全て、この世を拒絶するものである」とクリュニーのユーグが書いている。俗世は明らかに邪悪で有害な、不幸でつまらぬ軽蔑すべき不浄な者が住む所。それに対して修道院は、「神の尊厳ゆえに、つつましくも威厳があり、言葉と賛歌、献金、かぐわしい香りを天に向かって立ち昇らせることのできる所、修道士たちを汚れから保護するのにふさわしい所である。それゆえ神は、彼らと連帯する人間たちの上に恵みと恩恵を降り注ぐであろう[112]。」

疑いなく理想的な清さ。しかし、全ての召命が誠実なものであったのか？　修道士になる人間はこの世に背を向けるが、また〈それだからこそ〉この世の誘惑にも背を向けるのである。この世の悲惨さに対してと同様に。事実、修道院は避難所となり、生活が外よりも容易な、閉じられた場所となっていた。土地と収入を与えられていたので、修道院の大部分は金持ちであった。そこでは、飢えの恐れは全くなかった。ひどい寒さや雷からも保護され、街道の追いはぎや略奪好きな領主の不当徴収に対しても他より上手く抵抗した。しかしいくつかの修道院では贅沢さが君臨し、修道士たちは快楽に流れていった。「こうして一〇世紀には、ジャンブルーなどロレーヌ地方では、ひどくみだらな放縦が広まっていた。イタリアのファルファでは、一一世紀に同様の修道院が現れることになる。そこでは修道士たちが妾を持っており、彼女らは最初のうちこそ慎重に隠れていたものの、すぐにその悪徳を公けにさらした。このテレームの修道院では、修道士の立場が強く求められ、貧しい農民の子供より貴族階級の子弟の方が多くいたことがわかっている。」[113]

このようにいくつかの修道院は（もちろん全てではない）、伝説の城——ペストや飢饉のこの時代に周囲では農民たちが苦しんで死んでいくというのに、城の中では領主たちが大饗宴を催して御馳走を食べていた——に似ている。この時、多くの人々の身を修道院へと向かわせたものは、終わりの時への恐怖、地獄の接近、最後の審判の苦悩であった。多くの人々は自分の人生の終わり、死にぎわに修道院へと入っていった、とエドモン・ポニョンは言っている。「これらの遅い改悛者は、救われるための修道士《モナキ・アド・スクレンドゥム》〔原意は半人前の修道士〕と呼ばれていた。」領主たちも、日常生活の闘いに疲れ、犯した不正に突然目覚めたかのごとく、修道院に閉じこもった。ミシュレーいわく、「彼らは、剣や負い革〔肩から掛けて剣をつるすためのもの〕、俗世の軍隊の印《しるし》となるもの全てをしきりに捨てたがった。彼らは修道士と修道服の下に逃げ込んだのである。彼らは修道院の中に身を隠すための小さな場所を求めていた。一方、修道士たちは、公爵や王といった俗世の王侯たちが修道士や助修士になるのを妨げるために、どんな苦労も厭わなかった。」それゆえ、次のようなことが見られるのである。ノルマンディー公ギヨーム一世〔一〇二七―八七〕は、ジュミエージュに引退したがったが、修道院長によって丁重に断られた。またブルゴーニュ公ユーグ一世〔一〇四〇―一〇六〕も教皇によって妨げられた。そしてドイツ皇帝ハインリヒ二世〔聖王、在位一〇〇二―一〇二四〕の場合には、無名の修道士として頭巾を被っているよりも自分の職務たる帝国統治に戻った方が有益だとして、教会当局からそのように命じられた。もし彼が本当に献身を示したいならば、今後は妻との肉体関係を断てとまで言われた。

混乱の中で、彼らがこの世から孤立していた同じ時、修道院は城砦のように守りを固めていた。田舎において修道院は、土手や堀、生け垣、窓のない高い壁に囲まれていた。修道院内部は、ローマ人のヴィラ〔庭付きの館〕をモデルとして構成されていた。そこでは四角い中庭を回廊が取り巻いていて、回廊に沿って修道士の小室が並んでいた。これは幾何学的に宇宙を象徴している。七つの大罪の汚れに冒されてない人たちにあっては、沈黙と不動と平安が君臨していた。これら修道院は、大洪水を生きのびたノアの方舟であった。千年王国信仰《ミレナリスム》的な苦悩の波は、主に、この城砦の足元で砕け散るはずである。壁の下をうろつく不信な人物を狙い撃ちにすることはなかったけれども、略奪者と粗野な人に対しては、修道士たちは自衛団を組織していた。この時代に修道院は無力で、警鐘を鳴らして救援を待っていただけだと論じた人もいるが、それは性急に過ぎるであろう。

クリュニー――クリュニー改革

俗世の無秩序に対してと同様に、いくつかの修道院の無秩序に対して修道院長たちが行動を起こした。

これらは個人的な活動であったが時宜を得た呼びかけであり、大反響を呼び起こした。彼らは修道院規則、とくに守られなくなっていたベネディクトゥスの規則を再び確立する必要を叫んだ。

その試みは、ブルゴーニュの貴族出身の修道士ベルノンが、修道士たちに全忠誠を誓わせ、世俗から独立した修道院を創設したことから始まった。九一〇年以降、ベルノンは、アキテーヌのギョーム公の支持を取りつけ、その所有地に――ギョームは、マコンに近い小さなグロヌ川沿いのクリュニー地域にあるヴィラの所有者であった――修道院の建設の許可を取りつけた。独立性こそが、クリュニーの独自性であった。「他の修道院は、多かれ少なかれ、その財産のために領主や諸侯に常に依存していた。彼らは収入のつてとなる隙を細かくうかがい、収入を操作する役目を担った修道士たちを思うままに指名し、〈俗人修道院長〉と言われていた……。しかし、この新しい修道院はその独立性ゆえに、いかなる強制、侵害、干渉、収賄、搾取を免れるようになるのである。」

ギョーム公によって確立されたクリュニー憲章は、この点が最も重要である。これは、修道院の設立に関して、それまで全く見られなかった条項を導入したものである。「ここに集められた修道士たちは、地上のいかなる権力――われわれ、あるいはわれわれの親、また国王陛下――の束縛をも受けない。世俗諸侯、伯、司教、ローマ教皇さえも、神のしもべたちと呼ばれる者の財産を奪うことはできない。その一部を巻き上げることもできないし、それらを減らすことも、交換することも、聖職録として与えることもできない。」教皇ヨハネス一一世は、これに同意するほかなかった。以来、クリュニーは司法上の権威をわが物にし、自所領の自治権を確かなものとした。クリュニーは司教団や世俗の人間関係から逃れようと懸命になっていた他の修道院の模範となっていくのである。

労働と祈りに時間を費やすベネディクトゥスの規則を採用したので、クリュニーの修道士たちは修道院外の人間を身体的かつ倫理的に脅かしている危険を避けることができた。「彼らは十分に食べていた。また彼らは、良く秩序立てられた強固な共同体に属しており、その中で才能を持つ者は、その才能に応じてキリスト教世界の中で有意義に働くことができる、という意識を持っていた。」[114]

さらにクリュニーは、幸いにも傑出した修道院長たちを輩出した。ベルノン〔在任九一〇—九二五〕に続いてオドー〔在任九二六—九四二〕が就任したが、彼はクリュニー改革の偉大なる伝播者であった。クリュニーに滞在したことのあるグラベルは次のように言っている。「ベネヴェント管区（ナポリ半島）から大西洋に至るまで、イタリアとガリアにおける最有力な修道院の全てがクリュニー規則の権威に服したことを誇らしく思うよう、オドーはその修道規則の普及に非常に努力した。」次の修道院長にはマイユール〔在任九六五—九九四〕が就いた。のちに、彼はサラセン人に襲撃され捕らえられることになる〔一七三ページ参照〕。しかし、クリュニーが最も輝いていたのは、オディロー〔在任九九四—一〇四八〕がこの修道院を監督した五四年間であった。（彼が紀元一〇〇〇年の修道院長ということになる。）「その結果、クリュニー改革の思想は、修道院の枠を乗り越え、教区聖職者の間にも広まった。聖職者の純潔と独身についての配慮、教会に聖職売買《シモニア》をやめさせ、財産の横領から教会を守ろうとする欲求は、司教たちの心をもしっかり捉えた。もっとも、司教たちの教区でその権力を侵害することに対しては、当然、彼らの大部分から敵意が起こってきたのであるが。」[115]

実際にクリュニーの発展は過敏な反発を招き、利害の対立が生じた。紀元一〇〇〇年には今日と同様に、貧者を踏みつけて豊かになる術を知る者や、自らの特権が奪われることを望まない者たちが危機感を持ったのである。最も不満であった人々の中には、ラン司教アダルベローがいた。彼は、同名のランス大司教と区別するため、アセランと呼ばれていた人物であるが、紀元一〇二五年頃に『ロベール敬虔王に捧げる詩』を書き、その中で、クリュニーの〈狂信的排外主義〉に対して怒りを爆発させている。クリュニーについて、彼は辛辣な皮肉を浴びせた。彼はクリュニーの修道士を、筋骨隆々で武装したランボー〔シルヴェスター・スタローン主演の映画の主人公〕のような〈修道兵士〉として描写している。彼の諷刺は、実際、旅する修道士たちを対象にしたものであった。修道士たちが旅での思いがけない危険に対して防備しなければならなかったのは事実である。それは、クリュニーの修道院長マイユールがアルプス越えの際、身を守るものを何も持っていなかったがためにサラセン人たちに襲われたことを見ても知ることができる。しかし、これら巡歴の修道士たちの中には、少しばかり息抜きをし、不慮の事態に際して修道士らしからぬ行動で自分たちの自由を利用した、と考えることもまた可能である。エドモン・ポニョンは次のように言っている。「それでも彼らは、どうしても流血の暴力沙汰を起こしてしまうことがあったのである。」

　クリュニーも栄枯盛衰のならいに従っていった。オディローが大修道院長職にあった時、クリュニー系の大修道院は、フランス、スイス、スペイン、ハンガリーにまで及び、その数は六五にまで達した。この修道会は、サタンの軍隊や反キリストに立ち向かう準備ができていたのである。しかし、もっと後になると地上の黄金時代を実現する（あるいは実現しようとする）のは、クリュニーではなくシトー会となる。天上のエルサレムのイメージであるクリュニーは、貧しい人々の汗によって建設されながらも、あらゆる宝石類で輝いていた。だが、それに反対したシトー会は、全くの荒れ地に修道院を建設し、その多くの修道士たちは開墾し種を蒔いた。聖ベルナール〔一〇九〇―一一五三、クレルヴォーの修道院長。一二世紀の精神的支配者〕は、その修道士たちに語る。「あなたがたは自分の目で見るであろう。石から蜜を、そして最も固い岩から油を引き出すことができるということを」と。そして時が経つにつれ、所詮は人間にすぎないこれらの修道士たちは、再び悪い習慣に戻ってしまうことになる。クリュニーと同様にシトー会も、農民たちを踏みつけにして豊かになり、宝を蓄え、自分たちの内に閉じこもって外の不幸には無関心な修道院になってしまう。そしてかつては〈サタンに対して征服した〉荒れ地が、今度はこうした修道院を取り囲み、圧倒するようになる。

俗人の俗世からの引きこもり

修道士たちに加えて、俗人も引きこもるようになった。俗世に暮らしていた気高い人々が、修道士の共同体内か人里離れた所で孤独な生活をするため俗世から自発的に離れていった。これは明らかにキリスト教の最初期から見られたことである。とはいえ、そうした例は数多くあったというよりむしろ人目を引く例外だったというのが事実である。中でもユシェールの場合がよく引き合いに出される。彼は南仏デュランス川の南方の谷の富農で、聖職者になろうとしたわけでも、ならされようとしたわけでもないのだが、リュベロンのある洞窟に逃れるために自分の財産を捨てた。そこで四〇年間動かず、霊的奥義を求める長い修行の道をたどった。その後、彼は俗世に引き戻され、リヨンの大司教に任命された[116]。

紀元一〇〇〇年が近づくにつれ、こうした個人的な決断は増えていったように思われる。それは年老いた人たちに多かった。彼らは自分の過ちを正し、自分の良心についた埃を掃おうと熱心であったのである。ある者たちは十分にへりくだって、自分の家庭や財産ばかりでなく、自分の名誉までも捨てるためにそれを行った。こうした無名の人々は、教会の前庭では乞食のようなぼろをまとった姿で、また修道院の門前では顔を隠す修道士の頭巾を被った姿でいるのが見かけられた。修道院の前に立った者は中に入ることを望まず、自分たちの罪の赦しを望むだけであった。そして修道院に受け入れられた者は施しをもらい、たらふく食べた。中には何週間も修道院長が扉を開けてくれるのをじっと待っている者もあった。これらの人々は皆、自分の富も武器も衣服も、そしてひげや豊かな髪さえも放棄していた。もし礼節が許すものならば、彼らは上着さえも脱いで裸になったであろう。全財産の放棄、蝉が脱皮するように全てを脱ぎ捨てることは、無用で邪魔な被いを取り除くことであった。そのたびに身体は新しいものとなる。他方、自分の住居は捨てないまでも、外面的なあらゆる富を放棄して褐色の粗末な毛織物の服を身にまとい、祈りと観想のみに身を委ねる人々もいた。そしてこれに茫然とさせられた周囲の人たちが、この新しい生き方に導かれることもあった。

もはや季節はない

こうした大きな変化は、自然の変動と並行していた。私たちの証人グラベル、アデマールその他の人々の書いた物を信じるとすれば、紀元一〇〇〇年頃には、気候がひどく悪化していたようである。エマニュエル・ル・ロワ・ラデュリー〔一九二九—、フランスの歴史研究者〕の研究によれば、この時代は温暖化がすすみ、地球上が非常に暑くなっていたという。化石化した花粉の分析がそれを実証している。暖かければよいというわけではない。今日と同様、皆に都合がいい天候などはない。雨は都市住民にとってはうんざりだが、農民にとっては大切である。酷暑は旅人を閉口させるが、農民にとっては麦を黄金色にし、実を熟させてくれるものである。いずれにせよ、常に農民はこのようなサイクルを崩す気候の異変には嘆かされるものである。紀元一〇〇〇年もまた、そうであった。

種々の年代記を読むと、紀元一〇〇〇年前後の数年間、冬はより寒く、氷点下の気温が遅くまで続き、雨がたえず降ったかと思うと、しつこい乾燥が続くなど、気候変動に異常が生じていたようだ。それゆえ、おのずと人々には季節の秩序が始原の混沌《カオス》状態に帰ったかと感じられるほどであった。九八七年には秋の雨は豪雨となって川をあふれさせ、畑を水浸しにし、家畜を流し、収穫物を台無しにしてしまった。九八八年には、どしゃ降りの雨の後に酷暑がやって来て、自然を痛めつけた。九八九年の冬はあまりに寒かったので、地中海の水までが、少なくとも沿岸部では凍ってしまった。そして同じ頃、大地震が発生し、コンスタンティノポリスの聖ソフィア聖堂を含めた四〇の教会の丸屋根が裂け落ちた。九九〇年には、乾燥した春と酷熱の夏の後に、異常な秋がやって来た。九九二年、とりわけ暑い夏の後、ドイツでは一〇月に二つのオーロラが観測され、冬の到来が早まり寒さは四月まで居座った。天候が好転したかに思われた九九八年には、地震と嵐で風景が激変してしまった。その後、ようやく小康状態となり、九九九年と一〇〇〇年の天候は穏やかで、季節は平常であった。終末論的に考えると、この静けさは恐ろしいものである。それは闘いの前の静けさであり、この青い空は戦争が始まる前の沈黙と凪のような状態を告げているかのようだ。これらは、波瀾と崩壊を待つ苦悩にふさわしいものなのである。

後で述べるように、一〇三三年頃に状況が一変する。また一〇〇三年の時点ではロワール川の大氾濫だけが記録されているが、アデマールによれば、その後の数年間はひどい乾燥と激しい雨降りが続き、これらがものすごい飢饉を引き起こした、という。

中世初期の人間は、これらの自然災害を怒る神のせいだと見なす傾向があった。そのため、助けてくれそうな聖人たちに援助を祈る人々もいた。しかし、この混乱の責任の一端は人間自身にもあったといえば驚きだが、それは事実である。例えば、山林の乱伐がサイクロンの進路まで変えてしまうこと、湿気の豊富な森林地域を開墾したために土壌が干からびてしまうこと、などである。一〇世紀前半以来、農民たちは自分たちの疲弊した耕地を取り囲む森を切り開き、新しい土地を得ようとしてきた。実際、開墾地であったことを示す地名が多く現れてきたのは、この時代である。こうして九五〇年以降、ブルゴーニュの南からソーヌ川の粘土質の土地やボジョレーの丘陵地帯にかけて、森の侵食が始まるのである。

侵略者たち

この時代にはすでに、西欧の外は地獄と思われていた。悪をもたらすのが天あるいは悪魔でないとすれば、それは外国人の仕業である。西欧を定期的に襲った戦争・ペスト・飢饉という三つの禍は、侵略者たちがもたらした破壊と病原菌と強奪の結果であるのは明らかだ、というのである。もちろん、戦争・ペスト・飢饉は全世界的な現象である。しかし、もう一つ、極東の反対の〈極西〉という土地柄から、西欧には著しい特性がある。地理的にここは世界の端にあり、世界の果てなのである。そのため〈ヨーロッパ半島〉は、移動する人々で混み合う〈袋小路〉となる。これは、太陽の沈むのを見たがらない人々が、東から西へ、太陽の進行に沿った〈移住の自然法〉を身につけたことによるものであろう。何世紀も前から、様々な〈野蛮な中央アジアの遊牧民〉たちが、巨大な波となってこれらの最終的な土地を征服すべく、執拗に押し寄せてきた。この定期的な津波に呑み込まれて、ヨーロッパの先住の民は占領を余儀なくされるに至った。ローマ帝国滅亡の後、歴史はエピナルのイメージ版画を媒介し続ける。「サラセン人」はイタリアとプロヴァンスの海岸を荒らし、そこにしばらく定住していた。チェック人〔現在のチェコ人〕とハンガリー人〔自称ではマジャール人〕はフランク帝国を東から攻撃した。軽量の小型船を操るノルマン人は、ラ・マンシュ海峡〔英仏海峡〕と大西洋の全海岸線に襲いかかり、川を遡って諸都市を荒らし、田舎をも荒廃させた。脆弱な中央政府は侵略者たちのなすがままに任せ、彼らの企てを放棄させるには金を支払うしか能がなかった。[117]」

現代の歴史家たちはこの見方を修正したが、当時の人たちの語る紋切り型のテクストでは、次のように繰り返される。「人間生活は、最も野蛮な本能が荒れ狂う中で根こそぎにされた。スカンディナヴィア人は、槍の先に子供たちを串刺しにする、という評判であった。ハンガリー人は剣の刃で兵士たちを貫き、若い女性や子供たちを奴隷として連れ去った。侵略者たちは、人のいなくなった土地を放置しておいたので、それらの土地はあまりにも荒れ果ててしまい、わずかの生存者たちの生計も全く保証できなかった。[118]」それゆえマルク・ブロックは以下の点を強調するのである。「あらゆる年代記において、荒廃の様子を描いた単調な同じ絵図が、繰り返し現れる。軍隊が全ての家畜を奪い、小麦の収穫に火を放ち、周りの国を馬に食い尽くさせたというのである。[119]」

蛮族《バルバル》は評判が悪い。彼らはそのバルバルという言葉自体から獰猛《どうもう》で無教養とされる。彼らは皆とは違って、不明瞭な発音――バルバルという彼らの呼称が由来する腹鳴りのような音――でしか話さない。しかし彼らもまた文明を持っていて、フランスの諸地方に定住したことで、新しい美術（例えば装身具など）や技術を持ち込み、衰えた血に新しい血を混ぜることになったというのである。そしてこういう考えを受け入れるには、ロマン主義歴史学やミシュレーの登場を待たなくてはならなかった。ミシュレーは、自著『民衆史』の中で、次のように書くまでになる。「今日、民衆の向上と進歩はしばしば蛮族の侵入によって起こったとされる。この言葉を私は気に入っているし、受け入れているのだ……この蛮族《バルバル》という言葉を！　そうだ、つまり新しく活力に満ち、若返らせる精気である。蛮族《バルバル》、すなわち将来のローマに向かって進む旅人たちは、ゆっくり確実に歩を進め、各世代が少しずつ前進し、死において小休止しながらも、なおも他の者が歩き続けていく。」一九世紀末にコサックを想起した、レオン・ブロワの呪詛を思い出してほしい〔九三―九四ページ参照〕。

一〇世紀の時代に、侵入者たちの到来は何をもたらしたか？ ハンガリー人が悪魔のように不意に現れ、西欧の人々を恐怖におとしいれたといわれている。「彼らの粗暴さは極限に達していた。ある年代記作者たちは、彼らが肉を焼かずに食べ、敵の血を飲んでいる、と述べている。一〇世紀前半の間、ハンガリー人はヨーロッパの至る所で略奪し、殺戮し、火を放ち、捕らえられることもなく、激しい恐怖をまき散らした。」[120] ハンガリー人〔フランス語では〝オングロワ〟と発音する〕という名前から、〈食人鬼《オグル》〉という語が作られることになる。これは少なくとも、物語作家のシャルル・ペロー〔一六二八―一七〇三、フランスの詩人・批評家・童話作家〕が物語で描いていることである〔『眠り姫』の主人公を救った王子の母はオグルであった〕。タルタル・ステーキがまだ発明されていなかったこの時代、彼らの食欲は飽くことを知らないと見なされ、生肉を食べることとは野蛮に属することと思われていたのである。彼らの強奪行為は不幸なことに事実であったが、一〇世紀末には控えめとなる。彼らは洗礼さえ受けるまでになったのである。彼らの頭目ヴァイクは、九八五年にイシュトヴァンの洗礼名で改宗し、キリスト教徒となった。彼の母親はその妊娠期間中に一つの幻視を見た。その中で、聖エティエンヌ〔この語は、ハンガリー語ではヴァイクの洗礼名と同じイシュトヴァンと発音する〕は彼女に、「おまえが身ごもっているその子は、その民から異教を根絶するであろう」と断言したのである。この予言は的中した。イシュトヴァンは自分が王位に就いた九九七年以降、ハンガリー人をキリスト教化した。紀元一〇〇〇年、教皇シルヴェステルによって彼は戴冠される。こうして西欧人は、ハンガリーを恐れることはなくなったという。

ヨーロッパの北側でも同様で、ヴァイキングたちは、自分たちの櫓《ろ》をパン作りのシャベルに変えて、海賊稼業から足をあらおうとしていた。それは大げさな芝居のようだった。北の海岸沿いに荒廃をまき散らし、大西洋を迂回するか東方から北海へ通じる大河を遡るかして地中海沿岸に到達した彼らは、戦利品の物々交換をやめて商取引の道を選ぶようになっていったのである。彼らの驚くべき移動力のおかげで、羊毛や織物産業の市場はフランドル伯領において望外の発展をとげた。その後ヴァイキングはセーヌ川下流地域の領有権を約したサン・クレール・シュル・エット条約（九一一年）をかちとり、富裕で土地経営に長けた地主となって土地の囲い込みに成功し、ノルマンディー地方を豊かにした。もはやこのような彼らを、侵略者とか、同化された移民と呼ぶのは妥当だろうか？　彼らはキリスト教に改宗後、自分たちの転覆船の船底をすみやかに真新しい教会に変え、修道院を創設し、先住者たちよりも良いキリスト教徒になろうとしたのではないのか？

　こうして蛮族の侵入は九五〇年以降に止んだと言える。しかし南方には、サラセン人の侵入勢力が残っていた。彼らの勢力は局地的ではあっても、プロヴァンス地方の沿岸部を過去三世紀に渡りたえず悩ませていた。八八九年から九七〇年まで、彼らの拠点はフラクシネ地域、サント・ロペ、ラ・ムール、ガッサン、グリモー、ラ・ガルド・フレネなどの辺りにあった。[121] そこからサラセン人たちは、アルプスの谷々、アオスタの谷々、グラン・サン・ベルナールの山岳地帯、ガープ、アンブラン、バルセロネットからグルノーブルまでの地方、またサヴォワ地方など、あちこちに広がった。彼らはアルプス山中の通行路を押さえ、そこで旅人から金品を巻き上げ、泥棒カササギのように、点在する全ての村々に拠点を置いていた。大野営地として強化されたグリモー湾の辺りでは、彼らはプロヴァンスの農民たち――この農民たちは、占領者であるサラセン人たちのもとで働き報酬を受け取る自由な農業労働者と見なされていた――に自分たちの法を押しつけた。アルプスの高地地方でのように、この長い占領が物質的・文化的な交流をもたらさないはずはなかった。音楽・詩・踊り・祭り・習慣・料理・陶器製造など、プロヴァンスにおける文化の基本的な要素はサラセン人の影響を受けている。両者の間に協力はなかったが、共存はあった。中世の騎士道恋愛物語《ロマン・クルトワ》というより官能的な恋愛物語が、必然的生じてくる。

この状況に反抗した最初の人々は、高位聖職者たちである。なぜなら彼らは、自分たちの教区がイスラム教徒、すなわち異教徒であるサラセン人たちの手中にあることを許せなかったからである。もっとも、より見識的な聖職者たちは、彼らをサタンの手先と見ることは拒んだけれども。これに関してはグラベルの注釈が次のように明かしている。「サラセン人たちは、事実、ヘブライ人の預言書も読んだが、それよりむしろキリスト教の預言書を読んでいる。そして、宇宙の主なるキリストについて聖なる神託が預言したことの全てを、彼らがマホメットと呼ぶ人物のうちに成就した、と言っている。その際、彼らは、その誤りを温存するための独自の系図を持っている。この系図はアブラハムからキリストまでをたどった『マタイによる福音書』の系図を模倣したものである。『マタイによる福音書』の系図では、約束された祝福が存する種子はイサクの後継者によって受け継がれる。一方、彼らの系図では、イシュマエル〔アブラハムの子でアラビア人の祖とされる〕がネバヨトを産み、その子孫からマホメットが登場するという。これは、彼らの誤った作り話である。この作り話は、聖なるカトリック教会には奇異であり、適さないものである。」これは、サラセン人たちの預言書がより包括的であるとは言わせないためのものである。

これらの考察もさることながら、教会は何よりもこうした死に至る毒をプロヴァンスの地から根絶したがった。教会はまず、教会の意向を無視する諸侯たちに呼びかけることにした。おそらく諸侯たちは、民衆を隷属している占領者（サラセン人）たちと取引することが有利だと思っていたと見られる。ある諸侯は、厄介なライヴァル諸侯たちを片づけるために、その機会をそこに見つけさえした。プロヴァンス伯でロンバルディア王であったユーグが、九四〇年以降、自分の敵イヴレ侯アダルベールからの領地上の要求を危惧していたのは、そういう事情からである。アダルベールはロンバルディアに目をつけていたが、サラセン人たちと契約を結んで、サラセン人が略奪で得た富には目をつぶった方がよいと考えていた。そして実際、彼はサラセン人たちと契約を結ぶ。その内容は、アルプスの峠およびニースからタンド沿いにかけて、つまりアダルベールとユーグとの間にサラセン人による緩衝国家を建設するというものであった。

しかし、皇帝は彼らと利害を同じくしてはいなかった。皇帝にとってサラセン人による占領は、自分の帝国の踵に刺さった棘でしかなかった。そこで皇帝は、九六〇年にはグラン・サン・ベルナール山から、九六五年にはドーフィネ地方から、九七〇年にはサヴォワ地方からサラセン人を撤退させるよう、自らの軍団に命じた。サラセン人たちは、いつか必ずやって来る攻撃を恐れつつ、フラクシネの自分たちの要塞に逃げ込まざるをえなかった。

これとは反対に、サラセン人による見せしめ的な事件が起こったのもこの頃である。九七三年にマイユールが捕縛された事件である。それは、紀元一〇〇〇年に対する私たちの理解を深めてくれる。このリエ教区のヴァランソル生まれのクリュニー修道院長は、ローマへ巡礼に行き、自分の運命の星に任せて、帰りはサン・ベルナールの峠を通った。しかし、これは彼にとって困った結果になった。「ローマからの帰り道、マイユールはサラセン人の軍隊に出くわした。彼らはアルプス山中で山賊行為を行っており、イタリアからの全通路を押さえていたのである。マイユールはサヴォワとヴァレーの間、一般にグラン・サン・ベルナールと呼ばれている山の麓で、かなり大勢の全随行員とともに捕らえられた。そして彼は身包み剝がれ、打ちたたかれた後、ドランス川沿いのポン・ウルジエ（ウルジエールの橋）の村に監禁されていた。彼は同行者たちを慰め、この不運を高潔さをもって耐え忍ぶように激励し、自ら模範を示した。彼の従僕の一人の頭を割ろうと剣を振り上げたサラセン人に気がつき、彼は走って行って腕で制止し、この不幸な男の命を救ったが、彼自身は手に傷を負った。彼は肉を食べるのを拒否し、鎖でつながれて投げ込まれていた不快な洞窟を祈りの場に変えた。聖母被昇天の大祝日〔八月一五日〕の前に――その日まで、まだ二四日あった――、彼は神の母に自分が解放されるよう祈った。この祈りの後、眠りについた彼は、夢で自分を縛っている鉄の鎖が砕けているのに気がついた。やがて、銀千リーヴルの身代金を工面するために同行者の一人をクリュニーに送ることが許された。この金額は、彼の捕縛のニュースを激しく嘆いた修道院と周囲の人々によって、すぐに満たされた。こうして聖母被昇天の大祝日の前に、この聖人は解放されたのであった。彼がローマから持ってきた書物は、彼に返された。しかし、彼の捕縛による最も重要な成果は、多くのサラセン人たちの改宗であった。マイユールによって教え導かれた彼らは、マイユールの聖性にたいへん感動し、洗礼を授けてくれるよう申し出たのである。彼の解放は、その修道会の聖職者たちばかりでなく世俗の王侯たちにも、大いなる喜びをもたらした。なぜなら、彼らはマイユールを真に尊敬していたからである。[122]」

『黄金伝説』〔一三世紀にヤコブス・デ・ヴォラギネが編集した聖人伝集成〕は、右の話を一度だけするにとどめているが、近代になって「小さき《レ・プティ》ボランディストたち」〔一七世紀以降、聖人伝編集を行ったイエズス会士たち〕が記したこの物語は、グラベルによる物語と一致していてより詳しい。グラベルによると、マイユールは監禁を解かれた後に、十字軍によるサラセン人の駆逐を説いた。プロヴァンスの人々と彼らの主君ギヨーム公が説教を聴くと、直ちにフラクシネ要塞のサラセン人たちを排除することを決定した。同年の九七三年に十字軍は成功したが、それは奇妙な事情によってであった。フラクシネ要塞の前哨隊のエモンという名の指揮官が、プロヴァンス軍の指揮官を訪れ、次のように語った。私の妻はプロヴァンス人でうっとりするほどの美人なのだが、サラセン人であるフラクシネの要塞司令官が妻を私から奪ったのだと。そこで、「復讐のためにエモンは、不意をついてプロヴァンス軍を要塞に入れさせると申し出た。」こうして要塞は包囲され、サラセン人の防衛軍は皆殺しにされ、「生き残ったわずかの男性、女性、子供たちは奴隷にされ、アルルやマルセイユ、ナルボンヌの奴隷市場に送られた。」[123]

この最後の部分には驚かされるが、事実、この時代のキリスト教徒たちは、異教徒たちの人身売買を非難しながらも、人間の自由についての概念は彼らと同様、ほとんど進歩していなかったのである。

こうして、紀元一〇〇〇年の三〇年ほど前になる頃には、プロヴァンス人は誰もこれら侵略者たちを恐れてはいなかった。この地方は自国領に戻ったのである。マルセイユのサン・ヴィクトール修道院の文書集《カルチュレール》の中には、次のように書かれている。「異教徒の連中がフレネから追い出され、開墾者や耕作者が増えて人口が再び増加すると、人々の誰もが所有地として割り当てられていた境界を越え、できるかぎりの土地を買い占めた。」

疫病

疫病はどの時代にも人類を悩ませてきた。だが、とりわけ紀元一〇〇〇年頃は人々の移動性が高まったことから、疫病の流行が加速することになった。疫病は人々の移動にあやかったように思われる。長距離の商取引、巡礼の流行、遊牧民の増加は、疫病の拡大にとってとくに好都合であった。人々の行動半径と疫病の伝染とは、同じ速度で拡大発展した。今や疫病は、個々の共同体の範囲内にとどまらず、全ての空間に及ぶようになったのである。

こうした疫病の筆頭に挙げられるものは、ハンセン病である。これはもともと風土病的なものであったが、商業で栄えたピサ、ジェノヴァ、ヴェネツィアなどのイタリア都市共和国の船を媒介して拡大することになった。これらの国々は、レヴァント海域〔レヴァントとはイタリア語で“日の昇る地”を意味し、東地中海、とくにシリア・小アジア・エジプトの海岸地方を指す。レヴァント貿易〈東方貿易〉はとくにイタリア商人の関心の的であった〕に商品を求めたが、それらの商品はしばしば病菌に冒されていたのである。病菌は無賃輸送品〔船員が販売を目的として積み込むことが許されたもの〕の包みの中に入れられ、南フランスに運ばれた。ハンセン病はまた、ますます増加する聖地巡礼者によっても運び込まれた。アルベール・コルナーによれば、「その地で、彼らは最下層の人々と接触し、病菌に感染して祖国に帰った」という。これらの敬虔な巡礼者たちといえども、地上の些事に全く無関心だったのではなく、結局は小アジアの悪所に霊感を求めたフローベール〔一八二一―八〇、フランスの作家〕と彼の片腕たるマキシム・デュ・カン〔一八二二―九四、フランスの旅行作家〕の先駆者でしかなかったわけである。

ともかく紀元一〇〇〇年の人々の理解では、ハンセン病はイスラム教徒からうつされる病であった。ゆえに、これは〈アラブ病〉とすぐ命名された。新鮮なウィルスを媒介する侵略者は、どう考えてもサラセン人たちであった。彼らの地中海沿岸沿いへの侵入や定住が、罪のない人々にまで害毒の伝染を助長したのであるから。プロヴァンス美女たちが合意の上でエキゾティックな恋に落ちて接触したものだとしても、当時の人々の目には良きキリスト教徒たちの倫理と健康を根底から覆そうとする外国人の悪意として、弁解の余地のないものと映った。豚の膀胱でできたコンドームの使用は、病気と同じほどには速く普及しなかった。それよりむしろ人々はこの病気に対して、破門宣告や先祖代々からの敵に向けるような罵詈雑言を浴びせた。そして人々は、病を治す魔術師よりも奇跡の力を持つ聖人たちに、その癒しを求めたのだった。

当時、人々を苦しめていた色々な病気には、それらを治すと考えられていた聖人たちの名がつけられていた。〈聖ローランの火〉（湿疹）、〈聖シルヴァンの火〉（丹毒〔皮膚が赤く変色し、高熱を発する病気〕）、〈聖ジャン病〉（癲癇）、〈聖オーバン病〉もしくは地方によっては〈フィアクル病〉〈フィルマン病〉〈マルクー病〉（佝僂《くる》病〔背が曲がる病〕）などである。だが、最もひどい被害をもたらした——人がその名を口にするのも憚るような——疫病は、〈聖アントワーヌの火〉〔壊疽性麦角中毒のことで、〈聖なる火〉とも呼ばれた〕であった。これはまさに〈激烈な熱病〉で、一〇世紀の西ヨーロッパに猛威を振るい、全域に多数の死者をもたらした。「その症状は、激しい恐怖をまき散らすに誠にふさわしいものである。病人は、抑えようのない発熱で焼き尽くされるように感じる。死はすぐに訪れる。時には、四肢が真っ黒になって朽ち果てる。病人は仮に生き残ったとしても、手足が不具になったり、いざりになったりして、死ぬまで惨めに暮らすことになる。フロードアールによると、九四五年にこの〈聖なる火〉

死の騎士に率いられた死の軍隊。ランプール兄弟『ベリー侯のいとも豪華なる時禱書』15世紀、コンデ公美術館。

がパリとその近郊の多くの村々に広まったので、この禍を逃れようと、パリ市民たちは田舎へ、反対に農民たちはパリに逃げ出した、という。」（A・コルナー）

この病は、あらゆる予防措置が無駄なほどの感染の素早さで人々を襲った。グラベルは、「一夜にして、この焼き尽くす火が多くの人々に及んだ」と書いている。一七世紀の歴史家メーズレー〔一六一〇—八三、フランスの歴史家〕の言を信じるとすれば、この疫病は、アキテーヌ、アングーモワ、ペリゴール、リムーザン地方において二日間で四万人の命を奪った。また、グラベルは「数えきれぬほど多くの男女が目に見えぬ火で身体を焼かれており、地は四方八方から聞こえる呻き声で満ちていた」と述べている。

この時代には、体内で燃え盛る火の正体が不明であったために、一層その悲惨さが増した。体内の炎は地獄の炎の象徴とされ、炎に罰せられていることは、罪が体内に夥しく蓄積されているゆえ熱が出ていると考えられた。それだからこそ、これらの燃え盛る罪を浄めるため、神にとりなす力を持つ全ての聖人が動員されるのである。グラベルは次のように書いている。「そこでアキテーヌの全司教がリモージュに集まった。あらゆる地から聖人の遺骸と聖遺物がそこへ厳かに運ばれた。ガリアの守護聖人、聖マルシャルの遺骸も墓から引き出されて来た。すると、皆が大きな喜びに満たされ、至る所で病気による荒廃が完全に止んだ。」[124]

諸聖人が疫病の進行を食い止めたとすれば、仮に疫病が神の罰でないとしても、大いなる最後の審判の前兆の一つと考えられた。この世の地位ある人々は、農民たちと同様に自分たちの階級を襲った疫病の被害に脅えていたので、自分たちの平和と正義に神が目をとめ、怒りをそらせてくれるように、ある種の条約——これが、将来の〈神の休戦〉になるものである——を締結することにした。すなわち、自分の身に災いを呼ぶのを恐れて、隣人を怒らせることを止めたわけである。その結果、集団内の争いや家族ぐるみの復讐は控えられた。諸実たちは姦淫を避け、諸侯夫人たちも姦通を避けるようになった。こうして集団的恐怖は、家庭内の平和のためにも大変貢献した、というわけである。

飢饉と食人行為《カニバリスム》

紀元一〇〇〇年頃、飢えは慢性的に存在し、あたり前のことと思われていたほどであった。ところで飢えと一口に言っても、一年の間で、つまり季節によってその程度には差があった。すなわち、飢えは食糧貯蔵が枯渇する春の終わりに絶頂に達する。小麦の取り入れをする秋の初めにも、次の種蒔き用に種子を取っておかなければならないので、食糧事情は厳しい。それに比べて、冬と夏の苦労は少なかった。厳冬期は、かなり豊富な塩漬け食品や、狩猟もしくは密猟の獲物でしのぐことができたからである。それにしても神が、ひどい暑さの時には人間の食欲を減らすようになさるのは、上手な計らいである。しかし、昔から飢饉は、大量に雨が降った後の乾燥する年に起こるように、気候条件が原因であり、全土を苦しめる大飢饉が起こる時もあった。

戦争やペストのように飢饉もまた、紀元一〇〇〇年の集団的恐怖の幻影に重大な影響を与えている。その被害は甚だしいものであった。しかし、飢饉の起こる頻度は、紀元一〇〇〇年に近づくにつれて少なくなっていったようである。実際、シャルルマーニュ〔大帝《カール》〕の治下（七六八―八一四）で飢饉は八回起こったが、ロベール敬虔王の治下（九九六―一〇三一）では三回だけであった。「言い換えれば、飢えに対する恐怖の強さは小さくならなかったものの、その起こる回数は少なくなっていた。事実、ロベール敬虔王治下の飢饉は、中世初期の最後の大飢饉であった。いずれにせよこれらは、食人行為《カニバリスム》に訴えるほど非常識な行動が生じた最後のものであったのである。」[125]

実を言えば、西洋における飢饉の最大のものは紀元一〇〇〇年にではなく、終末が予想された第二の年、一〇三三年に関わっている。信頼できる史料は、紀元九九〇年から一〇〇〇年の間に人々が飢饉で苦しんだとは語っていない。全西洋に及んだひどい飢饉が報告される年は、人々がちょうど一息ついて希望を持ちはじめた頃、つまり一〇〇五—一〇〇六年が初めてで、これは一〇一〇年まで続いた。グラベルは言う。「その当時、厳しい飢饉——その悲惨さと食糧の欠乏を免れた場所はなかったほどの——が五年間続いて、その被害がローマの全ての人に及び、大部分の人々が栄養失調で死んだ。それゆえ領土の多くの場所では、恐ろしい飢えの支配する中、不潔極まりない動物や爬虫類の肉ばかりでなく、男性、女性、子供たちの肉さえもが食用に供された。どんな情愛でも、たとえ家族の情愛でさえも、それを止めさせることはなかった。この飢饉の厳しさは、すでに大きくなった子供たちが自分の母親をむさぼり食うまでに達していたが、母親たちもまた、その優しさを忘れ、自分の子供たちを同様にしていたのである。」

飢饉の第二波は、一〇三二年の末、西洋をまともに襲った。これは突発的に起こったものではなく、相次ぐ天候不順に続くものであった。「前代未聞の季節の異変、三年引き続いてほとんど止まぬ雨降りで、穀物や他の作物の生育と実りが妨げられたのである。」[126] これはまさにノアの大洪水のようで、何人《なんぴと》たりともこれを甘受する以外なかった。当時、グラベルは、この前例のない災害を観察する絶好の場にいたと言える。彼の証言は本節のテーマに関わるので、長く引用する。

「キリストの受肉から一〇三三年という年に近づくにつれ、飢饉が至る所にその被害を及ぼしはじめた。ほとんど全人類の絶滅が案じられるほどであった。大気の状態があまりに悪くて種蒔きには全く適さず、何よりも洪水のせいで収穫する術がなかった。滝のような大雨が地にしみ込んだので、三年間というもの、種を蒔くための畝溝を掘ることさえできないほどであった。収穫時には、野生の草と毒麦が畑の全面を覆っていた……。人々は野獣や野鳥を食べ尽くし身を苛むような飢えにかられ、腐った死骸や語るのもおぞましいようなものをも拾い集めた。ある人たちは死を免れるために、樹木の根や川の水草を食べた。ついに、その恐ろしさは、当時の人々を支配していた堕落に口実を設けることになった。ああ、何ということだ！　すさまじい飢えのため、人間たちは人肉をむさぼり食うようになったのである。旅人たちは、自分より屈強な者に連れ去られ、四肢を切り取られ、火で焼かれ、むさぼり食われた。飢饉を逃れるため、ある場所から他の場所に行く途上で宿泊所を見つけた人々は、夜間に喉を掻き切られ、彼らを迎え入れた人々の食用に供された。多くの人が、子供たちに果物や卵を見せて引きつけ、彼らを離れた場所に連れ去って虐殺し、その子らを食べた。死者の身体はかなり多くの場所で地中から掘り出され、飢えをしのぐために、同様に供されたのである。[127]」

「トゥルニュの市場には、まるで何かの動物の肉を焼いたかのように、よく焼かれた人肉を売る男がいた。捕らえられたこの男は、自分の恥ずべき犯罪を否定しなかった。そこで、この男は手足を縛られ、炎の中に放り込まれた。夜、別の男が地中に埋められていたこの男の肉を掘り出しに行き、それを食べた。そして今度は彼が同様に焼かれたのだった……。」

「もはや青白く、やつれた顔しか見られなかった。多くの人々が、栄養失調で膨れた突っ張った皮膚をしていた。声はか細くなり、それは、死に掛けている鳥の小さな叫びにも似ていた。人間の死骸は――その大部分は、墓もなく、あちこちに放置されざるをえなかった――、狼の餌になった。狼たちもまた、長い間、餌にする人間たちを探し続けていたのである。各人を別々に埋葬できなかったので、神を畏れる人々のいる所では、共同埋葬と呼ばれる穴が掘られた。その中には、半裸もしくは何の覆いもない死体が入るかぎりごちゃごちゃに投げ込まれたのだった。畑を区切る四ツ辻広場は、墓場としても利用された。人々が他の地方に逃げればよかったのに、と言いたがる人もいるかもしれないが、多くの人々がその途中で栄養失調のため死んでいたのである……。」

グラベルはまた、かなり鋭い歴史感覚をもって次のように指摘している。こうした禍は通常なら富者は生かしておいて貧者しか襲わないものだが、今回は富者にも同様に襲いかかった、と。「食糧不足は全国民を襲ったので、上流・中流どちらの階級の人々も、貧しい人々とともに飢えの苦しみを分け合った。権力にものいわせての恥知らずな行為は、世界的な貧窮を前にしては、止めなくてはならなかった。」この時、神は選ばれた者たちを特別扱いはしなかった。これにより、全ての人々の目には、終わりの時を前にして大掃除を行う神の意志が示されたのであった。

一〇三三年の飢饉は、ここで懲罰として理解されている。飢饉はもっと後、一六世紀になってもなおそのように理解され、『驚異の歴史』の作者ボワステュオーは次のように述べている。「飢饉は、神の死刑執行人であり、神の正義の使者である。神ご自身がしばしばご自分の預言者たちや使徒たちを通して、罪人たちに青銅の空と鉄の土地、すなわち何物をも生み出さない自然を彼らに与えると、時には威嚇しながら、証言なさっているのだから。」

食人行為《カニバリスム》の事実について、現場目撃者であるグラベルの言葉を疑うことはできないだろう。彼はマーコン市〔ブルゴーニュ地方の町、クリュニー修道院の近く〕で、食人行為《カニバリスム》を行った者への拷問を自ら目撃し、これについて「私がこの目で見たように」と述べている。何しろ、こうした事実に言及しているのは彼一人ではないので、これらの史料を受けをねらって繰り返される単純な噂とするわけにはいくまい。中世の著述家たちは、彼らの読者の背徳趣味にへつらうとか、読者を不自然に戦慄させる必要はまだなかったのだから。

「これら中世の著作を非常に詳細に読むと、彼らには特異な病的な趣味は何ら認められず、むしろ、これらの事実を報告することへの非常な嫌悪感が認められる。彼らはこれらの事実に恐怖を抱き、これらが周知の事実であったゆえに書き留めただけである。いずれにせよこれらの史料は、例えば七九三年、八五〇年、八六八年、八九六年の食人行為《カニバリスム》を記述した年代記作者的な史料と、比較すべきものである。」[128]

窮乏による食人行為《カニバリスム》は、（今日、食人風習を専門に研究する文化人類学者たちが述べているように）一〇三三年の後にもあった。これは、〈美味しい死骸〉に飢えた文学をも、同様に豊かに〈養う〉ことになった。武勲詩『エモンの四人の息子』（一二世紀末）のようなものがその一例である。ここでルノー・ド・モントーバンは、アルデンヌの奥地でこの息子たちが聖職者たちを殺して食べなかったことを非難している。「彼らにはどんなに柔らかい肉や脂っこい腎臓があることか。白鳥や孔雀よりも美味いのに。修道士の丸焼きは羊肉以上に美味いのだ……。」一六世紀にモンテーニュ〔一五三三―九二、フランスのモラリスト〕は、ブラジルの食人行為とフランスの宗教戦争における食人行為とを比べて論じた。前者が人肉を食べていたのは、それが彼らの文化であったから。後者は、一五七三年のサンセールや一五八九年のパリの籠城軍のように、口に入れるものが他に何もなかったからである。とはいえ、ある者は敵しか食べなかったと想像できるけれども。モンテーニュによれば、カトリック教徒は、新教徒《パルパヨ》〔カトリック教徒がカルヴァン派もしくは新教徒を罵った言葉〕の肝臓と心臓を好物だと公言するほどに非常な大食家であった、という。また一八七〇年のパリ篭城の際〔普仏戦争（一八七〇年七月―一八七一年五月）で、パリ市民は一八七〇年九月一五日以降、パリに立てこもった〕、ヴィクトル・ユーゴーは次のような怪しげな言葉を書いた。「われわれは見知らぬ人の肉を食べている！」この世紀末、そして千年紀末に生きる私たちに、儀式ではない食人行為がいくつも報告されている。一例として、一九七二年、アンデス山中のコルディレールに墜落したウルグアイ航空機の生存者たちによる食人行為が挙げられる。この良きキリスト教徒たちは、死んだ同乗者の（凍った）肉を食べざるをえなかったので、自分たちの行為を正当化しなくてはならないと考え、「宗教的命令であれ生物的命令であれ、あらゆる障害を乗り越えなければならなかったのだ」――それでも一名は食人行為を拒んで死亡したが――、「われわれは自殺の罪に陥ることはできなかった」と語った。当時の新聞はこれに理解を示した。唯一『フィガロ』紙でアンドレ・フロサールが、これを冒瀆的行為として非難しただけである。

一〇三三年の人間たちが、食うか食われるかという悲劇的なこの二者択一に直面させられ、自分たちの行為を絶望的なものと考えたかはよくわからない。彼らは、冒瀆的行為を犯すとか、今日言われるようなタブーを犯すとかいう意識を持っていたのだろうか？　律法の板〔モーゼの十戒を記した板〕には、「汝の隣人を、飢えている時のみ食べよ」というような戒めはない。やはり、心理的な〈影響〉があったはずである。ウルグアイ航空機の食人行為については、一人の医師が現場で何のユーモアも交えず、次のように断言した。「危急の場合とはいえ、人の遺骸を呑み下したことで引き起こされた苦悩や罪悪感は、長く残る」と。ゆえに、打ち続く苦悩と罪悪感は、紀元一〇〇〇年の終末観のそれにつけ加わる。

食人行為の罪には、〈死体〉を食するという罪がさらにつけ加わる。しかし、死人を食することは、生きている人を（この食べるという目的で殺して）食するよりも罪が重いのであろうか？　後になって、モンテーニュはこの問いに答えている。「生きていた人を食することの方が、死人を食する以上に野蛮であると、私は考える。前者は、まだ感情に満ちている肉体を苦痛と拷問《ゲヘナ》によって引き裂き、それを細かに刻んで焼かせるのに対し、後者は、故人となった後にそれを焼かせ食するのであるから。」彼の時代、一五七三年には、すなわち彼の処女作『随想録《エッセー》』の執筆に取り掛かる少し前〔彼はこれを一五八〇年に執筆している〕、フランスにはロデーヴ司教事件が起こった。この司教は一〇六六年（！）に死んだのであるから、すなわち、彼は一〇三三年の飢饉の恐怖を自ら経験していたことになる。「死人が地中から掘り出され、切り刻まれ、その肉体が鍋の中で終わろうと、それは大したことではない！　肉を煮ている間に鍋の蓋が持ち上がり、新教徒《ユグノー》の拷問者を祝福する慈愛に満ちた手が現れた、と聖職者の言い伝えは報告している。[129]」五〇〇年後に食べられた、紀元一〇〇〇年の生存者——もしそう呼べるのなら——の話とは、何とも当惑させられるものである。

困ったニュース・スピーカー

疫病の害毒とは、遊牧民が荷物の中に入れて運び、不幸や混乱をもたらした病原体だけではない。目には見えないが、それと同等の有効性を持った異なる〈ヴィールス〉が、定住者の共同体の中に持ち込まれている。それは秩序を破壊するようなニュースで、これは一時的な放浪者あるいはそれを常とする者によって広められる。彼らは、社会の中に自分の居場所を見出せない生来のはみ出し者である。そして生来、彼らは定住者よりも気候の変化を気遣い、これに敏感である。山賊、浮浪者、追放者、逃亡奴隷のグループは、その多くが幻視家《ヴィジオネール》や神秘家《イリュミネ》であり、センセーショナルな事柄を言いふらし、虚偽のニュースを捏造し、トラブルを挑発する者たちである。彼らは、私たちの世紀末の無政府主義者たちの祖先なのだ。なぜなら、彼らは確立された秩序に敵対しているからである。（しかしだからといって、必ずしも彼らが非常に構造化・階層《ヒエラルキー》化されたグループを組織しなかったわけではない。グループ内のコードや隠語、認識サイン、彼らが第一に遵守すべき内部法まで持っている場合もある。）紀元一〇〇〇年頃、彼らが自分の手品袋に潜ませていた大ニュースとは、彼らがご親切にも広めている、まさに世界の混乱というニュースなのである。人々を笑わせるよりも恐れさせる方が得になるのは明らかである。（しかも、それはより易しい。）集団的な死が非常に間近に迫っていると言って人々を脅し、今後は無用となるはずの貯金や食糧の蓄えを彼らから巻き上げるのに、ほとんど難はなかった。騙された村人たちは、これらの悪賢い輩がこうして地上の富を成すことに疑問さえ持たない。彼らは、ますます大きくなる噂とまだ見ぬ天国にしか注意を払わないからである。

この終末を語る悲劇的な嘆きについて私たちに情報を提供してくれる史料の数は、現代の三流新聞と違って明らかに少ない。グラベルとて、この不穏な時代には不審なよそ者たちの出現が見られると次のように語っているだけである。「紀元一〇〇〇年頃、ロベール敬虔王がアキテーヌ出身の王妃コンスタンスを妻に迎えたので、オーヴェルニュとアキテーヌからフランスとブルゴーニュへ、人々が押し寄せることになった。この地方の人間は、非常に精神浮薄で虚栄心が強かった。彼らの風俗と習慣は奇妙であり、彼らの武器や馬具は手入れが行き届いていなかった。彼らの髪は頭部半分の所で切られ、彼らのひげは道化役者風に剃られていた。彼らは、品の悪い靴と脛当てを身につけていた。彼らはあらゆる面で信仰心に欠け、神に誓う信仰への敬意というものを知らなかった。かつては人々の中で最も誠実であったフランス人やブルゴーニュ人の老若男女が、これら有害なモデルへ酔ったように引きずり込まれてしまった。もしも敬虔で神を畏れる人物がそのように振舞う人々を諫めようとしたら、逆に気違い扱いされるほど、彼らの退廃的嗜好と破廉恥を模範としていたのである。」

彼らがオーヴェルニュやアキテーヌから王妃コンスタンスの荷物の中に入ってやって来たといっても、

実のところ、これらの闖入者はよそから来た、つまりはどこからともなくやって来た者たちである。この粗野だが平和的な侵入者たちは自らが無秩序な者たちで、精神を混乱させる原因だった。彼らの登場は、まさに悪賢い化け物もしくは彗星の尾が現れたようなものであった。教会は、後のジプシーや役者たちのように、彼らを迷わず破門した。

実際、これらのはみだし者は、無政府主義者の種子というよりむしろ異端者の種子であった。彼らは群れを成して田舎を放浪したり、諸都市の周辺で野宿をしたり、必要のためというよりむしろ挑発のために物乞いをしたり、所有権を軽視するがゆえに盗みを働いたり、法の正当性や有効性を無視するがゆえに違法行為を行っていたのだが、彼らは社会についてと同様に宗教についても、彼らなりの思想を持っていた。それらの思想は成長し、以後の数世紀のうちに、千年王国信者《ミレナリスト》の運動や農民暴動に人々を誘い導くほどに、具体化していく。すでに紀元一〇〇〇年、彼らは反逆者であると同時に異端者として通っていた。洗礼や聖体拝領、秘跡の大部分を拒否しつつ、彼らは十分の一税に対しても抵抗し、熊手、棍棒、長柄の鎌で武装して徒党を組んだ。しかし、教会は彼らを気狂いや魔術師として破門することで満足していた。なぜなら、この異端は学識的なものではなかったからである。つまり、これは教義を緻密に問い直すものではなくて、庶民的な、はみだし者の抗議にすぎなかったと見なされたわけである。

異端者たち

紀元一〇〇〇年頃、西洋のキリスト教は、まだまだ未熟であった。大多数の人々がキリスト教に改宗したとはいえ、ギリシア・ローマ時代の異教はなおも目に見える痕跡を残していた。それは、家庭の素朴な信仰実践の段階ばかりでなく、古代文学に惚れ込んだ聖職者たちの省察においても言えることである。それゆえこの時代には、異端と呼ばれることになる二つの運動が、イタリアとフランスに浸透してくることになる。その一つは庶民的な性格のもので、もう一方はより知識人的なものであったが、両方とも本質的には反社会的なものであった。現代の歴史家ロベール・フォシエはこれを、「反体制的な立場をとるグループ、つまりは社会的コンセンサスから外れ、ゆえに別の秩序に憧れる異端者の登場として位置づけ」ようとし、「そうした態度を革命分子だと判断する」[130]のに躊躇はない。これらが庶民的なものであれ、知識人的なものであれ、眼前の教会を福音書の精神に反するものと非難し、最初の教会の純粋さに立ち返ろうとする欲求や意思を抱いているかぎりにおいては、紀元一〇〇〇年に生じた〈大いなる闇〉への待望と通ずるものがある。

「一〇一七年の少し後（しかし後にこの年代は紀元一〇〇〇年の前のことだと分かるが）、人々を堕落させるマニ教徒が現れた。彼らは洗礼や十字架、聖なる教義を構成する全てを否定した。彼らはある種の食物を断っていたので修道士にも似て見え、貞節を装ってはいたが、仲間内ではあらゆる不品行に身を委ねていた。彼らは反キリストの使者であり、多くの人々を信仰の軌道から外させた」と、シャバンヌのアデマールは書いている。これこそ、教会の作った異端のモンタージュ写真である。これらに不快感を覚えるというよりもむしろ脅えていた教会は、異端者の説明を聞く以前に、すでに薪の山〔すなわち火刑〕を宣告していた。教会は、告発された人々が知らなかった〈マニ教徒〉という言葉を彼らに適用した。それは、当時はこの言葉が宗教上のあらゆる逸脱を示す用語として、教会の知る唯一のものだったからである。アデマール以外にも、その当時の年代記作家たちが用いた用語はこれであった。「したがって彼らの著作物は、信用し難いものである。なぜなら、彼らは正統的でない宗教活動の全てを、異端マニ教と同一視しているからである。」[131] こういうわけで、その制圧を任せられた司教たちは、嫌疑者を尋問する前から、これは善の神と悪の悪魔《サタン》という対立並存する二原理に基づいた二元論的誤謬に関わることであると決めてかかっている。その際、悪魔がこの世界を創造したがゆえに、この世は悪しきものでしかないことになっている。だが、「無教養な民衆は、この教義をキリスト教倫理から免脱する御墨付きと考えたのである。彼らにとって、悪魔は神のように永遠の存在で礼拝の対象であり、結婚は秘跡に値せず、劣った人間が従う習慣とされたから、肉欲のあらゆる行き過ぎた行為も許されるものであった。そしてゆがめられた教義は、最も無知蒙昧な迷信に結びつくことになった。これは庶民の間での噂について、ラウル・グラベルが伝えているものである。」[132]

もちろん、教会は、他に起源を持つ運動をも告発している。イタリアからは一人の女性による運動（これについては後述する）、とくに東方からの運動、中でもバルカン半島という未開地域からの運動を有罪とした。（エルサレムへの最初期の巡礼者たちはバルカン半島を通って、困難な道を切り開かねばならなかったのである。）そしてバルカン半島はボゴミル、すなわち〈神に愛される者たち〉の本拠地であった。ここでは九五〇年頃から、東方典礼にも西方典礼にも合致しない信仰を持った人々の存在が目立ってきており、東西キリスト教が、万力のように彼らを締め上げていた。孤立し、山が多く、荒涼とした地域に暮らす中で、この地方の人々は必然的に、扱いにくく反抗的となった。今日もなお、そうである。一〇世紀、この〈野蛮人たち〉は、マニ教の教義に入れ込んで、実践と活力をこれに与えた。彼らにとってもまた、この世界は悪魔が創造したものであった。「これにより当然、彼らは神に創造者の役を割り当てている旧約聖書を拒絶することになった。そしてまた、新約聖書における数々の奇跡を純粋に寓意的な意味でのみ解釈することになった。なぜなら、悪魔の創ったものにキリストが触れるはずはなかったからである。[133]」聖母を無視し、秘跡をはねつけ、十字架を忌み嫌ったので、ボゴミル派の人々は「正統の教会を騙《かた》りと見なし、その典礼や装飾に嫌悪を覚えた。彼らは、できるかぎり完全な世俗放棄を自ら求めていた。彼らはブドウ酒を飲まず、肉も食べなかった。彼らは結婚しないように勧めていた。社会的見地では、彼らは消極的抵抗政策を実践したが、これは当局を激昂させるものであった。[134]」教会にとって我慢ならぬこの教義は、九九〇年、コスマスという名のブルガリア人聖職者によって、怒りを込めて告発された。この異端は明らかに、この地を通って聖地巡礼から帰って来た会を与えたとして、非難したのである。彼は、ギリシア正教をその怠惰と贅沢のゆえに、そうした異端に機

ジェルベール自身も、秘密裏にマニ教を受け入れたとの嫌疑をかけられていたのであった。

〈頑迷者たち〉によって伝播された。そして九九一年以来、当時ランス大司教であったオーリヤックの

また別の異端運動が、西洋のかなりの地域をかちとり、いくらかの聖職者たちにも浸透していた。北イタリアから生じたこの運動は、反抗的な人々が宗教的組織へ姿を変えたという問題ではもはやなく、ウンベルト・エーコの小説からそのまま出てきたかのような孤高の〈知識人〉から生じたものである。その人物は中世研究者エティエンヌ・ジルソン〔現代フランスの哲学者。トマス・アクィナスを尊重する新トマス主義者〕をも魅惑している。「ラウル・グラベルの『歴史』では、紀元一〇〇〇年を予告するような出来事の中で、九七〇年頃、ヴィルガルド某という人物によってラヴェンナで起こされた奇妙な異端運動についての報告がある。このヴィルガルドは〈文法学《グラマティカ》〉〔中世の三学の一つ〕の研究に専心していたが、これは彼がイタリア人であったから、何ら驚くべきことではない。グラベルの興味深い指摘によれば、イタリア人たちは、この〈文法学〉しか学ばないために、他学科を怠る習慣が常にあった、という。[135]」〈文法学〉と言えば、自由学科中の第一学科である文法を意味するはずであるが、文法学は単なる語彙や文構成《シンタックス》の研究ばかりでなく、言語の総体、事

実、一般的な博識を論じる学問である。そしてヴィルガルドは狂おしいまでに文法学を愛したのであった。「自分の学識に対して抱いていた自尊心によって、彼は少々変わり者となり、彼自身が霊鬼《デーモン》たちに差し出された恰好の餌食となってしまった。それら悪鬼《デーモン》の中の三人は、ヴェルギリウス、ホラティウス〔前六五―前八、ローマの詩人〕、ユヴェナリス〔五〇頃―一三〇頃、ローマの諷刺詩人〕の姿を取って、彼に現れた。それによって完全に理性を失ったこの哀れな男は、正しい信仰に敵対するいくつかの教義を説きはじめた。」[136] 彼は異端者との宣告を受けた。彼にはやはり数多くの信奉者がいたが、その大部分は彼と同様に薪の山〔火刑台〕でその生涯を終えることになる。霊感を受けた一文法家の心の中に生まれたこの異端に、東方のマニ教の痕跡、少なくともギリシア・ローマの民衆伝統、すなわち往年の〈異教〉への回帰の跡が見られないであろうか。

　興味深いことに、教会組織に異議を唱える新しい形態が広まったのは、またしてもイタリアにおいてであった。が、今回は歴史に名をとどめていない神秘家の一女性の企てによってである。『トゥールーズ市年代記』[137]（一七七二）の中に、王国首都のオルレアンを席捲したこの過激な波の伝播についての長い叙述がある。その地では、当時かなりの噂となったある事態が引き起こされた。それは一〇二二年、つまり紀元一〇〇〇年よりも後だが、終末として新たに定められた年、一〇三三年よりも前に起こったことである。

　「異端マニ教にかなり似た、ある異端がフランスに入り込んでいるのが発見された。それをもたらしたのは一人のイタリア人女性であったが、そのグループを指導していたのは、二人のフランス人聖職者である。とはいえ、その女性こそが中心人物であった。彼女の教えを受けて頭に血が上ったこの狂信グループの二人の指導者は、異端の信仰を半ば恍惚的に信じ込ませる喜びに没頭していた。この恍惚感はかなり常軌を逸した人々全てに見られるもので、異端を信じたために殉教するという理不尽な結末に、いわば勲章を与えるためのものである。二人の指導者とは、王妃コンスタンスの聴罪司祭であったエティエンヌと、オルレアンの聖十字架《サント・クロワ》教会の参事会員リソワである。[138]

この異端者たちは、キリスト教のいかなる教義をも認めなかった。旧約・新約聖書、秘跡、結婚の掟、地獄と天国、カトリック教会の信仰であるこれら全ての事柄は、彼らにとっては、馬鹿々々しい妄想と同じようなものと思われたのである。彼らは、自分たちの秘儀を行うための館に集まった。夜の闇が彼らを隠していた。そうして彼らは、悪しき霊に敬意を表し、ある種の連禱のようなものを唱えていた。

彼らはキリスト教の神を全く信じておらず、霊鬼《デーモン》たちを信じていたのである。彼らは、たえずそれらの霊鬼に加護を求めていて、霊鬼が小獣の姿を取って集会の真ん中に降りてくることを強く願うほどであった。これは、他人《ひと》より巧妙かつ腕利きの疑り深い詐欺師のような人物が、騙されやすい人々の信心を自らに集めるために、隠れてこの馬鹿げた魔術を主宰していた、と考えるのが妥当である。その霊鬼《デーモン》が降りてきたと考えられた時、人々は灯りを消して迎えた。そしてこのセクトの教義に従い、女性たちの共同体が熱烈な敬意を受けたのである。[139]

同様の異端が相次いで現れたことに脅かされたロベール敬虔王は、一〇一七年、オルレアンに教会会議を召集した。(グラベルはこれを一〇二二年と言っている。)異端者たちはそこで審問され、彼らの新参者の一人であったノルマン人貴族——彼がこの異端の教理の秘密を暴露したのである——によって、その過ちが立証された。そこで彼らは、その信仰の撤回か火刑かを選ばなくてはならなかった。この狂信が非常に恐ろしい拷問の恐怖にも打ち勝った結果、異端者たちは、都市の外に連れて行かれて小屋に押し込められ、火をかけられて、皆死んだ。」

「太古の昔に戻ったような野蛮で忌まわしい処刑の場に、コベール敬虔王は臨席していた。宮廷の全ての女性たちも、王妃コンスタンスに続いてそこにいた。この残酷な王妃は、自分の手にしていた細い杖で自分の聴罪司祭でありながら異端者となった人物の片目を潰させたが、この行為は全ての見物人を憤慨させた。これは、激昂した感情で悦に入り、不寛容な暴虐的な信仰しか知らぬ狂暴な時代を描くには、ふさわしい事件である。」

上記の引用は啓蒙主義時代に編纂された作者不明の年代記からのものだが、作者は異端の誤りを暴くのに熱心な、良きトゥールーズ市民で、弾圧に際しての無慈悲や不寛容に対してひどく抗議している。この作者はもカタリ派の浸透したトゥールーズでは、人々は他の場所よりも異端思想に敏感であった。この作者はもちろん、常に使用される史料すなわちアデマールやグラベルによる当時の年代記から汲み上げてはいるものの、詳細を記した重要な部分を無視している。例えば、アデマールによれば、これらの〈マニ教徒たち〉は「その炎は全く恐れるべきものではなく、その薪の山から生きて出てこられる」と笑いとばしながら、その処刑台へと歩いて行ったという。しかし、肉体は焼き尽くされてしまった。「すぐに彼らは灰に帰し、彼らの骨のかけらが見つかることさえなかった」のである。

この年代記作者は、異端をけなす人々が常に慇懃に強調する乱行についても、控えめな言葉で描写している。また、オルレアンの〈改悛者〉の一人である貴族エファスは、次のように語っている。〈獣〉が現れた時、「この幻をより楽しむために、人々は灯りを消し、暗闇の中で最初にやって来た女性――それが自分の母であれ、姉妹であれ、修道女であれ――と各々性交していた。そうして生まれた子供たちは異端として焼き殺された。このセクトの神秘性はこの乱行にある。」しかしグラベルはもっと明け透けに、次のように記している。「人々は、何とも言いようのない不品行に身を委ねていた。各人が自分の手に最初に落ちた女性をつかみ、罪に頓着せずこれと淫らなことを行った……。この性交の結果生まれた不浄な子供は、生後八日目に連れてこられた。人々は大きな火を焚き、子供をその中に投じた。まさに異教徒たちのやり方で。この哀れな小さき者の灰は集められ、キリスト教徒がキリストの身体を守るのと同じ崇敬をもって保持された。しかし実際のところ、その灰は悪魔的な効力を有していたので、灰を飲み込んだ者は誰であろうと、もはやその異端から抜けられなくなり、真理の道に帰れなくなった。」

こうした純粋な魔術に訴えるやり方は、『トゥールーズ市年代記』の中でよく取り上げられているが、それは作者がそうした魔術を信じていたからではない。「ラングドック地方に、このセクトの改宗者たちがいた。トゥールーズでは、新しいセクトの誘惑による犠牲者（原文のまま）が何人も火刑に処された。良き信仰以上に好ましいものはない。こうした信仰心をもって当時の年代記作者は、死んだ乳飲み児の骨の粉を作者の所に持って来たトゥールーズ近郊のある農民について語っている。その粉は不思議な力のあるお守りで、彼はそれを飲んだ人全てにこの異端を受け入れさせた、という。こうした事実があるにもかかわらず、異端へと改宗させる力を持つような魔術など全く信じ難い、と書いた一人の近代人（ヴォルテールのことであろうか？）の省察は、的外れとしか思えないのである。」

こうした話の全て（この類の話は他に、とくにアラス〔北仏の町〕にあった）は、宗教的異端を魔術の次元と見なす教会の願望を強調している。そして同時に強調されるのは、反キリストの化身である男もしくは女を、身代わり《アザゼル》の雄山羊のような呪われた存在とし、人々の集団意識を掌握したと信じたい教会の願望である。そのために教会は、偽救世主《メシア》たちの出現を預言している聖書や偽預言者たちを拠り所とした。こうして教会は、イタリア、ミラノ地方のモンフォルテ近郊に異分子をまき散らしていた別の異端にも社会的制裁を加えたのである。

その異端は、おそらく還俗した修道士で、ジラールという名で記された男の周りに集まり、セクト化していたものである。そしてそのメンバーは、祈りと貞節（「われわれはとくに処女性を称える。ゆえに、われわれの中では誰も、妻を肉欲のために用いない」とまで言っていた）、断食に専心し、財産を共有化していた。オルレアンの異端者たちとは異なり、彼らは三位一体を否認しなかったが、キリストの受肉、ミサ聖祭を信じず、ローマ教皇の権威を認めなかった。「われわれには、毎日、全地に散らばるわれわれの兄弟たちを訪れてくれる、それとは別の存在がある。」それは対立教皇の一人なのか？答えは否。歴史家バルテルミーが仄めかしているように[140]、これは聖霊を指し示している。ジラールはここで〈存在〉という比喩的な語を使っているからである。聖霊は彼の仲間たちに息吹を与え、教皇に勝り――教皇の人間的弱さは十分に人々に知られているのだから――、これに取って代わる。さらにバルテルミーは、「紀元一〇〇〇年の異端者たちは、聖職者の存在を完全に拒否したのだ」と語っている。しかし、一〇二七年にミラノ大司教に対して行なったジラールの告白の中で目新しいのは、「永遠の拷問を避けるために」苦しみに満ちた死を願う、というものである。バルテルミーはここに、カタリ派の〈苦行《エンデューラ》〉の雛型を、当然のように認めている。

最後に私たちの関心を引くのは、混乱を扇動する者の問題である。これに関してはグラベルが次のように語っている。「紀元一〇〇〇年の終わり頃、ガリアの（マルヌ川沿いの）シャロン伯領内ヴェルテュの村に、リュタールという名の農民がいた。ある日彼は、何らかの農作業をしていて畑に一人でいた。疲れて彼が眠り込んでいると、蜜蜂の大群が、彼の隠し所から身体に入りこんだように思われた。そして蜜蜂たちは、ブンブンというものすごい音を立てながら彼の口から再び出て来て、彼を夥しく刺して苦しめた。その刺し傷ゆえに長くひどく苦しんだ後、彼は蜜蜂たちが自分に話すのを聞き、人間にはできないような多くの事柄を行うよう自分は彼らから命じられている、と信じてしまう。へとへとの彼は立ち上がって家に帰り、自分の妻を追い出し、福音書の教えに従って離縁したいと主張する。それから彼は祈りに行くためのように家を出て、教会に入って十字架を引き抜き、救い主の像を打ち砕く。これを見て皆は恐怖に打ちのめされ、当然彼の気がふれてしまったものと思った。にもかかわらず、彼はそれらの人々を説得するのに成功する。なぜなら、農民とは愚かな者であるし、彼は奇跡への信仰を刺激したからである。彼は、数えきれないほどの無駄話を真理であるかのように、存分に語った。十分の一税を払うのは愚かなことだ、と彼は言っていた。他の異端者たちの場合は、より確実に人々を騙すために聖書という覆いをまとっていたものだが――その実、彼らは聖書に逆らっているのだけれども――、彼は、預言書の中のあるものは有用だがあるものは信用に全く値しないと主張していた。しかしながら、良識と宗教心に満ちた人物、という彼の偽りの評判は、わずかの間にかなりの人心をかちとったのだった。」

しかし、非常に学識の高いシャロン司教ジェボワンによって〈試問され〉、訊問されたリュタールは、自分の無罪を弁明するには至らなかった。グラベルによれば、「打ち負かされ、己の煽動者的な野望が潰えたことを見てとったリュタールは、井戸に身を投じて死んだ」という[141]。

リュタールは、間違いなく紀元一〇〇〇年頃に数多く現れた偽預言者たちの一人である。この人物に見られる際立った特徴といえば、それは蜜蜂の存在である。これらが彼の身体奥深くに入り込み――デルフォイのピュティア〔デルフォイのアポロン神殿で神託を告げた巫女〕が神託を受けた時の有毒ガスの話のように――、彼の口から出て来て、彼に語るのである。もちろんこれは、夢幻にすぎないが非常に象徴的である。森で木を切っていた時に蜜蜂の大群に襲われ、その刺し傷で魔法にかけられた、という六世紀末のベリーの農民についてはすでに触れた〔五七ページ〕。古代神話において、蜜蜂は神からの霊感を象徴している。ヘルメス〔ギリシア神話の雄弁・商業の神、ローマ神話のメルキュールに相当〕に捧げられた『ホメロス讃歌』〔三四の詩から成る神々への讃歌集〕では、三人の処女による神託について触れられているが、彼女らの本当の姿は蜜蜂だといわれており、蜜をたらふく食べた時に真実の預言を行ったという。ノストラダムス自身も、ラングドック語で書いた自作の類稀な百行詩の一つに、この現象を利用した。「大群が蜜蜂から取り集められる……」と（『諸百遍』第四章二六節）。蜜蜂は、同様に処女性とも理解されうる。上述したミラノの異端者モンフォルテのジラールの言葉に、次のようなものが見受けられるのも偶然ではない。「もし全ての人間がこの汚れ（結婚）を行わないことに賛成すれば、人類は、蜜蜂の方法で、汚れることなく子孫を残すであろう。」おりしも、バルテルミーは、この昆虫の処女出生〔無性生殖〕は聖アンブロシウス以来――これは女王蜂の役割が理解されていなかった時代である――、中世の根強い信仰であることに言及し、次のように明言している。「モンフォルテの異端者たちは、いつの日か、全ての目覚めた者たちが蜜蜂になることを切望していた」と。コーランの中にも、「汝の主は蜜蜂たちに霊を注いだ」と書かれていることを忘れてはならない。これは、蜜蜂たちの中に預言者たちがいるはずだ、というばかりではなく、全ての蜜蜂が預言者だ、ということなのである。なぜなら、コーランは、アラーの神が彼らの全てに霊を注いだ、と言っているからである。

紀元九九七年――ノルマンディーの農民たちの蜂起

ヴェルテュのリュタールの行ったのは個人的反抗であったが、農民たちの軍事的・組織的反抗についても語る必要がある。彼らは自分たちを虐げていた地方領主たちに対して、集団で立ち上がった。地方領主たちは、王権の及ばぬ所で——いずれにせよ王権は弱体化していたので、彼らの力を阻止することはなかったのだが——領民たちに過酷なまでの権力を行使していたのである。領主たちは、まだ田舎貴族《オブロー》〔小さな猛禽類を指す語から派生。軽蔑的ニュアンスがある〕という名は帯びていなかったが、すでに貪欲な猛禽類のように呼ばれるにふさわしい者たちであった。彼らの尊大な態度と権利要求は、当時の文書が語るように多くの地方で、〈捕縛・掠奪・拷問・暴力・不正行為・悪習慣〉を引き起こしていた。

こうした嘆かわしい領主たちの中で最も悪名高い一人は、ノルマンディー公リシャール二世〔在位九九六—一〇二七〕であるが、彼は歴史の甚だしい皮肉によって善王と呼ばれている。彼は、リシャール無恐怖公の息子であり、〈悪魔のロベール〉〔ノルマンディー公、在位一〇二八—三五、征服王ウィリアム一世の父。一〇二八年兄王を毒殺したといわれ、〈悪魔のロベール〉として伝説化された〕——この〈悪魔〉という渾名こそ彼にふさわしい——の父である。ノルマンディーの〈慣習〉をほとんど尊重せず、このリシャールは自領の農民たちに人頭税や貨幣地代、賦役労働その他諸々を課して、圧政を行った。まさにハゲタカのような彼は、血の気を失っていた農民たちの上に、肥え太って君臨していた。彼の不業績ゆえに、紀元一〇〇〇年頃には最初の農民一揆《ジャックリー》が起こった。ギョーム・ド・ジュミエージュは、一一世紀中葉に著した『ノルマンディーの歴史』において、次のように記している。

「リシャールはまだ若かったが、（九九七年）ノルマンディー公国は恐ろしい混乱の舞台となっていた。なぜなら、多くの伯領で一致団結した農民たちがいくつもの臨時議会《コンヴァンティキュール》（もしくは集会《アッサンブレー》）を結成していたからである。そこで彼らは、自分たちの望むままに生きることを決議し、定められていた森林開発権および水の使用権を無視して、自分たちの法を適用するよう強く主張していた。これらの決議を批准させるため、反乱を起こした群集の各グループは、二名の代表者を選出した。この代表者が各々の決定事項を、それを確定する権能を与えられた全体集会に持っていくのである。ノルマンディー公はこれを知ると、農民たちの地方暴動を止めさせ、農民集会を解散させるため、直ちにラウル伯と多数の騎士たちを派遣した。騎士たちは躊躇なく与えられた命令を実行し、彼らの代表者やその他の者を捕らえた。そして、彼らの手足を切り落とし、何の役にも立たなくなった彼らを、農民たちのもとに送り返した。彼らの極端な企てを撤回させ、今後のより重い懲罰への恐れを植えつけて彼らを慎重にさせるために。この経験の後、農民たちは自分たちの集会を断念し、鋤に戻ったのであった。」[142]

宮廷人であり愛想のよい年代記作者、一二世紀のアングロ・ノルマンの吟遊詩人《トゥルーヴェール》〔中世の北仏の吟遊詩人のこと〕であったワース〔ジャーシーのワース、?—一一七〇頃〕のおかげで、『ロロ（ルー）物語』（すなわち初代ノルマンディー公ロロ。リシャールの先祖で九三二年に死去した）は多大な反響を得た。その作品には、この農民暴動への報復として行われた恐しい事柄について、次のように韻をふみ、比喩に富んだ長い叙述がある。「（彼は）何人もの者から歯を全部抜かせ、他の者は串刺しの刑に処し、あるいは彼らの目を抉《えぐ》り出させ、拳を切り落とさせ、足を焼かせた。農民たちのうちある者は生きながら焼かれ、またある者は煮えたぎる鉛の中に投げ込まれて死んでいった……。農民の共同体は、もはや立ち行かず、自由農民《ヴィラン》たちは、沈黙の中に引きこもっていった。」

これら二つの史料は異なった立場の人物が記しているけれども、「よく言われてきたほどには、諦めたり哀れっぽい声を出したりはせず、自分たちを悩ませる不正や常に自分たちを脅かす不幸に立ち向かうために、死をも恐れぬ勇気を持って、自ら組織化しようとする男女から成る農民階級[143]」の当時の状況を補完しつつ証明する。しかも、畑の中や全体最高集会の行われる囲い地《ボカージュ》〔フランス西部の田園部で見られる畑や牧草地・農家を囲んだ土手や垣根〕の中で頑張ることをためらわぬ人々。これらの集会が、やがて後に語られることになる〈神の集会〉を生み出す。社会経済史研究者ピエール・ボナシーは、ベリーのシャトーヌフ・シュル・シェールでの暴動のような、同様の他の例を引用している。この暴動は、最後は虐殺という結果に終わった。農民たちのある者は溺死したり、デオルのユードの手先たちによって刃の露と消えたのである。

聖地巡礼

七世紀以来、エルサレムへの旅は、改悛を示す儀式の一つとしてキリスト教徒の義務となっていた。しかしそれは、無事に帰ってくる者がほとんどいないような、危険に満ちた遠くへの旅によって大きな罪を償う場合に限られていた。巡礼者たちが、無事にそこに行き着くためにキャラヴァンを組むことはあったが、その初期にはまだ個人的な動機による行為であった。一〇世紀になっても十字軍の結成などには至らず、まだ巡礼という行為が話題になる程度だったに違いない。これらの旅は、宗教的観光を称揚するものであって、聖戦という動機づけによる攻撃的な遠征ではなく、平和的な計画なのであった。

グラベルは語っている。「この時代には、全世界からエルサレムの救い主の聖墓に向かって、数えきれないほど多くの群集が押し寄せはじめている。このようなことは、以前には誰も予想できなかったことである。最初に下層階級の人々、そして中流の人々、それから王、伯、侯、聖職者といった大物たちが、そしてそれまで決してなかったことであるが、多くの女性たちがその地へ向かったのである。その中には貧しい女性も貴族の女性もいたのである」と。

もちろん、巡礼地をエルサレムに決めたのは、異教徒たちに占領されていたキリスト受難の舞台といわれる聖なる場所をじっくり見たい、という欲求があったことは確かである。中東のキリスト教施設保護のための義捐金を募る人々によって広められることになった、ジェルベールの九八四年付けの手紙は、この一〇世紀末に「エルサレムの状況は辛く屈辱的であると判断された」（R・ラトゥーシュ）と語っている。その頃の巡礼者が聖地を訪問するのは、武器を持たない（少なくとも防御用以外の武器は持たない）旅であって、それらの土地を武力によって再征服するとは考えもしなかった。一一世紀後半になって初めて、軍事的な十字軍が動き出したのであった。

紀元一〇〇〇年が近づくにつれて、ここでも例の幻影が再び動き出す。歴史家たちの多くの史料が、このことをたえず確認している。一八五九年に出版された『聖地』という題の書物には、次のようにある。「パレスティナにおける旅人の数を驚くほど増加させた理由の一つは、キリストによる統治、もしくは千年王国《ミレニアム》がまさに到来しようとしており、この世の終わりが近いということが一般に信じられていたからである。キリスト教の精神に根づいたこの確信は、完全な自己犠牲と地上の財産への無関心を彼らに吹き込んだ。所有欲は、もはや彼らの心に響かない。なぜなら彼らは毎日、それらを失うぞ、と威嚇されていたからである。それゆえあらゆる階級の人々が、最後の審判の舞台にふさわしいといわれた聖地に行こうという欲求に捕らえられていったのである。」

つまりは、同じ死ぬなら聖別された場所で死ぬ方がよい、というわけである。グラベル自身がこれを強調している。「多くの巡礼者が、故国へ帰る前に死にたいという欲求を、心の内に持っていた。」それほど純粋にではなくても、旅の終わりにまさに救いがある、ということを確信するこの文章の終わりには、驚かされるであろう。

一〇世紀、聖地巡礼は、集団意識に共鳴する群れを駆り立てる熱気に包まれはじめていた。これは、一六世紀に十字架の聖ヨハネ〔一五四二―九一、スペインの神秘思想家、カルメル会修道士〕が定めた、次の規則を理解させるものである。

「巡礼者は、ほとんど人のいない時期をよく選びなさい。人々でごった返している時にそこに行くようにとは、私は決して勧めません。なぜなら、そのような巡礼者は放心状態で帰って来るからです。」

実際、旅での思わぬ難事は小説のような展開によって何とか切り抜けられることがあり、尋常ならぬ経験をした人々の話は際限なくある。例えば九八七年にアンジュー伯となった血気にはやる大胆不敵な戦士、横暴で残酷な君主たるフルク・ネッラの物語もその一つである。彼は高圧的な雰囲気のもとに、ある種のユーモアをひそめた人物であった。『アンジュー伯年代記』には、次のようなことが書かれている。彼がエルサレムに行った際、彼の聖墓訪問をイスラム教徒たちは拒絶した。「彼らイスラム教徒は、他のキリスト教諸侯たちにも命じていることを伯が行うならば訪問を許すと言った。伯はそこに入りたいがために、彼らの望むことは全て行うことを約束した。すると彼らは伯に、神の墓に放尿することを誓わないなら、そこに入ることは決して許さない、と言った。伯は、そのようなことをするより千回死んだ方がよい、と思っていた人物であったが、その聖なる場所に入る機会はまたとないであろうと悟っていたし、彼はその場所を訪問するためにこそ、多くの危険と困難をくぐり抜け、遠くの国からたどり着いたのであるから、命令に従うことに同意し、翌日そこに入る約束を取りつけた。その夜、アンジュー伯は自分の宿舎で休み、翌日になると、かなり底の浅いガラスの小びんを持って出た。その小びんを彼は純粋な香りの高いバラの花から作った化粧水（もしくは、他の説によれば白ワイン）で満たし、それを自分の靴の中に隠した。そして聖墓訪問を約束していた者たちの所へ行った。邪悪な異教徒たちに要求されていた代金を払うと、伯は昨日の命令を果たすか、あるいは果たさずに追い出されるか、と問われた。すると伯は、この清らかで純粋なバラ水を聖墓に撒いた。異教徒たちはそれを笑って馬鹿にしはじめたが、信心深いアンジュー伯は聖墓の上に突っ伏し、大いなる涙に暮れていたので、彼らの嘲りに気を動かされることはなかった。」

紀元一〇〇〇年から一〇三三年の間、巡礼は前より一層熱心に行われたが、一〇〇九年の聖墓破壊は――これに関しては後述する――深く人々の心を動かした。「信じられないほど多数の巡礼者が、神の家の再建を助けるための献金を携え、エルサレムへ向けて出発した。ひとたび推進力が与えられると、信じられなかったほどの全体的な運動となった」とグラベルは語っている。紀元九九九年の大恐怖は忘れられていなかった。人々は今や、紀元一〇三三年を待っていた。そして、エルサレムに最も人々が殺到したのは、一〇二八年であった。オルレアン司教オドルリックは――彼もまた、その旅に参加していたのだが――人々がこれまでになく熱心になっているのはおぞましい反キリストの現れる予兆である、と語っているし、同じ頃、リムーザンの修道士ギョーム・ゴデルは巡礼者たちが終末の到来を信じている、と証言している。

ここで新しい動きに着目したい。すなわち、今や巡礼者たちは一人もしくは小人数のグループで旅するものではなく、階層的組織から基金を支給され、ある指導者――彼はその場で案内者の役を果たすのである――の命令のもとに置かれた集団になったことである。これは、組織化された旅というものの始まりである。

異質の死

死は人類共通の宿命、ゆえに人間たちははるか昔からこれを甘受し、多かれ少なかれ、それに上手く備える術を心得てきた。そして、〈手なずけられた死〉――フィリップ・アリエス〔一九一四―八五、アナール第三世代の研究者。死の研究で知られる〕がその歴史について語っている[144]——とでも言うべき、美しい死を迎えるその時のために、各人は備えてきた。これは、〈自分自身の死と同様、死そのものに慣らされていた〉武勲詩の騎士たちが迎えるような類の死である。

　しかし、ここで問題となるのはこれとは別の死、もはや（事故死や疫病死のような）自然な死ではなく、超自然的な死である。これは、老いや病気、殺害によるのではない死、すなわち終末の死、集団的な死なのである。これに対して通常の方法での備えは効かない。なぜなら、これは異質な死、つまり慣習的な葬式儀礼や親族の愛情を伴わない死だからである。全ての人が同時に死ぬ。ゆえに、他者の臨終の苦しみを看取るため、罰を許すため、葬式の祈りを唱えるため、遺体を埋葬するために働く人はもはや存在しないのだ。死者は、裸のまま地の上に横たわることになる。つまり、この時から、瀕死の人は自分自身で墓石に刻まれた横臥像のように両腕を水平に開いて頭を東方、すなわちエルサレムの方向に向け、自分自身で目を閉じ、地の上に身体を伸ばすことになるのである。

　この異質の死を、どのように恐れ畏むべきであろうか？　まずは自身の内に閉じこもる修道士のように、あるいは聖職者になる騎士や俗人たちのように俗世を脱することが挙げられる。このような人は数多い。九九五年、ユーグ・カペーの家臣で騒がしい人物であったシャルトルおよびブロワ伯ユードが「修道士になってから死去した」とリシェは何ら説明も加えずに書いているが、これは当時よくあった話で、修道院というものが死の控え室になっていたからである。そうして修道士になった俗人は、平安で静謐な、清らかで聖なる雰囲気の中にある隠遁者として死を迎えるのである。

　次に、最終的な大崩壊《カタストロフ》以前の死というものが挙げられる。この大崩壊が訪れる前に、自分の死ぬ時と場所を選ぶやり方である。涙の谷たるこの世を捨てて、エルサレムのふもと、すなわち天国の門へ行きたいと願う巡礼者たちがすでに現れていたように。「しかるに死は、これらの人々にとって望ましい出来事であった。永遠に絶えることのない幸福へ近づくことなのだから。全く反対に、死んでしまえば全てが終わり、という考えの人々もいたであろうか？　そういう人がいたとしても、われわれがそれを知ることは決してないだろう。こういう人々はその足跡を残さなかったからである。他方われわれ多数派は、死の訪れは全く望みはしないが、死を天国もしくは地獄への門と見なしていたタイプの人々であろう。」[145]　聖地で死ぬということは、単なる迷信ではなく、一つの現実である。グラベルは、エルサレムから帰ってきた巡礼者たちの正確な証言を集めている。リエボー某という人物についての証言では――彼はオリーヴ山へ行ったのだが――、彼は健康に恵まれていたので、キリストに次のような祈りを捧げたという。「主イエスよ、私は全能なるあなたの善性にお願いいたします。この年（まさに紀元一〇〇〇年）に、私の魂が私の肉体から離れることをお許し下さい。私はもうこの世から去りたいのです。しかし、そのことは、あなたが昇天された場所で起こりますように。」すると、神は彼の願いを聞き届けられた。彼はその場で死んだのである。

ここに、自殺という重要な問題がある。これについて、紀元一〇〇〇年を取り扱う歴史家たちは立場を明確にしていないようだ。最終的な大崩壊《カタストロフ》の訪れる前に死にたがること、自分の死を選ぶこと、神から全人類に分け隔てなく与えられるその時に他者と一緒に死ぬのを拒否すること、これは人類共通の運命から逃れることにはならないのか？　自分の兄弟たちと連帯しないことではないのか？　それによって傲慢の罪を犯すことになるのではないのか？　興味深いことに当時の史料もまた、終末への恐れを生み出しかねない集団自殺の可能性については沈黙を守っている。いずれにせよ当時の人間たちは、死への個人的な恐怖以上に、〈死を運命づけられた群れ〉に加わっていることの恐怖の方がまさっていたのである。前もって死ぬこと、それは集団的な懲罰を免れることであり、法廷への出頭拒否によって死ぬことである。だからといって、これは最後の審判を免れることなのであろうか？

苦悩の一方で、それを甘受してその日を待つ人々は、死を眼前にし、運命の日を新しい態度で受け入れることとなる。ロベール・フィリップは次のように言っている。「死の強迫観念によって、あらゆる葬式慣習が価値を取り戻した。人々はそれまで葬式を軽視していたのに、手あつく埋葬するようになり、古典的な葬式慣習を再開することになった。」故人を金や宝石とともに埋葬する方法が復活したのは、このためである。これは、あの世へ向かう臨終の聖餐であり、おそらくまた外面的豊かさを消し去り、いずれ自分が享受できなくなる財産を相続人から取り上げる手配でもある。しかし、この信心形態を尊重すべきだとしても、運命を決するはずの日が何事もなく過ぎてしまったため、逃したこれらの宝を取り戻そうとする相続人たちもいたのではなかろうか。紀元一〇〇〇年が過ぎると、大異変の接近に備えて隠されていた宝箱や聖遺物をねらって、想像しうるかぎりの場所を至る所で貪欲に掘り起こす、文字どおりの掘削熱が民衆を駆り立てることになる。

この異質の死は、多様な幻視によっても示されている。集団ヒステリーがなかったとしても、証人たちの証言を読むと、少なくともシュールレアリストの言うような一連の夢があったことは認められる。それは紀元一〇〇〇年の人間たちの意識を飲み込んでいた。これは文字どおりに奇跡的で、終末論に結びついた信心を守る手段の一部になっていた。偽預言者たちや真の啓示を受けた人たちの他に、先見者《ヴォワイヤント》という夢幻を見る者もいた。夢幻を通して、生者と死者が交信すると信じられていたのである。「目には見えないがわれわれとほとんど変わらぬ肉体を持つ死者が現存すること、すなわち亡霊の存在を信じる土俗信仰を西方教会が受け入れたのは、まさに紀元一〇〇〇年であった。彼らは、地と神の国の間の不特定の空間をさまよっている。彼らはそこで、自分の友や親類に、救済、奉仕、祈りの行為や、彼らの罰を軽減させ得る典礼行為を行わせることを期待しているのである。[146]」彼らは生者が後悔しないようにと、生者たちにメッセージを送って呼びかけ、自分たちが受けている永遠の劫罰と、人類と全世界とを脅やかす突然死に対して警戒するよう告げ知らせている。

グラベルは、これらの奇妙な証人についての話を私たちに残している。彼は言う、「この時代、グーフィエという名の兄弟が優しく慈愛に満ちた行いをしつつ、タルドノワ〔北仏の丘陵地帯〕のムーティエ・サン・ジャンの修道院で生活していた。ある日曜日、彼は信じるに値する幻を見た。朝のミサ祭儀の後、他の修道士たちがしばしの休息を取りに行っていた間、彼は祈るために観想していた。すると突然、教会全体が白い衣と緋色のストラ〔司教・司祭などが掛ける袈裟〕を身にまとった人たちでいっぱいになった。そのおごそかな物腰は彼らの高い品格を示していた……。彼らは言った。『われわれはキリスト教の聖職者である。しかし、われらの祖国とカトリックの民を守るためにサラセン人たちと戦い、剣により人間の肉体から切り離された。それゆえ今、神は聖人の列に加わるべく、われわれを一堂に呼び寄せられた。しかし、われわれはこの土地を通っていかねばならなかった。なぜなら、ここには、まもなくわれらの仲間に加わる人々が数多くいるからである。』」そうして、あの世の者たちはミサを終え、煙のように消えたが、グーフィエは自分の死が近いことを感じつつも、〈医術の学識が深かったので〉、病人を回復させる自分の仕事に戻ったという。そして自分の兄弟たちに「明日では遅すぎる」と言いながら看病に一層励み、実際にその直後に彼は死んだと伝えている。これは間違いなく個人の自然死なのだが、葬儀への大勢の参列者の中には集団死を願う者たちがいなかっただろうか？　クリュニーの修道院長オディローが九九八年、全ての故人となった信徒たちを記念する〈死者のためのミサ〉を制定した事実は、単なる奇妙な一致と見なせるだろうか？

一〇世紀に人々は死そのものだけではなく死者のことも凝視していた。少なくとも富める者は、死後は石棺の中に運ばれ、その顔は覆われず、蓋をされる前に長く置かれることになった。他方、貧者は、常に死に直面し死者たちの真ん中に生きていた。死体置き場は雨曝しの野原で、遊び場や待ち合わせ場所、定期市の場でもあった。復活のその日、死者たちは自分たちを覆っている土をほとんど苦もなく持ち上げる。ほんの少しの雷雨があれば死者の骨は粘土質の土から簡単に露わになる。たいていは墓碑銘もなく埋められ、バラバラで誰ともわからなくなった身体。しかしこれらは最終的な姿ではない。彼らは、目覚めと審判の時を待ちながら、単に眠って休んでいるだけである。それを立証するように、石棺の側面に刻まれた手を上げて《オランス》祈る者の像は大いなる帰還のキリストの再臨を歓呼して迎える図となっており、それは腕を上げて蘇る死者たちの姿に見えてくる。[147]

私たちがここで直面するもう一つの死、それはキリストの死である。中世初期の間、キリストはとりわけ威厳をもって、すなわち皇帝や教皇の立場に似た、最上位の王座に座す栄光の姿で表現された。一〇世紀末、ケルンの聖ゲレオン教会に描かれたキリストは、そうした例である。しかし、すでにこの時代には、神の御子は十字架上に苦しむ姿で描かれるようになっていた。「これら十字架上のキリスト像は、首を捩《よじ》って苦しむ雰囲気を持っている」とニコラ・プッサンは指摘している。キリストのイコノグラフィーはここで一つの興味深い証拠となる。キリスト教史におけるキリストの表現の変遷は、人間の一生の歴史にも似ているのである。二世紀以降、キリストはひげがなく巻毛の年若い少年の姿でカタコンベ〔ローマの地下墓地。迫害時代のキリスト教徒が礼拝に使った〕の中に描かれる。だがその後、徐々に成人の姿となり、ビザンツ式美術〔東ローマ帝国＝ビザンツ帝国で栄えた美術〕においては全ての創造主なるキリスト、威厳に満ちて人々を畏怖させる天国の皇帝となる。それは、サン・パウロ・フォーリ・レ・ムーラ教会やラテラノの聖ヨハネ教会〔ともにローマにある教会〕のローマ風モザイクに見られるようなものである。こうしてキリストはひげを伸ばし、紀元一〇〇〇年が近づくと十字架磔刑の姿となって、顔も身体も苦痛にゆがめるようになる。あたかも、恐ろしい禍が人類に襲いかかる前に、すでにそれをキリストが引き受けているかのように。キリストのイコノグラフィーの大まかな変遷は、少なからずの例外があるにせよ、大筋では私たちの見解を支えるものである。

「十字架にかける《クリュシフィエ》」という言葉は、フランス語では、まさに一〇世紀に演じられた受難劇において現れた。イギリス人のベネディクト修道士イーゼルワルドが当時書いているように、「無知な一般民衆や新しく信徒になった者の信仰が強化」されはじめたのは事実、この時代であり、それはキリスト受難劇や復活劇の上演によってであった。これは少し後に中世の聖史劇《ミステール》を誕生させることになる。「救世主《メシア》の到来を告げる

ビザンツ風の玉座のキリスト。サン・タポリナーレ・ヌオーヴォ聖堂のモザイク、6世紀。

旧約聖書の預言書が読まれるようになり、角とひげを生やし、十戒の記された石板を持ったモーゼ、木の根をかじるハバクク〔旧約聖書の預言者の一人〕、司祭によって演じられる役だが、妊娠していることがはっきり示される洗礼者ヨハネの母エリサベツ、毛深い四本脚と長い耳を持った男で、雌ロバに乗ったバラム〔メソポタミア出身の異教の預言者〕、といった人目を引く行列が生まれたのである。[148]」

悪霊《ディアブル》の登場

この異様な行列の中には悪霊《ディアブル》もまた登場した。悪霊は悪魔《サタン》ではなく、悪の一つの転身でしかない。キリストの言葉によれば、悪魔《サタン》はこの世の支配者である。悪霊《ディアブル》は霊鬼《デーモン》、邪悪《マラン》な者 malin であり、つまり罪を犯すよう誘惑された者のことである。（しかし、これが大文字で記される悪魔《マラン》 Malin の名を冠するようになったのは、一二世紀末、種々の辞典によれば一一九〇年になってのことである。）悪霊《ディアブル》という語が一〇世紀末にこの形、あるいはラテン語の diabolus に相当する diaule という形で現れたのは非常に不思議である。（だがおそらくこれも悪意の一つであろう。）また、霊鬼《デーモン》という語、これ自体は「分裂させる」を意味するギリシア語の動詞から派生したものだが、嘘、まやかし、中傷によって一層特徴づけられている。中世に付きまとう悪霊《ディアブル》の武器は、悪魔《サタン》もしくは反キリストとは違って、力よりも術策を使うものである。

悪霊《ディアブル》は、悪魔《サタン》の化身に出会ったことのない人間に対して、この術策の仮面を被って自らの存在を示す。ある悪霊はむしろ民衆の神話の領域に属し、また別の悪霊は聖書の領域に属す。紀元一〇〇〇年のキリスト教徒が信じたのは前者の方である。悪賢く嘘つきで中傷者の悪霊は、変装や幻惑、目くらまし、策略の術を身につけた魔術師である。一六世紀末の神学者デル・リオは、悪霊はあらゆる場所にあらゆる仕方で存在するとして複数形で語っているが、一〇世紀と同じ悪霊像を描き出している。「事物の変化もしくは突然変異によって、悪霊たちは頻繁に不思議な出来事を起こす。その原因は自然なものだが、われわれはそれを理解できない。悪霊たちは、自然の全ての物の実体を理解しており、その特質に最も適する季節を知っており、どんな種の手管や術策も知らぬことはないからである。それゆえ、霊鬼《デーモン》たちの術策によらず、自然作用を利用して、通常の自然作用では決して作られない多くの物を、悪霊たちがかくも頻繁に作るからといって驚く必要はない。しかしながら、こうした作業は自然の境界や限界の域を決して出ないものである」[149]。つまりは、悪霊たちはとても器用なのに時折自分の仕業にしくじるので、自分の能力の明細記録が膨大だとすれば、失敗記録もまた著しく大きなものとなる、と言いたいのである。

悪霊の好む術策の一つは変身である。彼は美しい女性にでも物騒な動物にでも、好きなだけ自身の姿を変える。かくして一〇世紀、カンタベリー大司教の聖ダンスタン〔九二五頃―八八、大司教在任九六六―八八〕には熊、犬、狐の姿で、ウィンチェスター司教の聖オズワルドには蛇の姿で、現れている。例を挙げるにはいとまがない。ここでとくに私たちの興味を引くのは、悪霊がラウル・グラベルに現れるためにとった姿である。「聖なる殉教者レジェの修道院（シャンポーと呼ばれている）で私が暮らしていた時代、朝の聖務が始まる前、私のベッドの足元に、見るだけに恐ろしい小男らしき者が不意に立ち現れるのを見た。私が判断できたかぎりでは、彼は中背でひょろ長い首をし、ひどくやつれた顔で暗黒の目をしており、ざらざらして引き攣《つ》れた額、薄い鼻孔、突き出た口、部厚い唇、削ぎ落としたような非常に細い顎、山羊のひげ、毛の生えて尖った耳、もじゃもじゃに逆立った髪、犬のような歯、先の尖った頭、脹れあがった胸、背にはせむしのこぶがあり、おどおど震える尻、みすぼらしい服を着ながら何とかして暖まろうと前かがみの身体をしていた。」この記述はそれ自身では懸念されるものではない。私と同世代の人間の多くは、今世紀〔二〇世紀〕をともに生きてきたが、〈ユダヤ人〉のモンタージュ写真をそこに認める。アクシオン・フランセーズ〔フランスの右翼団体。ドレフュス事件の時成立した団体が母体〕やペタン体制〔ペタン、一八五六―一九五一、第二次世界大戦時、対独協力のファシズム的なヴィシー政府の国家主席〕の反ユダヤ主義を破廉恥にも戯画化しているような、それなのである。しかしグラベルの意識においてはおそらく、惨めな悪霊の姿しかそこにはない。彼の生きた時代の窮乏や病でゆがめられた人々と同様、醜く奇怪な姿で。

われらが証人グラベルはなおも言う。「また、私がディジョンのサン・ベニーニュ修道院にいた時のこと。よく似た悪霊、おそらくは同じ悪霊が、兄弟たちの共同大寝室で私の前に現れた。夜が明けはじめると、その悪霊は便所に走って出て行った……。」この夜明けの悪霊は何をするのだろう？「彼は私が休んでいた寝床の端を摑み、恐ろしい衝撃でベッド全体を揺らし、そして言った。『おまえはこの家に長くは留まらないぞ！』」実際グラベルは、そのほんの少し後、自らの不品行のために修道院から追放されるのである。現代の心理学者なら、実はこの悪霊は若い修道士の意識の現れにすぎないと言うであろう。彼自身の告白によれば、「私はいつも操行上の問題や手に負えない行動をとっていた」からである。

しかしこの時代、悪霊の現れは罪人たちに下される懲罰の前触れという意味を持っていた。これは、一連の不都合な予兆の一環である。「この時代のほとんど全ての死すべき存在〔人間〕の耳を聾し、打ちのめし、荒廃させるあらゆる種の有為転変、様々な崩壊《カタストロフ》には、悪しき霊の攻撃が加わっていた。しかし、悪霊たちは人間に出現することで有用な真実を人間に理解させてきたのだ、としばしば語られていた。」グラベルはこのように語気を強めてつけ加えている。

この文脈においては悪霊の役割は人間たち、とくに修道士たちの緊張感を弛め、起きるはずのないような出来事を自然の流れのままに生じるよう導くのである。悪霊が聖職者たちに姿を現して、彼らを誘惑する話に引き込むのは、いつも夜の終わり、日の出、意識の目覚める瞬間である。悪霊は語る。「何ゆえ君たち修道士は、それほどまで多くの労働、徹夜仕事、断食、辛い事、詩篇朗読や他の人間たちの普通の習慣にはない苦行を自らに課すのか？　世俗に生き、死ぬまであらゆる種の悪徳をやめない無数の人間たちは、君たちの期待する安らぎに似たものを見出さないのか？　君たちの目指す永遠の至福に至るためには一日いや一時間の苦行でも、十分なのではないか。君に関して言えば、私はかくもためらい、疑問に思ってしまう。鐘の音が聞こえる否や、君はベッドから素早く飛び起き、眠りの心地よさから自らを引き抜くが、第三時〔ローマ式の暦による時間表記。修道院では第一時＝夜明けに典礼を行う〕まで安らぎに身を任せてもよいのではないだろうか。われわれには不利なことだが、君たちにとっては救いの扉である一つの秘密を君に暴露しなくてはなるまい。キリストが死者たちを蘇えらせ人類を救うその日、彼は地獄を完全に空っぽにし、彼の民を天に連れて行くということは、毎年確認されている。こういうわけだから、君たちは何も恐れることはない。何の危険もなく君らは、あらゆる肉の快楽、己の好むあらゆる欲望に溺れることができるのだ。」（グラベル）

　今なお問われなければならないのは、紀元一〇〇〇年が近づくにつれ、悪霊がこのように現れるのはどういう偶然の一致によってなのかである。その名の示すとおり、悪霊は不和や混乱、分裂のもとであり、その個人ばかりでなくその社会集団をも崩壊させようとする、後に精神分裂症と言われるようなものである。「悪霊は長らくカロリング朝の秩序と平和の完全な支配下にあったが、一〇世紀から力を取り戻しはじめた……。悪《マル》は個々人の心と身体にまで忍び込み、拡がっている。悪の化身そのものが増殖する。すなわち悪霊たち、と複数形で語られるようになったのも新しい点である。悪霊たちは社会構造

地獄で死者を苛む悪魔たち。コンク巡礼教会のタンパン、12世紀。

の不連続によってできた隙間に入り込み、その機構を根底から覆そうと企てているのである。[150]」

　かくしてこの悪霊は、修道士たちの目覚めの瞬間のベッドの足下にのみ現れるのではない。彼は、紀元一〇〇〇年頃、新しいイコノグラフィーを考案した人間たちによって描かれたり彫られている。実際、邪悪な者《マラン》の顔が明確に描かれるようになったのはこの時代なのである。邪悪な者は、グラベルによるとぞっとするほど醜い人間のようであるが、獣の特徴、すなわち角、牙、鉤爪、雄山羊の蹄、垂れ下がった乳房、鞭のような尻尾を持った異様な姿で描かれている。一方、司教レオフリック〔九五〇―一〇五〇〕のオックスフォード式ミサ典書の挿し絵には、人間の外観の下に、毛むくじゃらの胸と下腹部、長く鋭い鉤爪で武装された手足の指を持つ邪悪な者《マラン》の姿が示されている。彼の肩の後ろには二枚の大きな翼がついていて、さらにその耳にはコウモリのもののような小さな耳がついている。彼の頭はもじゃもじゃの髪で覆われ、その額は二つの角で飾られている。彼に以後、ほとんどこの変装を脱ぎとることはない。グラベルの文章と図像の一致は当惑させるものである。いずれが先で、いずれが転写したものだろうか。

黙示録の前兆

聖ヨハネやその他の人々は次のように語っていた。「〈御怒りの日〉の前兆として天と地において印《しるし》が現れ、奇跡や驚異が起こるであろう」と。しかし、奇跡と驚異は全然別のものである。一二世紀末、ティルベリーのゲルヴァシウスはこの本質的な違いを説明した。「奇跡と言うと通常は、自然の法則によらず神の全能が成しえた事柄を意味する。例えば、妊娠した処女、蘇ったラザロ〔ヨハネによる福音に記され、キリストによって死後蘇ったとされる人物〕、再び使えるようになった不自由な肢体などである。驚異は自然の法則によるもので、その原因がわれわれの理解を越えている出来事である。すなわちそれは驚きを呼ぶものであり、われわれが無力であるために驚くのである。」[151]

一〇世紀に悪霊《ディアブル》像が形成された時、原因が不可解で目に見えぬ恐るべき力の現れでしかありえない現象を、人々は当然、悪霊のしわざとして考えた。紀元一〇〇〇年の農民たちの無教養が、軽信しやすい土壌を助長していたのだろう。他方、マルク・ブロックが強調したように、慢性的な栄養不良に苦しむ貧者と飽食に馴れた富者は、ともに「あらゆる種の印《しるし》、夢や幻想にたえず病的に注目する」のである。したがって、〈紀元一〇〇〇年の恐怖〉が奇妙な出来事によって培われるというのは、全くもって〈普通〉のことなのである。

天上と地上の奇跡

まず、地上の奇跡から始めることにしよう。実は、紀元一〇〇〇年の奇跡を語る記述を詳細に調査すると少々がっかりさせられる。というのは、その一覧は一六世紀、例えばアンブロワーズ・パレ〔一五〇九—九〇、フランスの外科医、近代外科学の父〕やピエール・ボワステュオーの時代のものより、はるかに貧相なものであるからだ。しかし、紀元一〇〇〇年に近づく当時の人々の期待と苦悩、集団的恐怖は、ちょっとした異常な出来事によって終末論的空想に転じた。そこでグラベルの語るところを読むこととする。

「紀元一〇〇〇年を過ぎて四年目、驚くべき大きさの一頭の鯨が（ディエップ近郊の）ベルネヴァルと呼ばれる所で波を切って進んでいるのが見られた。一一月のある朝、島のような鯨が現れ、第三時まで同じ方向に進んでいるのが見られた。これは見物人たちを仰天させるものであった。」鯨は人魚や一角獣のような神話的動物もしくは怪物ではなく、偉大な船乗りであり沖で漁をするディエップの人々には慣れ親しんだ動物であった。一方で中世にはまだ鯨は特別な存在と見なされていた。これはヨナの大魚〔旧約聖書の『ヨナ書』一章一七節—二章一〇節〕もしくはヨブのレビヤタン〔『ヨブ記』三章八節〕だったのである。一三世紀にはこれが〈鯨島〉となり、漁師《ペシェ》（と罪人《ペシェ》）たちが恐れをものともせず、その上に足を踏み出した。これは、聖ブランダン〔四八四—五七七、アイルランドの聖人。小船を操って約束の地を目指した物語が中世後期に大陸で流行した〕が〈獣〉〔悪魔の化身〕を祓うために鯨の背中の上でミサを行った話のことである。グラベルのコメントもまた驚くことではない。「この海からの印《しるし》が現れた後、西欧世界のあちこちで突然に動揺が起こりはじめた。それがとても頻繁に起こった時、小悪党どもの悪行が王や諸侯たちを不和に陥れた。憤怒の中で彼らは領民をひどく痛めつけ、ついには互いの首を掻き切り合うまでに至った。」

中世初期の人間が最も注意を払い、また最も敏感に反応したのは、空《くう》の奇跡に対してであった。本質的に田舎者である彼らは、空が季節に命令し、空の混乱が旱魃《かんばつ》や洪水、また地震までをも引き起こし、それに飢饉や疫病が続くと考えていたからである。彼らの先祖のガリア人たちが、空が頭の上に落ちて来はしまいかと恐れたのと大差はない。当時、気象学は学問としては存在していなかったが（これがそういうものとして現れるのは、ようやく一六世紀になってからである）、その実際の影響力はよく知られていた。そして宇宙の支配者が統治するのは天上においてであるから、平凡なものであれ目立つものであれ、空で現れるもの全ては当然、神の本質なのである。また悪魔《サタン》自身も――人は悪魔をすっかり地底の住人にしてしまっているが――堕天使として天上の被造物の一つであるから、天候を乱す力によって表される彼の怒りや悪意が恐れられたのである。また、紀元一〇〇〇年頃に悪霊《ディアブル》の手先たちとされたのは、呪いを行う魔法使いではなく、農民たちの迷信を利用しながら、雹や嵐を引き起こす者として通っていた〈天気屋〉と呼ばれる人たちであった。空は、当時の人々が参照した最初の図面である。山の住人たちは星々と星座の配置によって、自分たちの仕事暦《カレンドリエ》（堆肥《コンポスト》もしくは計算《コンピュート》）と予想の万能暦《アルマナ》〔祭日・星占い・種蒔きその他料理の献立から一口話まで載せたもの〕を作っている。聖職者たちは年代記を編む際に、星の運行が歴史の流れを決定していると思うに至った。そして修道士ジェルベールは計算機を再工夫するために、まず天上の数学〔天文学〕を学んでいる。

さらに、これらの計算の誤りや読み違いによって歴史認識を誤るようなことがしばしば起こってしまう。天体の動きと地上の災害とは簡単に関連づけられた。これら年代記を書いた聖職者の多くは、天体の動きが歴史の動きを決めると思っていた。グラベルも同様で、ローマの空に起こった日蝕を「何らかの悲惨な災いが人類に襲い掛からんとしていることを予想しながら」運命の年、一〇三三年に記している。そして彼は、その同じ日に「何人かのローマの大陰謀家たちが教皇に反乱を起こし、教皇をその座から追い払った」とつけ加えている。この反乱は確かに起こった。それは一〇四四年、確かに中部イタリアで別の日蝕が観測された時のことであった。

集団的恐怖と全く同じように、天上の奇跡が現れたことも誇張されてきた。もっとも、その奇跡の一覧を見ても〈驚異好きな人〉はがっかりするだろう。少なくとも紀元一〇〇〇年に先立つ数年間は〈天上の奇跡〉が少ないが、紀元一〇三三年に近づくにつれ、それらはより多くなる。九九〇年の日蝕が引き合いに出されるが、その後さらにもう一回、日蝕が報告され、その後も同様の報告がある。九九八年には、ゲルマニアで隕石の落下が報告されており、「闇の中をさ迷っていた天上の光り輝く赤い物体が、突然に爆発し、地に降ってきた。一方、月は赤い血の色に染まっていた」という。この〈血で満ちたような赤色〉（月の場合は赤い月 "lune rousse" のように rousse を使う）と伝えるこの強迫的な習慣を強調しても、それは無意味である。この色はいわば自然のものであるから。

紀元一〇〇〇年の前後、空は平静を保っていたと思われていたようだ。九九六年から一〇〇四年までの間、秋の夜明けに非常に明るい彗星が姿を現したこと以外、詳報は何もない。この彗星の存在はほとんどお馴染みのものである。真の奇跡と言うべき証言は一〇〇二年に現れた。クリスマス前の土曜の夜、「一群の稲妻を放ちながら南仏地方から出てきた、巨大なドラゴンの存在あるいはその身体自体」が伝えられている。ドラゴン！　ドラゴンは悪霊《ディアブル》と同様に新しい登場者だ。この時まで終末を語る内容のテキストでは、〈獣〉を意味するものとして「大きな蛇」が語られてきた。この化物がドラゴンの名でフランス語の中に現れるのも、同様に紀元一〇〇〇年頃なのである。それは『ローランの歌』（一〇八〇）において“dragun”という形で記されているが、その数十年前から使用されていたに違いない。それ以来、ドラゴンは中世の動物物語で登場するようになる。

当時は、アデマールによれば日蝕や月蝕が多発している。一〇二二年、〈より長くより大きな剣の形をした彗星〉が夏の幾夜にもわたって北の方角に現れたのを見たのは、この証人だけではない。剣の形をした彗星、これは当時の人々の精神に自然に形成される一つのイメージである。このさ迷える天体は、ゆるい曲線の三日月刀の形をして、金属が光を放っているように見えるのを当時の人たちはよく知っている。しかし、彗星は攻撃的で裁きの意味を担わされていた。それに続く冬、現代の天文学者たちが（一〇二三年一月二四日と）確認している日蝕の前後には、月が濃紺色から深紅色へと奇妙な色づきを見せた。アデマールによれば、何カ月間も獅子座の中で、東側の大きな星と西側のもっと小さな星の二つが闘いあって互いに飛び掛かり合い、最後には相手の〈光線のたてがみ〉に怯えた小さい方の星が逃げ出した、という。その後すぐに教皇ベネディクトゥス八世〔在位一〇一二―一〇二四〕と、東ローマ帝国皇帝バシレイオス二世〔在位九七六―一〇二五〕およびケルン大司教ヘルベルトゥスが死んだ。「これらは、天体における大小の印《しるし》によって告げられていた出来事である」[152]と年代記作家アデマールは語っている。

一〇三一年三月二日、サン・ブノワ・シュル・ロワールの修道士たちは、イナゴの大群が襲来したことで引き起こされた被害は彗星のせいだと見なした。その同じ年のロベール敬虔王の死は、その時に起こった日蝕のせいだとされた。有名な一〇三三年は、すでに見てきたように、印象的な日蝕が起きたことで知られている。しかし歴史はその後も切れ目なく続き、天体が踊るワルツに、人間たちは怯え続け、そこに宇宙的大異変の前兆を見るのだった。一〇四四年、動揺していたこの時期にけりをつけるように、「一二月朔日の一〇日、第三時にわれわれの時代の三回目の日蝕が起こった……。当時のランス大司教ギイによると、人々がルシファー（悪魔星）とも呼んでいるボスフォラス星が地上の民を脅かすかのように、すみずみまで揺れるのを見た、という。同じような天からの奇跡を見て、自分自身の悪徳にぞっとさせられた多くの人々が改悛し、更生の道に入った」とグラベルは語っている[153]。このテキストは興味深い。なぜなら彼は、終末信仰が運命の一〇三三年以後にも残ったことを証言しているからである。最後にもう一つ、別の彗星を思い起こしておこう。これはバイユーのタピストリーに織り出されているものだが〔一三ページの図を参照〕、これは一〇六六年、ノルマン人たちがイングランド征服に乗り出す契機となったものである。

これらの奇跡が紀元一〇〇〇年の人間たちの心性《マンタリテ》に与えた心理的インパクトについては、なお注意を払う必要がある。これらの自然現象を超自然的と見なした彼らを、科学的説明で説得することは不可能である。さらに当時は、経済学的法則も知られていなかったわけだから、食糧不足やその他の貧困の大部分が、組織や技術の弱さの結果だとは考えられなかった。原始的な迷信に人々が捕らえられていた時代には――そういう時代が最も長いのだが――、人々は何でも神秘の力の気まぐれと結論し、苦難にただ忍従する以外なかったのである。そして全てのことを神の意志に結びつける傾向のある聖職者たちは一つの論理を仮定した。「神は人間たちをその罪ゆえに罰する」[154]のだと。

宇宙における秩序の乱れは全て神の怒りの現れでしかありえないと述べていたのは、当然、これら聖職者たちである。「紀元一〇〇〇年の著述家たちは皆、聖書解釈に慣れ、文法や音楽に調和を認める学科教育を受け、宇宙的統合を確信し、時の満ちるのを待ちわびつつ生きていたので、異様なものに気づき、それに意味づけを与えるのに専心していた。それゆえ彼らの物語は奇跡の連続という外観を取るのである。」[155]この節目の年に終末が訪れなかったのに、その後に残っていく紀元一〇〇〇年の集団的恐怖という幻影は、どのように形成されていくのだろうか？ 一二世紀、ジャンブルーのシジェベールが書いていることを再び思い起こそう。「その時（紀元一〇〇〇年）には多くの奇跡や、ひどい地震が一回、そして閃光のような軌跡を持つ彗星が一つ見られた。家の中まで閃光が侵入してきて、天の亀裂による蛇の像《イマージュ》が現れた。」そして一六世紀に書かれたヒルザウ修道院の年代記は、シジェベールの記述を追認する。「主の受肉より千年の年、何度もの激しい地震が全ヨーロッパを揺さぶり、至る所で堅固な壮麗なる建物を破壊した。この同じ年、空には恐ろしい彗星が現れたので、多くの人々がこれは終わりの日の予兆だと信じた。」

これらのコメントを行っている者は皆、この出来事の同時代人もしくはそれより後の時代の人たちであって、イエスや使徒たちが終末について語っていることを、文字どおりにたどっているだけである。「大きな地震と飢饉が起こるであろう。恐ろしい現象が起こり、天には大きな印《しるし》が現れるであろう。」〔『ルカによる福音書』第二一章一一節〕しかし、これらの人々はこうした前兆を見ても、その責任を分け合うには躊躇する。これらは神の御業なのであろうか、それとも悪魔《サタン》の仕業なのであろうか？ マニ教を堅く信じている人々は、それでもなお善と悪が対峙するという基本思想に戻るしかない。デュビいわく「千年が完遂されたということは、聖書の言葉によれば疑いなく、悪魔的な力がまさに鎖を解かれたことである。人々は万物の混乱を、天使が霊鬼《デーモン》をその足枷から解き放ったゆえの、霊鬼の勝利と見なしたくなる。同様に、これらの混乱を、聖なる力を秘めた全ての城塞の瓦解と見なしたくなるのである。千年王国の到来には、まず神の軍隊の敗走があり、混沌《カオス》への回帰が続くからである。」

しかしこれはまた、宇宙の支配者、大いなる舵取り、常におられる神による暗黙の了解があってのことである。悪を許容しつつ、この堕天使悪魔《サタン》をするがままにさせ、逆説的に神の怒りの道具にしている御者《おんもの》による了解である。それでは人の心の中に悪を引き込むのは悪霊《ディアブル》なのか、それとも人間に深く根差した罪そのものでしかないのか？　これこそ紀元一〇〇〇年の幻影が真に発する問いである。黙示録のテキスト解釈は、まだまだこれからなのである。

聖なる場所の破壊

一〇世紀の最後の一〇年間に人々の想像力に強く訴えた出来事として、幾度にもおよぶ巡礼地の破壊について語られなければならない。まず、モン・サン・ミッシェル〔北仏の大西洋岸の島に立つ修道院〕が九九二年に真っ赤に染まった。ここは六世紀以来聖なる地とされ、ガリア人の太陽神であるベレヌス神に奉献された古代の祭壇の上に建てられた聖所である。七〇九年、伝説のシシーの森まで巨大な津波が押し寄せた後、アヴランシュ司教は大天使ミカエルの出現の奇跡に動かされ、〈海の星〉聖母マリアの加護のもとに、一つの教会と一つの修道院を奉献することを決めたと言われる。この司教聖オーベールは、山の西側斜面の中腹に有名な巡礼地モンテ・ガルガノをモデルにして地下礼拝堂を掘らせた。そして、そこに聖遺物を置かせたのだが、その中には聖ミカエルが出現した際に忘れていったと言われる緋色の布の切れ端があり、また聖ミカエルがその足をのせた大理石板のかけらもあった。まもなくそこはサン・ミッシェル・オ・ペリル・ド・ラ・メール（海からの危険を避ける聖ミカエル）という名で、ヴァイキングのひっきりなしの侵入にもかかわらず、多くの訪問者を集める巡礼地となった。

しかし九九二年、自然・人為どちらの災害にも耐え続けたこの山は火災でやられてしまった。「住民の家々に火が回り、その炎は修道院にまで及んで、聖堂参事会員ベルニエが住んでいた住居以外は灰燼に帰した。聖遺物はそこに安置されていたために守られたので、これは聖オーベールの奇跡とされた。この大火災を眼前にし、修道院長や修道士たちができたことは、可能なかぎりの装飾品や聖遺物を救い出すことであった。彼らはまた金箔で覆われた大きな聖遺物箱を引っ張り出した。その中には聖オーベールがモンテ・ガルガノから求めた聖遺物が入っていた。[156]」

そして皆は、神がこういう聖なる場所の喪失を許したと考え、深い混乱に陥った。一体全体、大天使ミカエルは何をしていたのか？　人々は悲嘆にくれる中、大天使ミカエルの足跡のついた大理石板がなくなっていることに気がついた。これはどんなに強い炎にも負けないような大理石素材なのに。おそらくこれは粉々に砕けたであろうが、飛び散ったわけではあるまい。悪霊《ディアブル》が手を出して図々しくもこの〈天空に燃える剣〉に立ち向かおうとしたに違いない。この火災はおそらく狭い空間に密集した木造家屋のすぐ近くで起こった自然火災のはずであるが、すぐさま大改悛を促す神意を読みとり、熱狂した地域住民が聖所再建のため現金を喜捨しに殺到するという結果になった。

九九七年、これとは別の聖なる地、全西欧において最も崇敬を集めていたコンポステラの破壊があった。この地は大陸の突端にあり、その彼方にはもはや人の住む土地はないという状況の恩恵に浴していた。このフィニステール県（土地の終わり（フィニス＝テラエ）の意。フランス北西端の県）は太陽の沈む西に面しており、そこを守る町は灯台の役割を果たしており、その光は果てしない空《くう》に向かっていると考えられた。それは待つための展望台である。なぜなら海の彼方に存在するものを見に行きたいという欲求よりも、コンポステラの地で見たこともないような異様な化物を見ようとして待つ願望の方が強かったからである。こうして、この土地の有名な語源、〈星の原《カンプス＝ステラエ》〉の意味が強められることになるのだろう。事実この名は、墓場という意味のラテン語のコンポストゥム、もしくはその指小語のコンポステラから派生している。コンポステラは肉体の聖所であり、それら肉体の魂はあの世の楽園（地上の楽園としてのアメリカ大陸ではなく）へ乗り込む所なのである。九世紀以降その地では聖ヤコブの聖遺物が埋葬されているとでっち上げられたのだが、伝説によれば聖ヤコブはそこまで来たことになっている。スペインの地に成立した西ゴート王国の君主テオドミールに、一つの星が使徒の墓跡を指し示したという言い伝えもある。古代キリスト教時代の大墓地の多くの墓の間には、たしかに一つの立派な墓があった。しかし、それは無名の修道士もしくはかなり裕福な聖職者の墓で、大理石の棺に埋葬されているものである。有名なドゥシェーヌ神父によれば、「八三〇年頃、イリア・フラヴィアの領内で、聖ヤコブのものと見なされる古代の墓が発見された。それがいかに崇敬されたかは、八六〇年頃に編纂されたアドーの殉教者名簿によって証明されている」という。実際、この史料中には次のように記されている。「ブルターニュの海に面したこの国のはずれより運ばれた、至福の使徒ヤコブの聖なるこの骨は、住民たちの大いなる信心の対象である。」その後まもなく西欧の全キリスト教徒は、執拗な蟻のように聖人の聖遺物に向かって歩くのを止めることはなかった。この聖人がレコンキスタの、そしてムーア人に対する十字軍の霊的指導者として現れてから、さらに巡礼は増えた。

　しかし聖ヤコブの力にも限界があったに違いない。というのは九九七年にアル・マンスール（バルセロナの荒廃も同様に彼のせいである）がガリシアに侵入し、そこを鉄と火でもって破壊したからである。「八月一日、コンポステラは占領され、アルフォンソ純潔王の時代に建てられたバジリカは破壊され、キリスト教徒の奴隷たちは、使徒の町の鐘をコルドバに運んだ。」[157]

　重大な年、九九九年に大都市オルレアンが完全破壊される番となった。この都市は首都たる資格も名声もなかったが、宗教的威信によって王国の最も重要な都市の一つであった。グラベルは、この都市住民が新たな神の怒りについて知らされた後、この都市を荒廃させた火事の話を私たちに残している。「主の受肉から九九八年、オルレアンの町に記憶すべき、かつ人を恐怖させる出来事が起こった。この都市には使徒たちの代表（ペトロ）を記念して築かれた修道院がある。創立期に聖別された処女たちの共同体が神への奉仕を誓っており、以来サン・ピエール・ル・プーリエ（ラテン語ではプエラールム〈乙女たち〉の意）の名で有名である。この修道院の真ん中に、人類を救おうと死の苦しみに耐えているキリスト磔刑図が描かれた旗が立てられていた。さてこの像の目から何日間も途切れずに多量の涙が流れ出るのを、多くの証人たちが見た。この恐ろしい光景は当然のことながら、大群集の殺到を引き起こした。しかしながら間近から見ると、これは神から送られた、この都市にまさに襲いかかろうとしている災害の前兆と思われた。その後まもなく前代未聞の出来事が起こり、そこに同じ前兆を人々は見てとった。ある夜、聖堂の守衛たちがいつものように聖所の門を開けるために起きると突然に一匹の狼が現れて教会の中に入り、鐘を鳴らす紐を口にくわえて、それを揺さぶって鳴らしはじめたのである。そこにいて仰天した人々は、大きな叫び声を上げ、素手でこの動物を教会の外に追い出した。翌年、全ての住居がひどい火災の犠牲となった。この悲惨な出来事は二つの奇跡によって同時に告げられたのだということを疑う人はもう誰もいなかった。」

紀元一〇〇〇年と一〇三三年の間、すさまじい破壊が千年王国信者《ミレナリスト》たちの想像力を掻き立て続けた。エルサレムの聖墓が一〇〇九年に大規模な破壊を受けた。興味深いことにこの歴史的な事実には、オルレアンの町が関与しているとの伝説がある。それは有名な話として私たちの幻影の中心にあるのだが。〈オルレアンの噂〉にはある長い物語があり、次のようなグラベルの反ユダヤ主義的コメントをもって始まっている。「この時代、エルサレムの聖墓教会は、バビロン君主の命令によって完全に破壊された。

全世界からこの有名な記念碑を訪れるため、信徒の群れがエルサレムにやって来ていた。悪意に満ちた悪霊《ディアブル》は、ユダヤ人とのいつもの同盟を通じて、真の信仰を持つ人々に卑劣な悪意を再び注ぎはじめた。ガリアの王国首都オルレアンには、このユダヤ人の大きな居住地があり、彼らは他のユダヤ人たちよりも高慢で有害で横柄な様子を呈していた。彼らは憎むべき計画を立て、ある放浪者を非常な高値で買収した。その男は巡礼者の服装をしていたが、サント・マリー・ド・ムティエ修道院の逃亡農奴でロベールという名であった。彼らはこの男を非常に慎重にバビロン君主のもとに送り出した。彼は運び屋であり、杖の小さな鉄ローラーの下にヘブライ文字で書かれた一通の手紙を差し込んでいた。この男は出発し、バビロン君主にこの嘘と卑劣さに満ちた手紙を運んでいった。その手紙には、バビロン王が急いでキリスト教徒の敬うべき家を倒さなければ、彼の王国が短期間で占領され、彼からあらゆる尊厳が取り去られる覚悟をしなければならない、と書かれていたのである。これを読んで激昂したバビロン王は、前述の教会を破壊するためエルサレムに自分の民を直ちに送った。これらの人々は命じられたことを行ったが、彼らが鉄の鶴嘴《つるはし》を使って聖墓を破壊しようとしても、それは上手くいかなかった。彼らはサン・ジョルジュ・アン・ラミュロ教会を破壊した。かつてこの教会の不思議な力はサラセン人たちを非常に怯えさせたものである。というのも、そこを荒らすために入り込んだ人々は皆失明した、と語り継がれているからである。したがってこの会堂がこのように荒らされた時、それがこの暴挙を煽動したユダヤ人たちの悪意であったことはすぐに明白になった。それが知られるや否や、全キリスト教徒は全員一致で自分たちの土地、都市にいる全ユダヤ人を追い払うことを決定した。」

シャバンヌのアデマールはラウル・グラベルの後を引き継いで、私たちにこのユダヤ人虐殺《ポグロム》の詳細を語っている。「オルレアンに多数いたユダヤ人たちは全てその地から追放された。彼らの悪意についての知らせは王国の至る所に広まり、キリスト教徒の諸侯たちは、ユダヤ人たちを自分の領内から完全追放することを満場一致で決意した。人々の憎しみはあらゆる地域で爆発した。人々はユダヤ人たちを都市から追い出し、田舎では彼らを有害動物のように追い回した。多くの者が溺死させられたり、鉄や他の拷問によって非業の死をとげた。ある者たちは絶望して自殺した。またある者たちは死を免れるために洗礼を受けさせてもらった。丸五年もすると、全てのキリスト教国の中で、かろうじて幾らかのユダヤ人が残ったにすぎない。」

実際、ファーティマ朝カリフのハキムがイスラム教以外の全宗教を禁止したため、エジプトとパレスティナで全キリスト教会が破壊されたのと同様に、全シナゴーグも破壊された。バビロンの君主は、キリスト教徒たちが敵を間違え、代わりにこの民族浄化の企てに身を委ねたのを見て、ほくそえんだに違いない。

二〇年後の一〇二〇年、ヤーウェの神の怒りに触れたのは、シャルトル〔パリ近郊の町。大聖堂で知られる〕であった。シャルトルはモン・サン・ミッシェルのように、地下の神々《クトニアン》を崇拝する古い信仰の場である。黒マリア地下礼拝堂を有するル・ピュイ・デ・フォール〔フランスの中央山地にある巡礼地〕は、聖地がケルト時代にさかのぼることを示している。そこでは初期キリスト教徒たちが処女マリアのシャツを素晴らしい聖遺物として崇敬していたのだった。九月七日から八日にかけての夜中、すなわち処女マリアの誕生日に、サン・ジスルベールと呼ばれる第一教会が火事で破壊された。このことが人々に非常な心の動揺を引き起こした。それは多量の建築骨組み用木材があったための事故火災にすぎなかったのだが、偶然にもキリスト教信仰においてたいへん大切な日に起こってしまった。どうしてこの破壊の中に何らかの新しい警告を見ないでおられようか？　そういうわけで、紀元一〇〇〇年もしくは一〇三三年という運命の峠に際して、象徴的に破壊された大建築物を人々ができるだけすみやかに建て直そうとした必要性を理解しないと、教会の再建活動とロマネスク美術[158]の誕生の重要性を誤解することとなろう。

挿し絵入りの黙示録――新しいイコノグラフィー

紀元一〇〇〇年を間近にした終末的雰囲気は、当時の人たちにつきまとっていた苦悩と希望を形にしたイコノグラフィーを生んだ。それは文化を独占していた聖職者たちの間で、はっきりと現れることとなる。本というものが流通していない時代には、絵画が教育的、しかも審美的というよりむしろ教訓的な役割を演じようとしていた。美術について審美的な観点から話すことは紀元一〇〇〇年の時代にとって時代錯誤である。民衆は、稀にではあるが、古代の石棺（例えばアルルのアリスカンのような）の側面に彫られた浅浮き彫りや教会の中の彫刻を見て宗教的な黙想ができた。彼らの目には、これらは芸術ではない。これらは宗教的表現であり、聖書の挿し絵なのである。芸術がその作品を支配する権力――国家や教会などの――の手に握られていれば、事態はなおさらそうなる。したがって一〇世紀に現れた新しいイコノグラフィーにおいては、細密画とフレスコ画を区別する必要がある。フレスコ画は信者の想像力を駆り立てるために教会の中に描かれたものであった。それに対して細密画は、修道院の図書館から出ることのない作品を飾るものであった。これらの作品は盗まれることも複製されることもないように、とりわけ異端的傾向を持つ者が僧服の下に隠して歪曲することのないように、しばしば図書館に鎖でつながれていたのである。これら文化的に高度な修道院特有の雰囲気を思い出すために、ウンベルト・エーコの小説『薔薇の名前』を読み返すがいい。このようにイコノグラフィーには公的な芸術と私的な隠された芸術があるのである。「群集の目にさらされるフレスコ画は、群集の理解できる範囲内に置かれなければならず、芸術家の主導権が限定されるほど、あらゆる禁止項目に触れぬよう制作されるものであった。それとは反対に、図書館の最も秘密の部分に保存された細密画には、フレスコ画には禁じられていた自由な解釈が許されていた。壁画には語れなかったことを小型化されたページに好きなように表現することが、新しい芸術の中心地から中心地へと伝えられていったのである。[159]」

実際、これら挿し絵の付いた本は愛着をもって扱われ、保存されたが、それでも贈り物や貸し出し、あるいは複製の提供などで流布した。そして教会の宝庫ににぎにぎしく置かれたり、皇帝自身がその行幸の際に修道院へ敬意のしるしとして贈り物にすることもできた。他方、細密画を描く修道士たちは——自分の罪を償うためにつらい仕事をしながら——余白部分がまだ手つかずの何巻もの古いテキストに挿し絵を描くため、ある修道院から別の修道院へ移動していった。こうして彼らは、自分の才能と、とくに自分たちの共同体のただ中で古典的テキストや聖書の解釈について述べられた考えとを、他の場所へ持ち込んだのである。またしばしば、彼らはその地域の流儀に順応し、自分たちの画風をも修正した。

私たちが扱っている時代の絵画がどう流布していったかを考慮に入れる必要があろう。全ヨーロッパは地方分散化していたので、結果的に「多くの自由な書記官《スクリプトリア》が思いのままに、宮廷と皇帝の学問芸術の擁護の影響を免れて、あちこち移動できた」のである。[160]トリアーのエクベルトゥスやヒルデスハイムのベルナルドゥスといった開明的な司教たちに補佐された皇帝たちは、事実、これらの挿し絵付きの写本が普及することや、名高い修道院に付設する〈学校〉が増えることに好意的であった。トリアー、エヒテナッハ、ストラスブール、そしてとくにコンスタンツ湖上の島に設置されたライヒェナウ、あるいはザンクト・ガレンといったライン川沿岸の学校が名高い。またザンクト・ガレンはカロリング宮廷とアイルランド修道制に起源を持ち、その伝統は一〇世紀後半にしっかりと続いていく。レーゲンスブルクやザルツブルクといったドナウ川沿岸の学校も挙げておくべきだろう。

　これらの学校間では、あちこちを移動する画家たちのおかげで実り多い交流がなされ、融合があった。これらの画家たちは時折、羊皮紙の隅に慎ましく自分の名を書き記している。「修道士と同様に国境を持たない芸術家たちにとって、イギリスの修道院からフランスやイタリアの修道院に移るのは容易であり、そこで様々な判断基準に委ねられるため、描かれたばかりの彼らの細密画も、ある学校から別の学校へと旅に出るのである。同じ巻の中には異なる芸術家によるだけでなく、あらゆる種の学校や民族によって制作された細密画が隣り合うことも生じている[161]。」

　しかしながら、この時代の写字生たちの注意を引きつけたイコノグラフィーのテーマの目録を作ることは可能である。まずは、あらゆる人々に付きまとった黙示録的なテーマがある。その最も有名な挿し絵は、紀元一〇〇〇年頃ライヒェナウで描かれた『バンベルクの黙示録』の中にあり、皇帝ハインリヒ二世〔在位一〇〇二―二四、通称〈聖王〉〕とその妻クネグンデによって、高フランケン（バイエルン）のバンベルクにあるザンクト・シュテファン参事会修道院に提供されたものである。その様式は、ビザンツの影響からようやく解放され、古代キリスト教芸術を復活させたものであった。そして独自性を内包するものでもある。「その精緻な擬古主義により金色の背景上に描かれた細密画は、絶対的な雰囲気には欠けるが、完全にテキストの味わいと一致しており、福音著者の聖ヨハネの幻視の最も美しいゲルマン的解釈の一つである[162]。」

　また、スペインでは黙示録について新しい表現が現れた。後ウマイヤ朝カリフ国のコルドバにおいてモサラベ芸術が著しい発展をとげたのだが、そこからムーア人の繊細さとスペイン人の情熱の双方によって同時に培われ、はっきりと際立った輪郭と強烈な色、荒々しいほどの色調に特徴づけられた、独自な細密画が生み出された。これは黙示録的なイメージには見事にマッチした芸術である。これらの作品の中で最古のものは、九二六年にレオン地方のある修道院で、マギウス某が挿し絵を描いた『黙示録』である。これには九七五年に複製が作られ、『ジェローヌの黙示録』という名で有名になった。これに関しては、ある女性細密画家の存在が仄めかされている。彼女が修道女であったかどうかはわからないが、アンダルシア趣味の中に卓越した才能が表されている。しかし、リエバナのベアトゥスによる『黙示録』解釈に並ぶものは何もない。これは九七五年のものとされている。この神学者ベアトゥスは実際には八世紀末に生きた人物で、聖ヨハネによる福音書のテキストをキリスト教の希望と考えていた人物である。二〇〇年後、彼の解釈が再び評価されるようになり、まずは政治的な目的で挿し絵が描かれた。「火と血の書物『黙示録』は、自分たちの向かう闘いが絶望的に思われる時にさえ、何か確かなものを求める人々の憧れに応える作品とも言える。スペインのキリスト教徒たちは、勝ち誇った〈獣〉の中にイスラムの首長、すなわちカリフの国を難なく見てとった。コルドバはバビロンと同一視され、モハメットは偽預言者と同一視された。汚れない者たちの血に酔っている大淫婦は、信徒たちに殉教を命じる暴君を象徴している。[163]」ここではイスラム教徒による占領に対するスペイン・キリスト教徒たちの精神的抵抗が象徴されていたので、黙示録は典礼の中に刻み込まれ、聖職者たちには、少なくとも年に一回、復活祭から五旬節の間に黙示録全体を読むことが義務づけられた。マドリードに保存されたベアトゥスの『ヨハネ黙示録注解』写本は、ほとんど抑制のない荒々しい芸術であり、アンリ・スティエルランが強調したように、そこに——とくに中世の動物物語集における——将来のピカソ〔一八八一—一九七三年、スペインの

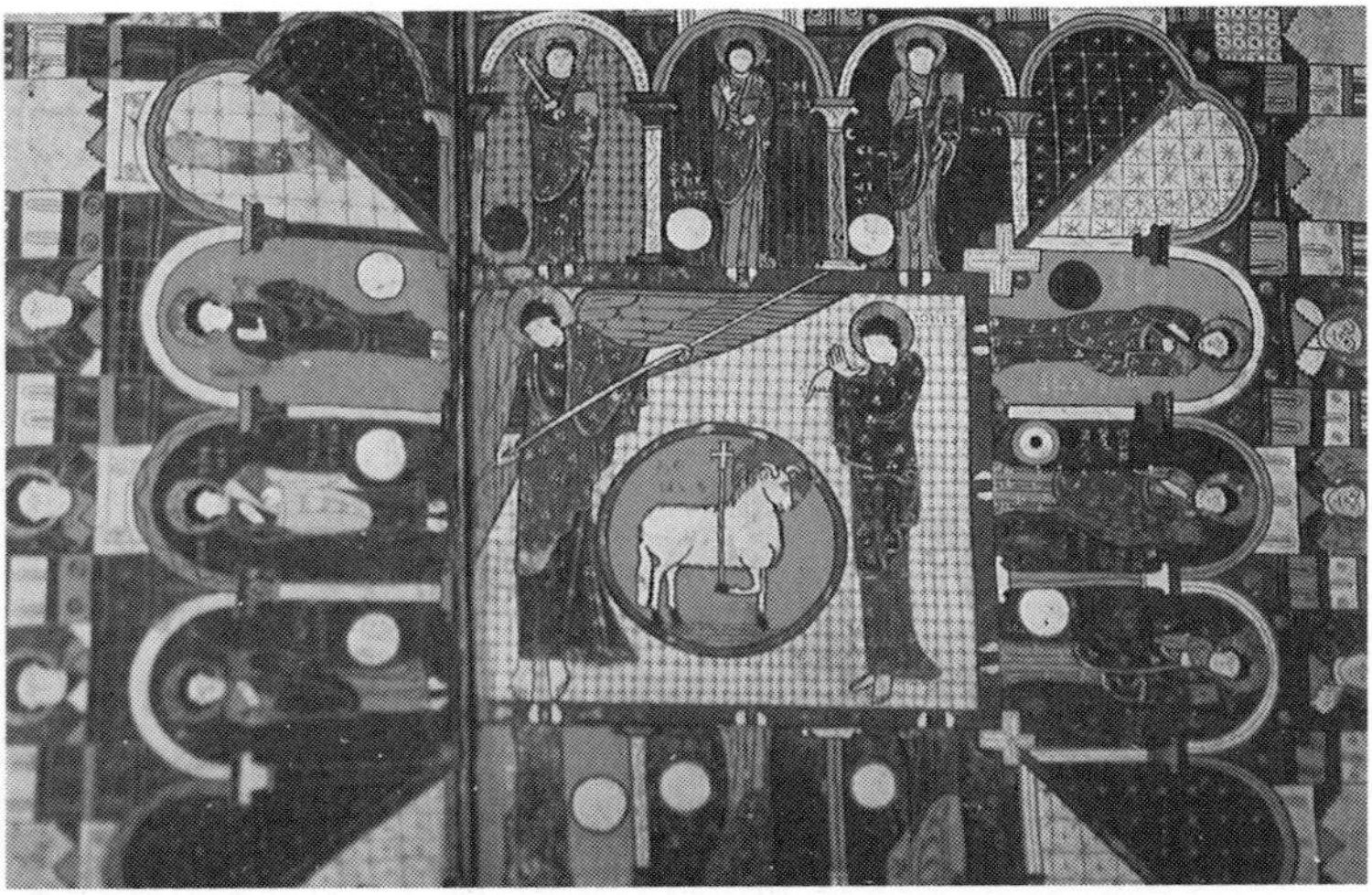

天上のエルサレム。リエバナのベアトゥス『ヨハネ黙示録注解』挿絵、11世紀、フランス国立図書館蔵。

芸術家」を見てとるのは誇張ではない。大淫婦が跨っている〈獣〉は、否応なくピカソの作品「ゲルニカ」を思い起こさせる。

色調も、紀元一〇〇〇年頃、同様に変わった。クリュニーの修道士たちは黒色をまとうことを選んだ。それは黙示録の中の最初の騎士の色である白色を避けるためであった。赤色は、依然として地上の王国と世俗権力を象徴するものであった。こうして紀元一〇〇〇年以前に、フレスコ画は細密画のように赤色と黒色で支配された。紀元一〇〇〇年以後、白色は光の広がりをそこに持ち込むので処女マリアの表現に伴うようになった。こうした転移によって、黒色は悪霊《ディアブル》の色になった。神の空は青色をしている。緑色は喜びを想起させる。しかし、だからといってこの色の象徴体系は、厳格なコードによって固定化されているわけではない。例えば白に関していえば、ルイ・レオーによれば[164]、光と永遠を象徴することを思い起こさせている。「ダニエルとヨハネの黙示録のヴィジョンにおいて〈年を経た方《かた》〉〔『ダニエル書』七章九節〕の髪は混じりけのない羊毛とその白さを競い合っているだ、その方《かた》は雪のように白い着物をまとって現れた。それを取り巻く天使たちも、同様に白をまとっている。」

バベルと言語の混乱

紀元一〇〇〇年に現れた新しい図像《イマージュ》の一つとして、バベルの塔を挙げなくてはならない。その最古の図像は七世紀のアングロ・サクソン人の修道士カドモン〔?―六七五年頃、ベーダによると、牧夫であったが夢の中で神に天地創造を詩にうたうことを命じられ詩作を始めた、という〕の写本中にあるものである。彼は英語で書かれた最古の詩の作者で、彼の作品には一〇世紀末、細密画によって挿し絵が描かれている。それ以来、「紀元一〇〇〇年頃から、バベルの塔の苦悩する図像《イマージュ》が起こり、西洋人の空想の中で増大しているのである。」（ジャック・ル・ゴッフ）

人類への永遠の警告としてノアの子孫によって建てられたといわれているこの建物、このバベルの塔が象徴するものについては、様々な研究がなされてきた。「これは、大洪水の前に悔い改める人々が避難所として用いるためのものであった。神は罪人たちを罰するため地上に大洪水を送るに違いないが、主の怒りが罪人たちの頭上に矢を放つその時までに、罪人たちは神に立ち返ることが期待されているのである。」[165] さて、この塔の建造者たち自身もまた、傲慢の罪を犯した。彼らは、自分たちが天に届き、共通の運命を免れるために塔を建てた罪によって罰せられた。神はどうやら、彼らを罰するのに自然の地震によってではなく、より独特で、より効果的な方法で彼らの仕事の邪魔をした。すなわち言語の混乱によってである。工事をしていた人々は突然に互いに話す言葉がわからなくなった。使っていた共通の言語を全て忘れ、もはや様々に異なった、自分の出自の方言でしか自己を表現しなくなったのである。この騒然とした音の中で、命令は伝えられなくなり、この工事は放棄された。そして技術者として工事に携わっていた人々は、国の四方に散り散りになっていったのである。ヘブライ語で〈バベル〉という語はまさしく〈混乱〉を意味しており、そこにはあらゆる悪徳と、混乱から生じた無秩序で知られた都、バビロンの名が無理矢理にあてはめられたのである。

一〇世紀には、言語の混乱が加速した。ローマ帝国の滅亡の後、正式なラテン語がすたれ、教会の業務や料理のためのラテン語が各地の話し言葉と混ざって作り上げられた。民族大移動が方言の混合に有利に働いたため西欧諸国の語彙が〈野蛮《バルバル》な〉な語で豊かにされたとしても、近隣もしくは遠隔地方の人々の間での理解は容易にならなかった。この時からすでにフランスは、ラング・ドイル〔ロワール川以北で用いられた方言の総称〕とラング・ドック〔フランス南部の方言の総称〕だけに分かれていたのではなく、各地の諸方言が互いにはっきりと区別されていた。これは他の国々においても同様であった。「歴史家は、一〇六六年のノルマン人によるイングランド征服をアングロ・サクソン文学の終焉と見なすものだが、この征服がその原因のすべてではなかった。ノルマン人の大帆船《ネフ》の到着する一〇〇年前に言語の分解はすでに始まっており、スカンディナヴィア人の侵入によってそれが奨励されたのである。文法上の曲用〔性・数・格の語尾変化のこと 166〕や性は消え、発音は不確かになり、脚韻はすでに畳韻法〔同一または類似の子音を繰り返して詩句の効果とすること〕に取って代わった。」同じ現象がドイツでも起こった。そこでは古代の高地ドイツ語と古ザクセン語という二つの原始的な言語が一〇五〇年から一一〇〇年の間に放棄された。ドイツの場合は、外国人による侵入のせいではなかった。紀元一〇〇〇年頃には口語でのドイツ文学は存在せず、ロスヴィタ〔九三五頃―一〇〇〇頃、ガンデルスハイムのベネディクト系女子修道院の修道女〕はラテン語で作品を書いていた。

この言語上の無政府状態は、多かれ少なかれ、聖職者に課されたラテン語使用によって抑えられはしたが、西欧人たちの精神的不安やコミュニケーションの難点を悪化させた。西欧人たちは互いに聞いて理解ができず、上司の命令を部下が理解できないこともあった。「常に自己の思想を視覚化する中世は、言語が混在するこの不幸を表現するために、バベルの塔という象徴を見出した。そしてそこでは東方的イコノグラフィーを手本にして、人を恐れさせる破滅的な図像《イマージュ》をより頻繁に用いた。[167]」（ジャック・ル・ゴッフ）それは、この途方もない塔が天上のエルサレムにはい上がりたいという願いに応えるものであるから。これは言わば、そのための梯子なのである。

さらに、これを主題とするイコノグラフィーによって私たちは、一〇世紀から一一世紀の新しい建築技術をより良く知ることができる。ジャック・ル・ゴッフはモンテ・カシノ修道院で制作された一〇二三年の写本から抜粋して細密画集を出版している。これらの細密画は、バベルの塔の石の大きさ、鋸の使用、足場の脆弱さ等々についての情報を私たちに与えてくれる。ル・ゴッフによる分析も、一六世紀にブリューゲル〔一五二五―六九、宗教画・風俗画を描いたベルギーの画家〕がこの主題で描いた有名な絵のものと同じくらい興味深い。ちなみに一九世紀末にはこの黙示録のテーマへの回帰が指摘されることになる。一八九八年一〇月九日の『サン・フランシスコ研究紀要』（大災害に関わりの深いアメリカの都市の紀要）において、崩壊しつつあるバベルの塔のデッサンが、フランス人の頽廃についての論文とともに挿し絵として描かれている。塔の各々の階が、この頽廃した国民を襲う諸悪や諸恐怖《テロール》を象徴している。すなわち普通選挙、公教育、産児制限、不道徳な文学、訴訟事件の卑劣さ、様々なスキャンダル、植民地主義、勲章をめぐる取引、パナマ運河をめぐっての代議士や銀行家の不正な謀略、火災時の慈善バザーにおけるブルジョワたちの卑怯な振舞い……。この傾いてぐらぐらする塔の崩壊のとどめはドレフュス事件であった。

聖遺物の崇敬と売買

紀元一〇〇〇年に近づいて、聖遺物が増加し、崇敬が拡大した。この熱狂には、二つの決定的な契機があった。それは、著しい発展をとげた一〇世紀の最後の数十年間と、活力が満ちてきた紀元一〇〇〇年の後の数年である。一〇〇八年は諸教会の再建が顕著であった年である。

聖遺物は「それが巡礼者と寄贈物を引き寄せるほどに、修道院の霊的名声とその物質的安定の重要な一部分を請け合うものであり」[168]、もちろん一〇世紀以前にも存在していた。カロリング朝時代（八―九世紀）以来、人々はたくさんの聖遺物で教会の〈宝庫〉を満たしていたが、その聖遺物が本物かどうかはほとんど調べられていなかった。聖人たちの存在もしくは肉体を証明するこれらのオブジェのリストは、しばしばプレヴェール〔一九〇〇―七七年、フランスの詩人でシナリオ作家、シャンソン『枯れ葉』の詞、『天井桟敷の人々』などのシナリオを書いた〕式の作品目録にも似ている。人目を引くことが、時には滑稽さを競うことでしかなかったりするのだ。このようにサン・リキエ修道院などはキリストの生涯の〝記念品〟への信心を信徒に勧めた。アリウルフは自作の『百年代記』においてそれらを列挙している。「十字架の木、キリストの衣服、サンダル、タオルの断片、五〇〇〇人を養った後にキリストが腰を下ろした石、キリストが弟子たちに配ったパン、キリスト誕生の時に灯された蠟燭、キリストを縛った縄、キリストが十字架に昇る時にその上に乗った石、磔にされた時の釘、キリストに差し出された酢の混じった胆汁を入れたガラスの小びん……。」処女マリアに関しては、「彼女の乳、髪、外套」の痕跡が記された。

これらの聖遺物を保存していた教会の多くの地下納骨堂は、明らかに珍奇な物にあふれた小部屋のようなものであった。こうした小部屋は、啓蒙主義時代（一七世紀後半から一八世紀）にはドラゴンの化石化した骨や一角獣の角で飾られていた。しかし、巡礼者の軽信や神父たちの才気を馬鹿にしてはいけない。これらの物は何よりもまず象徴的で記憶を助ける価値を持っているもので、たいていはまがい物であったにもかかわらず、それらはイコンのように神の臨在に満ちていると信じられた。信仰は聖人の聖遺物への崇敬以上に価値があると考えられた。これらの奇妙な信仰の中に驚異現象が入り込んでいるのは、当時（白）魔術が悪魔《サタン》側ではなく、教会側のものだったからである。人はもはやパンのみによって生きるのではなく、パンへの渇望と同じくらいに奇跡への渇望を抱いていた。ジョルジュ・デュビは、「それゆえ、異界がこの世の日常生活に入り込み、キリスト教と人々の心の奥底の信仰心との間で一種の相互浸透のように作用していることがわかる。そういう対象が存在するのだ」と言っている。修道院が生き残るために必要な寄進と信心深い人々とを引き寄せるには、聖遺物への依存の高まりは大目に見られた。このこともまた、考慮に入れなければならない。それぞれの修道院が、最も輝かしい、すなわち最も目立つ聖遺物を所持しようと大いに努めていた。稀少な聖遺物であれば、とりなしの力が強い、という考えからである。おそらくこの面での最高のものは、キリストがちぎったとされるパン片の展示であろう。（これについては後述する〔二四〇ページ〕。）

聖遺物が実入りの大きい商いの対象たりうるものであった場合、共同体間で競い合いが生じ、盗まれたり取引が行われたりした。聖地巡礼者の仲介により東方と西方との間で純然たる取引を行いながら、〈聖遺物売買〉について話し合いがなされた。聖遺物が「発見」されたというのは、たいていは市場へ聖遺物が出まわっただけのことである。聖遺物について残る記録は、それが教会の宝庫に入った日付ぐらいのものである。例えば、九七四年、サン・ミッシェル・ド・キュザ修道院の奉献の際に、一人の修道士が主祭壇の下に安置されている聖遺物のリストを作成したことがわかっている。同様に、九七九年にはトゥルニュの修道院長エティエンヌが「石棺から発見されたばかりの聖ヴァレリアヌスの骨を分けたことがわかっている。すなわち、頭骨は像に納められて高貴な教会の内陣に置かれ、その一方で彼の骨を中に納めた聖遺物入れは地下の納骨堂に置かれたのである。」（グザヴィエ・バラール・イ・アルト）同年、ランス大司教アダルベローは教皇聖カリストゥス〔在位二一七―二二二〕の身体を自分の教会の入り口に移させた。九八五年には聖クリストフ〔救難聖人。キリストを肩にかついで川を渡ったといわれる〕と聖女スザンナ〔ユダヤの処女。無実の姦通罪に問われるが、ダニエルによって救われる〕の聖遺物が発見された……。これらの聖人が〈選ばれたの〉は思いつきではなく啓示によるものである。例えばこの聖クリストフの伝説が形成されたのは紀元一〇〇〇年頃のことだが。彼はある岸から別の岸へ、ある世界から別の世界への渡し人であり、彼の肖像は教会自身が彼を権利侵害者として追放する時まで、優しい巨人という姿をとって教会の入り口ポーチを飾ることになる。

聖遺物は旅をして交換されていたばかりではなく、平和の集会においても公けに展示された。[169] その際、これらは真の〈呼び物《アトラクション》〉の役割を果たしていた。シャルーでは九八九年、リモージュでは九九四年、聖遺物の存在はとくに式典の重要性を高めるのに貢献した。「これらの断片への崇敬の上に、実際、全社会秩序が据えられた。というのは封建的《フューダル》秩序を保たせようとする全ての宣誓は、実際に、聖遺物入れの上に手を置いてなされていたのだから」とジョルジュ・デュビは語っている。ロベール敬虔王は、自分の臣下たちがあらん限りの信仰を誓うべき聖遺物がなかったので、新たに一つ作らせたことさえも、私たちは知っている〔一三七ページ〕。

人々が聖遺物の所に全然来なかった場合、聖遺物の方が人々のいる所へ移動した。その時代の年代記は、こうした〈移葬〉や〈奉挙〉〔移葬は聖遺物の安置所を変えること。奉挙は聖遺物を多くの人に見せること〕の語でいっぱいである。移葬や奉挙に際して修道士が大勢群れた。修道会の典礼、高位聖職者のパレード、彼らが通りかかると熱狂して錯乱状態に陥る群集。これらを伴った正真正銘の公的な旅が営まれた。シャバンヌのアデマールは、サン・ジャン・ダンジェリの教会において、とりわけ素晴らしい聖遺物、洗礼者聖ヨハネの頭の発見を祝う典礼について詳しい報告を私たちに残している。「この知らせに感動した全ガリア・イタリア・スペインはこの場所に競って急ぎ駆けつけている。」そこにいた有名な人物たちの中にはナヴァール王のサンチョ〔サンチョ三世（大王）、九七〇—一〇三五〕やフランスのロベール敬虔王がいた。ロベール敬虔王は個人で「三〇リーヴルの重さの純金の板、絹織物、教会を飾るための金」を提供した。この同じ祭りの間に、聖マルシャルの聖遺物が「金と宝石で飾られた聖遺物箱の中に入れられて」リモージュに運ばれた。その行列は、近隣地方から駆けつけてきた人々の大雑踏の中で、本物の十字架片があることで有名な町シャルーを通過した。サン・ジャン・ダンジェリに戻ると、司教は儀式を再び執り行い、洗礼者の長〔聖ヨハネ〕を示しつつ、信徒たちを祝福した。

時として、これらの移葬には奇跡が伴った。アデマールが物語っているところによると、アングレーム司教区で崇敬を集めた隠修士、聖シバールの聖遺物の移葬の際に、彼の杖が天に挙げられて炎に包まれるのを人々が見たという。そして行列から帰ってくると、それに参加していた人々は靴を濡らさずに川を渡ることができた。しかしながら、このように聖遺物の展示が起こした奇跡は、必ずしも正統なカトリック的なものではなかった。軽信は、しばしばペテン師や群集を騒擾《そうじょう》に駆り立てる貪欲な聖職者が悪用した。その証拠としてノジャンのギベール〔一二世紀前半に活躍した北フランスの修道士〕が伝える話がある。「ある教会、それも最も有名な一つの教会が募金を計画し、自分たちの聖遺物について法螺吹き屋に大法螺を吹かせ、建物補修のための援助金を求めていた。（私はその場にいたのだが）彼はある巻き紙を広げて言った。

『さぁ、お立ちあい。この聖遺物箱の中には、われらの主がご自身の歯で噛まれたパンのかけらが入っている。もしあなた方がそれをいくらかでも信じ難いと言うのなら、ここに一人の人物がいる（筆者のこと）。実際に彼は、文字どおり、最も確かな権能を持っているのだ。必要とあらば、彼は私が述べたことの真実の証人となるであろう。』私は告白するが、私はそれを聞いて赤くなった。その演説している者は聖遺物が本物であることを、その場にいた多くの人々の前で証明しようとした。私はその場にいた人々の心の平安を乱したくなかった。もし人々がいなかったら私はこのペテンを暴いたであろう。修道士たち、聖職者たちまでが、異端的な言葉を弄しながら、この恥ずべき不正取引に身を委ねているのである。」[170]

修道士たち、聖職者たちだけがこうしたペテンを仕組んだわけではない。グラベルは〈非常に器用な古道具商〉の例を引き合いに出し、「多くの墓から彼はこっそりと、つい最近死んだ者の骨を掘り出し、それを様々な手箱に入れ、多くの人々に殉教者や証聖者の聖遺物として売っていた」と言っている。アルプス地方を遍歴しながら、この小悪党はある日スーザに到着した。この地ではマンフレード侯がこの要塞都市の新しい教会を立派にするため、ちょうど聖遺物を捜していたのだった。「聖職者たちは、建物の奉献を慣例どおりに行いながらも、駆けつけて来た群集を大喜びさせるために、この冒瀆的なペテン師によって発見された骨を他の聖遺物共々狙っていた。さて、それは一一月一六日のことであった。聖ユストが殉教したのがこの日であり、その骨が発見されるのもこの日がちょうどよいとそのペテンの賛同者たちが強く主張していたため、この日が選ばれたのである。しかし私は、聖ユストの身体が人々のもとに戻ってくる理由を知っていたので、このくだらない作り話をやめさせるよう交渉した。最も高貴な人々がこのペテン師に気づいていたし、私の意見に与していたからである。さて翌晩、何人かの修道士たちがこの教会の中で怪物の出現に出くわした。例の骨を納めた聖遺物箱のおかげで、真っ黒な黒人の姿をした者が教会から追われ行くのを修道士たちは見たのだった。」間違いなくこれも悪霊《ディアブル》の仕業である。

聖遺物の中の多くが偶然の、すなわち〈奇跡的な〉方法で日の目を見たという報告を読むと、聖遺物のでっち上げは、私たちの主題である紀元一〇〇〇年の幻影と関連性があるように思われる。これらの発見は、紀元一〇〇〇年直後の数年間のうちに増えているのだが、隠された富が発見されたという報告と同じく、それは神の意志をその時代の人々に示すためのでっち上げであった。グラベルは、一〇〇八年に「様々な奇跡が起こって、聖人の多くの聖遺物が長い間隠されていた場所で発見された。あたかも聖遺物は神の印の上で栄光に満ちた再生の瞬間を切望していたかのように信徒たちの黙想に委ねられ、彼らの心に力強い励ましを与えたのである。」

平和の集会——平和主義と人権擁護

紀元一〇〇〇年頃の苦悩ムードにおいては、戦いに出かける領主たち自身が自らに不安を覚えていた。彼らは自らの（正当な）権利や自らに課せられた力に、もはやさほど自信を持っていなかった。しかも戦利品や略奪品が減った。ヨーロッパは生気を失い、これら猛禽類のような領主たちも、もはや豊かな戦利品をほとんど望まなくなった。彼らは徐々に、しかし頻繁に、貧相な貯えや少量の質素な食糧をくすねることで満足するようになっていった。彼らの誇りや傲慢、支配意識はどこに行ったのだろうか？

彼らは、乞食の中の乞食、いかがわしい場所にいる一味の親玉のように、領内の農民の上に君臨していた。あり合わせのもので我慢するように追い込まれた彼らは、自分の死後の魂の存続、自分自身の救いについての問いを発した。以下はミシュレーの観点である。「あまりの惨めさに心が打ち砕かれ、彼らは少しばかり優しさと同情心を持つようになった。神の剣の下で震えて矛を収めたのだ。この呪われた地のために戦い合う力、これから始めようとしていた戦争を実行する力はすでにない。復讐はもう必要とされていなかった。敵も自分も長くは生きられないことを、各人がよく理解していたのである。リモージュで起こったペストの場合、彼らは心から司教たちの足元に急ぎ来て、平静さを保つこと、教会を尊ぶこと、大通りをもう荒らさないこと、高位聖職者や修道士たちの保護下で旅する人々を大切に取り扱うことを約束した……。これぞ人々が神の平和、のちに〈神の休戦〉と呼ぶものである。」

司教たちの側では傭兵隊による教会財産の略奪、すなわち自領での財産の略奪に疲れ果てていた。領主たちは常に傭兵隊に、孤立した場所の修道院や田舎の礼拝堂、あるいは領内の信徒たちの収穫物さえも勝手に強奪させていたからである。だが、傭兵たちを豊かにする民衆が貧しければ、彼らも豊かにならないものだ。しかし、哀れな隣人たちの状況を見かねた多くの人々が、貪欲な田舎貴族の権力濫用に対して立ち上がった。特権廃止ムードのようなものがあったのである。とりわけ大異変や最後の審判が近いと考えたことで、互いの主張を擦り合わせ、歩み寄ろうとする姿勢が見られた。「今や教会は、圧政者とそれに苦しむ人との間の調停者であると自認している。ただ教会は純粋な善意によって行動しているのではない。略奪された農民たちの土地は教会のものだったからである。しかし教会は、自己の財産を守る以上の任務があることを理解していた。教会には王権の力不足を眼前にして諸侯の軍事力行使を規制する責任があったのである。もはや説教するだけでは十分ではないので、教会は神の平和を命じようとしていた。」[171]

これを行うために教会は、新たに教会会議を開くのではなく、教会と利害関係者との対話という新しい形式を工夫することにした。教会会議であったなら、くたびれてつれない無気力な高位聖職者たちは、議院席についている現代の代議士たちのように、有意義な提案や修正案に聴く耳を持たないだろう。言わばこの新しい形式とは、下部のメンバーが発言権を持つような庶民的な集会である。そしてここからこそ、財産や人々の安全に関する具体的な解決策が出てくるに違いない。

グラベルは次のように書いている。「こうしてまずアキテーヌ地方で、司教、修道院長、聖職の誓いをたてた者たちがその集会に人々を召集しはじめた。そこには多くの聖人の身体や数えきれない聖遺物箱がもたらされた。そこからアルル、リヨン、ブルゴーニュ全土を経てフランスの端に至るまでの全司教区で、高位聖職者、全国の諸侯たちが特定の場所で平和の回復と聖なる誓約の制定のために集会を開くことが宣言された。箇条書きにされた序文には、してはならぬ事と、全能の神に対して果たすよう定められていた誓約とが同時に含まれていた。これらのうち最も重要な誓約は、神聖な平和を守ることであった。どんな状況下にあっても、たとえどんな悪事を行ったとしても、今や人々は恐れを捨て武器も持たずに生きねばならなかった。」

これら民衆の集会は、ピエール・ボナシーが著書『紀元一〇〇〇年のフランス』において指摘しているように、定期市の立つ原っぱで最もよく開かれており、「同時代にノルマンディーの農民たちが自分たちの自由を守るために小さな森や平原で開いた議会とは異なっている。」

公けの場にこの問題を持ち込んだ最初の司教はル・ピュイの司教であり、それは九七五年のことであった。しかし大規模な〈平和の集会〉は九八九年まで待たなければならない。その集会はヴィエンヌ司教区のシャルーで開催されたのだが、シャルー〔carrefour 十字架が語源〕はその名の示すとおり交通路の交差する町で、十字架のかけらに加えて希有の聖遺物を有するとされていた。それはキリストの聖なる（陰茎の）包皮であった。「九八九年の六月一日、平和の集会はシャルーの修道院で開催された。またポワトゥーではポワティエ、リモージュ、ペリグー、サント、アングレームの司教たちの臨席のもと、ボルドー大司教ゴンボーによって、聖職者、修道者、男女のキリスト教徒たちの集会が召集された。[172]」最初の決定事項は物質的な財産、まず家畜、とりわけ牛、雌羊、雌山羊、雄山羊、豚、ロバに関することである。これらを盗む者は破門の罰を課せられる。貧しい者、すなわち農民たちの貯えを略奪する者も同様である。路上で武器もなく歩いている司祭もしくは助祭を攻撃した者は破門に処すると脅された。避難所や教会を荒らす者も同様である。

　これら全ての基準は最も一般的な正義の領域に属することである。しかし、これらは語られ、宣言され、正式に記録される必要があった。ナルボンヌで九九〇年、リモージュで九九一年と、続けて初期の平和集会が開かれて以来、証人ととりわけ最も頻繁に訴えられた人たち、すなわち地方の小領主たちは、宣誓しなければならなくなった。

　紀元一〇〇〇年を過ぎても状況は変わらなかったが、一〇二一年、より大きな集会がソーヌ〔ロレーヌを源流とし、ブルゴーニュを経てローヌ川と合流する川〕沿岸シャロン司教区のヴェルダン・シュル・ル・ドゥブで開催された。ここに参加者各人によって発せられた宣誓の史料がある――「私は決して教会に背かない……。私は聖職者もしくは修道士が武器を持たずに修道院の外にいる場合、これを攻撃しない。私は雌牛、雄牛、豚を餌食にしない。私はいたずらっ子たちや、法務官、商人を誘拐しない。彼らの金《ドゥニエ》〔フランスの古銭〕を盗らず、彼らに罪を償う義務を負わせず、彼らを鞭打たない。私は武装している騎士や私の敵や泥棒は別として、そこに放火したりその家々を荒らすことはしない。」

武装した騎士たちは武器を捨ててそれぞれ集会から帰郷し、見たところは安心している様子の土地の人々から歓迎された。そして騎士たちは自分たちに何が利益として残ったかを考える……。もっとも、彼らは常に宣誓の言葉を自分流に都合よく解釈することができた。それは例えば、「私は夫のいない高貴な婦人を襲わない」というように。然り。だがその他は？　初夜権は禁止条項の中に言及されていないのである。しかし、女性たちもこれらの集会に出席し、間違いなくこの正義の始まりに拍手喝采したであろうことは注目される。

嗚呼！　平和の集会はしばしば無人の地で開かれたし、よい決議が常に〈冬〉を越せたわけでもない。この場合、おそらく意地悪な言い方をしていると思われるが、グラベルによれば次のようなことが起きただろう。「悪に傾きがちな人類は、自分の吐いたものに食らいつく犬、あるいは泥沼の中を転げまわる豚のようなことをした。彼らは自分が尊重すると誓った契約に何度も背く。上位の二身分（領主と聖職者）は貪欲に陥り、かつて行なっていたように、金銭欲に駆られて略奪を再開した。そして中・下位の者は上位者の例に倣ってスキャンダラスな悪徳に身を委ねた。」そのように、数年後には、ブールジュ司教自らがいくつもの城を襲撃し、焼き、虐殺するのを見ることになる。この司教は自分の雌羊たちに以下の文句で宣誓をさせていた人物なのである。「私は、教会財産の横領者、掠奪の煽動者、修道士・修道女・聖職者を圧迫する者、そして神聖にして母なる教会を攻撃する全ての者が悔悟に至るまで、自制心を失わず、彼らの魂をかちとるように努めます。」

寄進

「世の終わりが近づきつつある《アップロピンクァンテ・フィーネ・ムンディ》……。」これはラテン語の決まり文句であり、この文句によって一〇世紀の寄進証書のテクストは始まる。この決まり文句は印象的である。たとえ幾人かの歴史家がそこに象徴的な言い回ししか認めず、その影響力を少なく見積もろうとも。この文句によってミシュレーはロマンティックな自分の歴史観をふくらませ、次のように言った。「この全体的な恐怖の中で、大部分の人々は教会の陰にしか安息を見出さなかった。彼らは群れをなしてやって来て、土地、家、農奴の寄進を祭壇に置いた。これら全ての行為の根底には共通した信仰がある。証書の始まりには、『世界の夜が近づいている。日ごとに新たな荒廃がもたらされている。伯でありバロンである私は、わが魂の安息のためかくなる教会を寄進する……』とある。」

彼はこうした教会への寄進証書の序文について研究した近代の歴史家の一人であった。「それを書いた者たちは世の終わりが近づきつつあること、そして永遠の富と、はかない財産を交換する必要を記すことによって、自分の気前のよさを公表している。一般的には、『世の終わりが近づきつつある』という言葉によってこれらの説明は始まる。」[173] 実際、この表現は新しくもないし、紀元一〇〇〇年に近づきつつある時代のみのものでもない。アンリ・フォションは八世紀に修道士マルキュルフによって作成された司法文書を引用しているが、それは次のように始まっている。「明らかな印《しるし》がこの世の終わりを告げ知らせており、荒廃が増大している」と。だがフィリップ・ヴォルフ〔中世史研究者、トゥールーズ大学元教授〕は、「この決まり文句はその後にもかなり多くの史料に現れている。これには何ら驚く理由はないし、たいてい機械的なコピーでしかないもので特別な意味はない。この決まり文句は一一世紀後半には姿を消す」[174]と指摘している。

この陰鬱な決まり文句が記されているにせよ記されていないにせよ、とにかく寄進証書は確かに紀元一〇〇〇年の前後のものが多く現存する。修道士や大修道院長たちは、自分たちの、あるいは彼らの修道院ないし大修道院の経済状態を立て直す必要を感じていた。いずれにせよ時の経過とともに、神との関係ばかりでなく会計係との関係をも整えるようになるのである。彼らは、自分たちに与えられる土地、動産、不動産の所有権を確実なものとする文書を、然るべき形式で記す必要を強く感じていた。寄進は届出と受領書を是非とも必要とする。それが高額なものの場合はとくにそうである。例えば、ポワティエ司教が聖キプリアヌスの修道院にした寄進のように、労働力と道具を備えた九カ所の農地という事例もあり、サン・マルタン・ド・トゥールの聖堂参事会員がサン・ジュリアン大修道院へ行った寄進のように、それは四〇〇頭の豚に草を食ませられる森、および川沿いの水車製粉機という事例もあった。もっともこれらの公式文書の多くが今日のような綿密な調書ではなかったのは、中世初期の歴史研究者にとっては残念なことである。「一一世紀末以来のこの財産の移動は、その独特な性格においておそらく西洋社会全体にわたる経済活動として無視できない。」[175]

より低レベルの寄進は、貧者へ個人的になされた施しである。この再分配は経済プラン上、微々たる動きとしか言いえない。いくらかの小額貨幣が、ふくらんだ巾着財布から不運な人の薄い財布に移るだけのことである。しかし、これには心理的なインパクトがある。その際、慈善はかつてないほどキリスト教徒の義務となり、来世の命への保険分担金となるのである。こうしてより大きな規模で、持てる諸侯や富者によって、持たざる貧しい群集に対する小額貨幣《オボール》が分配されるようになる。ジョルジュ・デュビが引用している一人の証人によれば、晩年のロベール敬虔王には、王国内の様々な王宮で施しをする習慣があったという。「パリのシテ島で、サンリスで、オルレアンで、ディジョンで、オーセールで、アヴィニヨンで、ムランで、エタンプで、彼は千人の貧しい人々に大量のパンとワインを施した。そして、これは彼が神のもとへ帰るまさに特別な年、主の受肉から一〇三二年目のことであった。（したがってこれは運命の一〇三三年の間際にである。）さらに彼は、四旬節〔復活祭前の四〇日間。この期間は肉食が禁じられる〕の間、百ないし二百人の貧者にパンと魚とワインを配らせた。聖木曜日には、それを見なかった人には信じ難いことだが、それを見た人にとっては実に素晴らしいことがなされた。この日、王のもとには三百人の貧者が集まった。この時に王は自分の聖なる手から、ひざまずいている貧者たち一人ひとりの手に野菜や魚、パンや一ドゥニエを渡したのである。これはその日の第三時に行われた。第六時にも同様に、彼は百人の貧しい聖職者にパンと魚、ワインを与え、それぞれに一二ドゥニエを施した。」

良心のレストランあるいは慈善事業を予示するこの食事の配給メニューに肉がないこと――ワインはあるけれども――に気づかれるだろう。肉を食べないことは四旬節の間は正当なことである。しかし、慢性的な飢えの状態にあった一〇世紀には、キリストの荒野での断食に倣った四〇日間の肉断ちは、本来の意味を失っていた。「卵、チーズ、魚、ワインを慎むことは大いなる美徳を証明する」とオルレアン司教が宣言しても無駄であった。節制に関する原則は、教会が直面させられていた〈栄養失調〉問題を前にして、否応なく弛んでいた。なぜなら教会もそうせざるをえない事態に気づいていたからである。教会は大食を罰することはしたが、生き延びるための一日の食糧配給の内容にはしばしば目をつぶった。「灰の水曜日、アミアンの住民は聖フィルマン教会に赴いた。司教は習慣に従って粗布の着物をまとい、信徒たちに勧告をするため裸足でやって来た。彼は信徒たちに、この日から復活祭までの間、肉食の禁止を告げた。しかし、その命令に従うどころか、その昔、農民たちが領主に対して蜂起したように彼らは抗議した。司教への多くの不満を述べた後で、司教は新たな苦行をたえず考え出すのが好きなのだ、と言った。彼らは、日曜日に肉を食べると宣言し、実際にそれを食べた。司教はそれを知ったが目を閉じて、状況が良くなることを期待した。[176]」

　ここで、施し《オーモン》という言葉が中世には在俗の貧者だけにではなく教会自身になされた寄進をも意味していたことに注意しなければならない。そして最も困窮している俗人たちに〈施しをする〉のが、この時の教会の役割であった。ここから与えられた施設付司祭《オーモニエ》の名は、まずこの再分配を任された司祭を指すことになった。すみやかに教会は、この分野での経済的役割を果たしたし、これらの寄進からの分け前をも先取りしていた。幻影の歴史の中で施しに関係するのは、唯一この最後の事柄だけである。紀元一〇〇〇年以前、かなり大きな規模を誇っていた修道院のためになされたこれらの先取りは、より目立つものであった。「信心の基本的行為になっていた施しは皆が行っていた。清くなりたいという精神は、全ての罪を贖う財産放棄を促した。貧者の中で自らを貧しくすること、そうして天上の富の取り分を確かなものとすること。この富によって神が諸聖人を豊かにすることは素晴らしい約束であり、地上では彼らの教会を豊かにすることがその前触れとなる。[177]」この財産の移動は、それぞれは慎ましく小規模なものにすぎないが、その目覚しい広がりによって拡大することになったので、西洋経済をかなり変質させる現象となった。デュビによれば、「マコンでは九五〇年から一〇〇〇年の間、俗人の——主に小貴族に関わるのだが——財産減少は、本質的に信心のための寄進にその理由が求められる。このように救いを求めることは、経済変化の力強い動因となった。その結果、疑いなくクリュニー周辺地域は、紀元一〇〇〇年間際に荒々しい変化の中に入ったのである。[178]」

寄進とは経済現象でしかないのか。この寄進の波には、心理的理由もまた認めなければならない。常にキリスト教は、あらゆる宗教が品行の清さと同時に物質的富の正しい再分配を説くのと同様、堕落と社会的不平等の源である金の問題に直面しなければならなかった。清貧を説くこと、これはマゾヒスト的振舞いをすることではなく、金持ちの人が他者の持っていないものを持たないようにすることである。搾取の上に地上の財を貯えることはやめようという真面目な聖職者たちの願いは、ここから来る。皆が興奮の絶頂に達した時、すなわち運命の年に近づいた時、筏の上の避難民のような人々は、まず金か銀を、そして食べられない物、当座は無用な物——小舟にとって重量オーバーになりそうなもの——を皆、投げ捨てるのだ。一〇三三年の時と同じく紀元一〇〇〇年の直前には、「全宇宙に犠牲を呼ぶ声が鳴り響く。人類は無一物になることが必要とされた」[179]とジョルジュ・デュビは言っている。それには三つの理由がある。第一に修道士の目には、禁欲こそ救いへ至る勝利の道だったからである。第二に俗人にとっては「法的行為は贈与か罰金の形で行われ、それは和解の場合に際立っていた。」[180]第三に「典礼に重きを置く宗教においては、犠牲、すなわち目に見えぬ力への献金として富を自発的かつ無償で清算することが、人間と聖なるものとの和解において重要とされていたからである。実際、キリストの再臨を待ち望む上で、浄めの行為が紀元一〇〇〇年の後（そして一〇三三年の前）に増えたのは明らかだと思われる。」[181]

浄めの行為の第一は寄進である。現金で、ということはほとんどない。さらに言うと、金額はほとんど問題にならない。この時代、貨幣は現代ほど流通しておらず、ほとんど公けの宝物庫、すなわち王国にしか貯め込まれていなかった。（これは例えば、身代金を支払うために十分な量の現金を持っていたためである。）したがって教会や修道院、聖遺物などへの寄進は、動産・不動産であることの方がより一般的であった。土地や農地の所有権、製粉機、塩田、そして奴隷もまた寄進されていた。なぜなら奴隷は奴隷の主人に〈属していた〉からである。とりわけ宝石や高価な典礼月品はよく贈られた。一〇二二年、ギョーム・タイユフェ伯はアングレームの聖シバールの墓に「かなりの贈り物と、陶製品と金銀製品、さらに宝石で飾られた三・五キロの重さの行列用の金の十字架、サラセン帝国で作られた七・五キロの重さの銀でできた枝付大燭台を二つ贈った。」〔シャバンヌのアデマール〕

この〈宝物〉の金と銀はどこから来たのだろうか？　この生気のない社会では、金はほとんど流通せずに隠されていた。暖炉の煉瓦板の裏、ないしは庭の奥深くに念入りに隠された小箱の中に積み重なって……。それはもっと良い日が来るのを待ちながら眠っていたのである。しかし、金にその穴から出るよう強いる出来事がやがて起こる。遙かのちに、一九一四年〔第一次世界大戦〕の陰鬱な日々、民族意識と国家の危機をアピールされて、各人が地中から貴金属類を掘り出して、それを捧げようと準備した時のように。紀元一〇〇〇年の時は、全人類を脅やかす悪魔と戦う武器を作ることが重要であった。コンク〔中央山地南西の村〕の例はこの典型である。九世紀初めにベネディクトゥスの修道規則のもとに設立されたこの修道院は、三世紀末もしくは四世紀初めにアジャンで殉教した聖女フォワの聖遺物を守っていた。九八〇年、盲目のギルベールの奇跡的な回復によって、この地は重要な巡礼地としての飛躍を決定づけられた。このルエルグ山中の人里離れた地コンクは速やかに民衆の信心を集める聖地となり、新しい修道院自体が宝物庫と見まがうほどに数えきれない寄進を受け取ることとなった。一〇一〇年頃、ここを通りかかったベルナールという一修道士は——卓越した史料『聖女フォワの奇跡譚』を編集した人物であるが——、その富に唖然とし、幾分ショックを受けた。「コンクの修道士たちは、人々に隠し場所から金銀宝石を出させる技術を心得ている。このように、学者肌のベルナールは、寄進を得るために修道士らによって考え出された方法を誰かから聞いて、馬鹿正直な卒直さで私たちに教えている。」[182] ベルナールが一〇一〇年に書いたというのであれば、それは紀元一〇〇〇年以前の寄進の受託リストないし寄進によって制作された物の目録をも含んでいるはずである。とくに聖女フォワの聖遺物はいくつかの部分に分けられ、「少なくともその頭蓋骨といくつかの椎骨は、一〇世紀の終わり頃に制作された金の彫像の中に納められている。」[183] イチイの木製で金銀が被せられているこの聖遺物の彫像は、アメジスト、エメラルド、オパール、瑪瑙、硬玉、サファイア、紅色玉髄、紅殻、ガーネット、水晶、そして古代のカメオといった宝石で飾られている。八五センチメートルの高さを持つこの彫像は、金と宝石が寄進された最も明らかな証拠であり、紀元一〇〇〇年の苦悩を証言している。修道士ベルナールは次のように言及している。

「この修道院には多くの人々が膨大な寄進やたくさんの田舎の領地を提供したけれども、とくにこの地方の住民や年老いた巡礼者は、一層気前よく金銀宝石を提供した。彼らの寄進は数えきれなかった。集まった金の塊は、修道院長に新しい主祭壇を作る気にさせたほどである。しかし、見積書に従った実際の制作は大規模なものだったので、金の貯えはすぐに尽き、金や宝石のかなりの追加出資が必要であった。こういうわけでこの地方では、指輪やバックル、腕輪、髪飾りなどの装身具を聖女フォワの聖遺物のために捧なかった者はほとんどいなかった。それが単純な願いによってであれ、一連の執拗な懇願によってであれ。それぞれの者に、聖女フォワはまだ大人になっていない若い乙女の姿をとって夢の中に現れた。彼女の懇願は、あらゆる場所から押し寄せて来た巡礼者にも同様に向けられた。その結果、〈見た目にも膨大な〉《タム・スペチオーザ・タムクエ・スパチオーザ》宝石で飾られた金のテーブルが作られた。大量の金が残ったので、それは後に聖なる用途に使われた。」その地方で自然に採れる全ての〈パクトル川の砂金〉を回収せんという修道士たちの貪欲さに加えて——それ自体が〈見た目にも厖大な〉ものであったが——、ここでは集団幻想の役割が注目されるだろう。それは全ての人にとっての同じ夢であり、誰一人として悪霊の策略との関係など疑問には思われないものだった。

ロベール・ラトゥーシュは、ある貴婦人がコンクに巡礼に来たものの、この聖女のために自分の装身具を放棄したくなかったので、最も美しい指輪の一つを自分の召使いに託して、自分が帰るまでこれを隠しておくように命じたことを伝えている。「しかし彼女の策略は暴かれた。巡礼を果たして帰宅した時に、この貴婦人は激しい熱に襲われたのである。再びコンクに戻った彼女は、例の指輪を自分の健康回復と引き換えにしたことで、やっとその熱から解放された。」

農民たちが営む泥まみれの耕地からこれほどの大量の金が急に現れることもさることながら、彼らがそれを容易に採掘したことにも驚かされるだろう。近い将来への恐れは、これら哀れな人々の乏しい貯えを地中から掘り起こし、それを彫像の足元に貯め込むのを決心させるほど大きかったに違いない。高位聖職者たち自身が教会の名のもとに行われたこの強奪に対して抗議した。「修道院の建物や聖堂は、今や吝嗇な高利をつけて、虚偽の策略と説教者のごまかしによって建てられている」とピエール・ル・シャントル〔一二世紀の神学者〕は言った。クリュニーの贅沢に憤慨したクレルヴォーの修道院長、聖ベルナールは後に、このように書いている。「その教会はどの面もきらめいているのに、貧しい人々は飢えている！　教会の壁は金で覆われているのに、教会の子供たちは裸である！　私に答えてくれ、貧しい修道士たちよ。あなたがたは貧しいのだろうか、聖なる場所で金を作りに来ていながら？　明らかな物言いをすれば、あらゆる悪をなすのは金銭欲である。金銭欲という偶像の奴隷……。なぜなら、贅沢な虚栄の目は祈ることよりも奉納へ人を追いやるからだ。富は増せば増すほど、人はそれをますます得たがる。その範囲がどこまでなのか私は知らない。人は、聖遺物を覆う金の屋根を提供されても、また宝物の小箱を開けても目をくらまされる。美しい形で聖人・聖女の像を造る。それらをより本物らしく造れば造るほど、それにより多くの色づけをする。信徒たちはそれに口づけするために訪れ、自ら寄進を望み、聖人の徳を敬う以上にその彫像の美しさを見る……。貧者は飢えて泣くがままに放っておかれ、無用な贅沢のために金が使われる。」ピエール・ル・シャントルと聖ベルナールは紀元一〇〇〇年より一世紀後にこれらのことを語っているのだが、すでに一〇世紀に彼らのような怒鳴りつける声が聞こえなかったはずはない。ロベール敬虔王によって聖堂参事会員たちが清貧の誓願を立てさせられたこの時代に。

寄進は金や宝石だけで行われたのではない。人々の豊かな土地もその収穫物とそれがもたらす利益とともに寄進された。これは高利貸の利益に相当するものであった。その結果、マルセイユではサン・ヴィクトール修道院が豊かになった。ここは六世紀から一〇世紀までほとんど見捨てられていた地域であった。ここを定期的に掠奪していたサラセン人の侵入に直面しながら、この修道院はかろうじて生き延びていたにすぎないのである。だがやがてこの地に住むバルバリア人たち〔モロッコ、アルジェリア、チュニジア、トリポリ等の北アフリカ地方の人々〕が追い払われ、この修道院はプサルモディの強力な大修道院の保護下に入った。この大修道院はカマルグ地方で始められた〈製塩の修道院〉で、その修道院長は、修道士ウィルフレッドをこの蘇ったサン・ヴィクトール修道院の監督者として送り込んだ。これはサン・ヴィクトール修道院や、その修道院長イザルンおよび司教ポンスにとって復活の時であった。彼らはマルセイユ副伯ポンスの兄弟をはじめ、この時代の〈スポンサーたち〉に直訴した。この副伯は、まだ元気だった頃、自分の広大なオープ平原の領地を全付属地とその境界石とともにサン・ヴィクトール修道院に寄進していた。そして死の床でもなお、彼はサン・ヴィクトール修道院にカンパーニャの農家を寄進したのである。彼は遺言ではっきりと、人にではなく神にこの寄進を行うと語った。

「神はまさに新しい所有者となった、もしも聖堂参事会員がその財産を管理しているならば」という文言がサン・ヴィクトール修道院の文書集《カルテュレール》にたびたび記されている。そしてこの修道院はクリュニーの修道院のように大司教や王（アラマンおよびプロヴァンスの王ロドルフ）をはじめとするあらゆる外部の者の干渉を免れると次のように宣言した。「いかなる修道会に属しているかを問わず、司教であれ、その他の聖職者であれ、俗人であれ、いかなる者もこの修道院が現在所有している、あるいは後に獲得しうる所有地や土地を修道院や修道院長から奪い取ることはできない。この修道院に向けられた寄進をやめさせようとする者は、破門されるか、呪われた者と宣告され、裏切り者のユダ、異端者、神を信じない者とともに地獄の底に落とされんことを。」

期待か、苦悩か

歴史家たちは、紀元一〇〇〇年の恐怖が現実なのか、もしくはでっち上げなのかという問題に向き合わされ、困惑する。戦い《バタイユ》は現実の出来事として分析されうるけれども、恐怖についてはそうはいかない。果たしてこの変わりめの年に人々の心を捉え得たのは、期待なのか、それとも苦悩なのか？　この問題を詳しく調べた多くの人々の中でアンドレ・クレマン・ドゥクーフレは、聖なる期間の終わりを前にして定められた時を期待することと、世の終わりとともに千年王国が到来するという預言〔過去に語られた未来の出来事の預言〕を想い起こすこととの関係を探究した。「そこで未来に期待することと過去の預言を想い起こすことは密接に結びつけられているが、それらの区別が必要である。聖なるものは独自な時間性を持つと考えられた。すなわち、神の意志による出来事は、未来に起こることであっても、すでにその詳細が預言されていて、人々は過去に語られた預言が未来に実現することを期待するのである。[184] 期待することは預言された出来事を確信することである。また、期待することは、黙示録の預言を語った者の苦悩を思い出すことであり、古い記憶のやき直しである。」[185] この観点は、ラテン語のゲルンディウムという時制で語られた預言の時間の両義性と同じである。例えば、「カルタゴは滅ぼされるべきだ《カルタゴ・デレンダ・エスト》」〔共和政ローマ時代の政治家、大カトーの言葉。デレンダ・エスト（＝ゲルンディウム）を直訳すると「滅ぼされた状態になるに違いない」となる〕。ただし集団現象においては、預言（そのことが確実に起こると見なされるもの）やユートピア（時空における空想上の場所）よりも期待の占める比重が大きかった。期待とは未来の出来事に備える状態であり、そこに至る軌道を逸らせる力は誰にも与えられていないのである。「その出来事が動かすことのできない暦によって定められて以来」[186] そうなのである。

しかし、紀元一〇〇〇年の年代推定は最も恣意的なものだとすでに私は述べた。ドゥクーフレは次のように言う。「千年王国が終わらないようにする唯一の方法は、時の最初の数え方を変えること、つまり紀元一年を移動させることである。そもそもキリストの誕生に定められた年である紀元一年は、正確に言えば、正確な算定が不可能なので、やむをえず定められたものなのだ」と。しかも紀元一年は、時間を計測する時代になってから仮説として定められた年なのである。[187] 事を複雑にするけれども、キリストが紀元前三年、紀元〇《ゼロ》年、もしくは紀元一年のいずれに生まれたかどうかは今なお不明なのである。

最も長い日

いずれにせよ、九九九年一二月三一日の〈大いなる夜〉に何が起こったかは想像することしかできない。証人はいないし、史料は黙したままである。この苦悩と期待の雰囲気を想像してみようではないか。

全ての歴史家たちのペンに期待という言葉を記す。「少なくとも、一一世紀の最後にはおそらく期待感が集団意識の真ん中に確立されていた。これは本当だ」とジョルジュ・デュビは言っている。この期待感は、同じ〈愚者の船〉に乗船していた俗人にも聖職者にも同様に見られる。さらにデュビは、「修道士たちは模範を示した。彼らは肉断ちの衣を再びまとい、集団行進の前衛にいた。彼らの犠牲的行為はその期待の中でしか意味を持たない。彼らは希望をつないでいる。彼らはそれぞれキリストの再臨の前触れを待ち望むよう勧告している」[188]と述べている。

待ち望むこと。これこそ、まさに時が止まろうとしていることを信じる人々に求められたことである。そうして、時が止まる。物音もしない、動きもない午後を想像する必要がある。森の中では動物たちが、日蝕が近づいている時のように静かになるか隠れてしまう。風は止み、空は空虚に澄みわたり雲一つない。おそらく地平線には奇妙な微光があるだろう。だが、間違いなくこれは人を恐れさせるための効果となる。村々や小屋を結ぶ小道には、〈生き生きと動く人影〉すらない。人々はウサギのように引きこもり、勇気があって大胆な人か、あるいは自殺を望む人でもなければ、最後に太陽が沈んでいくのを見るために野原の端まで行くことはないだろう。修道院はかつてないほど修道士たちが部屋の戸を閉じ、外の世界と隔絶し、祈りや詩篇を唱える彼らの歌は修道院の外には聞こえない。町の中では職人たちは店を閉め、子供たちは実家に帰される。

諸都市はアメリカ西海岸のゴーストタウンのようになっているに違いない。たしかにいかがわしい場所では最後の不信心者たちが大饗宴と乱行の中で最期を飾る決心をしていただろう。売春宿がにぎわっていたのは、この時にはまだカフェも宿屋もなかったからである。そして旅人たちが体を休めるためには宿泊所《ホスピス》〔修道士たちに用意された宿泊所兼救済院〕や修道院しかなかったので、こうした町の雰囲気に驚き、教会の中に避難する。教会は人がいっぱいで、はちきれんばかりである。そこは、あの世への旅費を賄うため財産を持って留まっていた人たちで混み合っている。しかしすでに貯えはもう尽きていた。なぜならそこが彼らの道の終わりだったからである。男性たちと女性たちは別々に分けられた。そして、何も知らない子供たちは真ん中に集められた。この〈ノアの箱舟〉の中で人々の群は、歴史の流れを乱さぬよう、催眠効果を高める果てしない連禱の形式をとって、苦悩を鎮めるために低い声で繰り返し詩篇を唱えている。司祭は声がかれるまで、おそらく自分自身の最期に思いを馳せながら、死にかけている人のための祈りを唱える。各人は、食卓の上でレンズ豆から多くの砂利やこくぞう虫を選り分けるように、自分の罪を分類・整理する。そうして大罪の小さな塊と小罪の山を作るのである。

何人かは、おそらく泣いている。世界の運命について、自分たちの運命について。健康な体を持っているのに、二〇歳、三〇歳もしくは九〇歳で、このように死ぬのは不当ではないのか？　人生は辛かった。しかしそれが人生だった。しなかったことは全て、する時間がなかったことなのだ！　紀元九九〇代年の人々が、木を植えること、土地を買うこと、雑木林の下草を取り除くこと、これらを続けたかどうかは疑問に思われる。神の決定が取り消しのきかないものだとすれば、そんなことをして何になろう？　精神分析学者ロバート・ウィリアム・ヒギンズの格言のように、「一一月の終わりは霧、一二月の終わりはクリスマス」である。したがって別の箴言を出さなければならない。「クリスマスが暖かいと（＝期待）、復活祭の頃、火をかき立てる（全世界の大火）。」

嘆かない人などいなかったろう。多くは蛇の目に射竦められたウサギのように、こうした運命から逃れようのないことに気づかされ、打ちのめされる。神の裁きによってどれほどの人が地獄に落ちるのかと思い悩んだろう。そのために集団ヒステリーでも起こしてしまうのだろうか？　ヒステリーという言葉は一九世紀末に現れたものであるが、その症状は穴居時代の頃からあったに違いない。一〇二一年にもあった。クリスマスのミサの間に世の終わりが近いと告げるデマがとび、「人々はベルンブルクに近いコルビクの教会内で踊りはじめ、もはや止まることを知らなかった」[189]といわれる。女性たちは、女性らしさが徳とされた男尊女卑のこの時代、憚かることなく大声を上げて地面を転がりはじめた。それは、男性の言いつけには黙して動かず、暗黙の賛同を示すという伝統的秩序を破壊する行為であったはずなのに。

　次に、世の終わりが訪れなかった後でどうなったかを想像しなければならない。夜が訪れた。星々はいつものように輝いていた。月は普通の運行をしていた。犬や狼が破滅に唸り声を上げることもなかった。そして夜が明け、太陽はその光と慣れ親しんだ風景の上に姿を現した。教会、村、町の周りは何事も変わらなかった。男性たちはブルっと体を震わせ悪い夢から目覚めて、自分たちのあばら屋に帰り働きに出て行く。まだ衝撃を受けたまま、少し目は血走り、まだちゃんと生きてそこに居るということが信じられないように。こうして一瞬ためらった後に、彼らは自分の仕事に戻って行くのである。女性たちは、この眠れぬ夜を過ごしていら立つわんぱく小僧たちに平手打ちを食わせ、夫を罵るに違いない。「あんたが私に言ったことは何だったんだい？　あんなとてつもない話をしたのは、仕事に行かないための良い口実だったんだろう。そんなことがあるものか、世の終わりだって？　この怠け者め！」

　しかし実際は、この朝、皆が喜び自分の罪の重圧から解放されたに違いない。少なくとも死は免れたのだから。たとえ司祭が、「これは一時的な延期でしかなく、世の終わりは後の日にもたらされる。神は負債を払うため期限を伸ばすのに同意されただけなのだ」などと言っても無駄である。皆がホーッと大きな一息をついたのである。「処女マリアの出産から千年目、地の上に光輝く朝が訪れたのを人々は見た」とメルゼブルクのティートマールは書いている。

　事実、全く何も起こらなかった。歴史家たちは以下のことに同意している。「エミール・ジェバールが著書『紀元一〇〇〇年の聖大晦日』の中で語っているように、間近に迫った決定的な崩壊《カタストロフ》を待ち受ける中で、恐怖に竦んだ群集がラテラノ宮殿の周りに押し寄せるようなことは見られなかった。真夜中過ぎに無事を確認して大喜びするようなこともなかった。[190]」そしてジョルジュ・デュビは次のように結んでいる。「紀元一〇〇〇年の後に訪れたのは世界の新しい春である。」

紀元一〇〇〇年から一〇三三年まで

紀元一〇〇〇年の一月一日、あるいは当時の暦でそれに相当する日、世の中はまた歩み出した。人類は再び、食べ物や飲み物を探しはじめ、姦淫の罪を犯し、隣人を非難し、キリスト者の勤めを忘れはじめた。思いがけず生き残ることができたために、再び貧困や領主の不当徴集・横領、尋問権、そして地方税の苦しみが戻ってきた。国と教会は力を取り戻すため、容赦なく増税した。しかし、とにもかくにも人々は悪い夢でも見ていたかのように、しだいに世の終わりのことなど忘れていった。

　大きな出来事は何もなかったが、変わったことはいくつかあった。千年王国信者《ミレナリスト》たちは警戒を解いてはいなかった。自分たちは日付けの数え方を間違えていた、それは重大な問題だ、キリストの誕生から数える一〇〇〇年ではなく、キリストの受難から数える一〇〇〇年を終わりの時とすべきだったのだと。これはすでに説明したとおりである。こうして新しい世代は、ゆっくりと、しかし確実に次のことを納得していった。一〇三三年にすべては新しく始まる。それは期待、不安、罪の告白、経済の破綻、悲しいシナリオによる劇的な終わりの時となる、と。

たしかに世の中は変わっていた。紀元一〇〇〇年に、東ヨーロッパは野蛮な状態からカトリック文明へと移行する。ポーランド、ロシア、ハンガリーがキリスト教に改宗する。アイスランド周辺では、特殊な状況のもとで改宗が進んでいった。[191] ノルウェー王で、北方の熱心な福音宣教者でもあったオーラフ〔ノルウェー王在位九九五―一〇〇〇〕は、植民地化されたアイスランドの住民たちに福音を説くため、強行な手段をとった。すなわち、もし改宗しなければ、大陸にいるすべてのアイスランド人はノルウェーに抑留されるだろうと迫り、しかも学問のためにノルウェーに来ていたアイスランド人の若者を皆人質にとったのである。平和的なアイスランドの人々は、すみやかにこの要請に従った。集団で改宗し、異教の偶像崇拝を放棄し、馬肉を食べることを放棄した。しかし、こうして新しく信者になった者たちは、慣れ親しんだ大地を越え、海の向こうの未知なる場所を見ようとアイスランドをあとにする。赤のエーリクの指揮のもと、彼らは船で旅立ち、グリーンランドと北アメリカを発見する。彼らはそこに未知の島々ばかりではなく、そこに住む人々、エスキモー（イヌイット）と遭遇する。もちろん、これは一六世紀の〈新大陸発見〉には及ばないものの、地上の果てが大西洋ではないという発見により、それまでの固定観念が覆されたことは間違いない。つまり、世界の反対側にも人間は住んでいたが、そこに住む者たちはキリストについても黙示録についても何も知らなかったのである。彼らはいきなり世の終わりを迎えることになるが、それは本当だろうか？　グリーンランドの大氷山の果てに達するほど、本当に天の火は猛威を振るうのであろうか？

紀元一〇〇〇年が過ぎても、旧大陸の人々の暮らしはそれまでとほとんど変わらなかった。国の紛争や天の奇跡について書かれた当時の記録を見ても、そこに特別なものは認められない。しかし、それでもなお、心性においては何かが変わっていた。例えば一一世紀の初めには聖遺物への憧れが再び高まってくるが、それはまさに最初の不安が去って、埋められていた宝が掘り出された時のことだった。一〇〇八年にグラベルはこう言っている。「これら一連の発見は、ガリアの都市サンスで祝福された殉教者エティエンヌの教会から始まった。この町の大司教はリエリだったが、驚くべきことに彼は、かつてこの教会で崇敬の対象となっていたものを発見した。その中でも特筆すべきは、モーゼの杖の一部であった。ガリアばかりでなく、イタリア全土、地中海沿岸地方からも、数えきれないほどの信者たちがその評判を聞きつけてやって来た。そして、聖人の取りなしによって病が癒されて帰る者も少なくなかった。」

宗教的な価値を持つ貴重な聖遺物ばかりでなく、その他の高価な財宝もたくさん発掘された。例えば、様々な場所に埋められていた宝飾品や金貨の入った小箱などがそれである。これはちょうど第二次世界大戦の終わりに見られた現象と同じである。ある小箱は、埋めた主人からもその場所を忘れられ、やがてそこには雑草が生い茂り、樹木が生えてしまっただろうし、また井戸の掃除の折りなどにたまたま発見された小箱もあるだろう。このような「奇跡的に」発見された地中の宝物の話は、いやおうなしに物語や伝説の想像力を掻き立てたことだろう。というのも、「発見の話」には、復活のテーマと千年を生き延びたというモティーフとがあったからである。ノストラダムスなどの予言者たちは、この種の話の中に大きな出来事の前兆と予言を見るのである。

紀元一〇三三年

キリストの受肉から数えて一〇〇〇年という記念の年にはこれといった変化は何も起こらなかった、しかしだからといって、キリストの受難から数えて一〇三三年にも何も起こらなかったとは限らない。グラベルの年代記は一〇二六年から一〇四〇年代半ばに書かれているため、ここでもまたグラベルが重要な証言者と見なされる。何より彼の証言には、たえず耳を傾けるだけの重要性があるのだ。グラベルは先に引用したように、人口の減少ばかりか、食人までをもヨーロッパに引き起こしたこの年の大飢饉のことを伝えている。

　このような雰囲気にあって、紀元一〇三三年には紀元一〇〇〇年の直前よりも一層、物質世界が音を立てて崩壊するのではないかという不安が蔓延したのも当然だった。さらに今度の場合が興味深いのは、ペシミズムとあきらめのムードが天文現象によって助長された点である。ベネヴェント〔イタリア南部の都市〕の年代記やジャンブルーのシジェベールが記録した現象、つまり大規模な日蝕がそれである。「七月の暦の第三の日（六月二九日）、または月の第二八番目の日にあたる金曜日、太陽に影ができ、それは二時間にもおよぶ凄絶なものだった。太陽はサファイヤ色となり、上半分は月の一部が影となって欠けているように見えた。人々はお互いの顔を見合わせると、自分たちが死人のように青ざめていることに気づいた。目に見えるものは皆サフラン色の蒸気に包まれているかのようだった。人々の心は極度の驚きと激しい恐怖に捕われていた。彼らはよくわかっていたのだが、この光景は人類に襲いかかるであろう大きな災いの前兆だったのである」。

　この日蝕が起こった時、経済状況はとても厳しく、宗教的にも好ましい状況ではなかった。教皇ヨハネス一九世〔在位一〇二四―三二〕が五月に没したばかりで、イタリア貴族たちの陰謀で一二歳の子供が教皇の座に就きベネディクトゥス九世〔在位一〇三二―四五〕となった。「教皇の座への就任ばかりでなく、軽卒さと品性の面から見ても好ましからぬものだった。」すでに述べたように、グラベルは次のように言っているが、これは明らかな誤りである。「(日蝕と)同じ日に、ヴァチカンでは、陰謀に加担したローマ貴族の何人かが、教皇に対して立ち上がった。彼を殺す計画は失敗したものの、彼を教皇の座から追放した。」しかし実際にはベネディクトゥス九世が教皇の座を追われたのは一〇四四年になってからのことであり、しかもすぐに復帰した。グラベルがこの事実について以下のように曲解していることはすでに指摘したとおりである。「人々は俗世と教会を問わず、世界のあちこちで争いの中で生きている。法と正義に対する犯罪があまりに多い。飽くなき欲望のために、よき指導者や保護者はいなくなった。それは明らかに地上の罪が天まで鳴り響いたためであった。血は血を覆い、まるで預言者が果てしない不正を前にして民に語るかのようであった。その時から、社会のあらゆる階層に傲慢さが蔓延しはじめ、正義と規則がゆるんだ結果、使徒の言葉がわれわれの世代に実現するようになった。『あなた方から、民の間の前代未聞の悪事の噂を聞いた。』恥を知らない貪欲が人の心を満たし、信仰の薄れた心を満たした。そこから略奪、近親相姦、欲と欲の対立、窃盗、忌わしい姦淫が生じた。あろうことか、誰もが自分自身について考えていることを告白することを怖れ、それにもかかわらず、誰も自分たちの悪い習慣を正そうとはしなかった。」

私たちの目から見れば、このような状況がこの上なく耐えられないものだとは思われない。しかし、無秩序で混乱した時代を生き、身体と精神が健全に養われていない時でも、自分たちの前の世代もまた苦しかったことを思えば、少しは慰めとなるものだが、現代ほど長い歴史を持たない当時としてはそれも難しかっただろう。一部の聖職者を除いては、歴史という概念そのものがなく、ほんの少し前の出来事でも時間の闇に消えてしまうと考えられた当時の世界では、大きな出来事がわが身に振りかかってくることを人は脅えていた。だからこそ、グラベルはこう結論する。「キリストの生誕から一〇〇〇年後に世界に現れた多くの印《しるし》と奇跡を見て、キリストの受難から数えて一〇〇〇年の年に何か起こるかもしれないと予言できる人間がいないわけではなかった。」

しかし、紀元一〇〇〇年と同じように、一〇三三年にも何も起こらなかった。世の終わりが訪れたという証拠は、どこをどう探しても見つからない。しかし、この偽りの年からほどなくして、世界はもう一つの大転換に見舞われることになった。東と西の決定的な断絶である。それは一〇五四年の東西の教会の大分裂《シスマ》となって現れる。当時、コンスタンティノポリス総大主教とローマ教皇との間で神学論争と権力闘争が激化していた。交わされる書簡がしだいに攻撃的になっていく中で、受け取った側は文面を訳せなかったり、誤って訳したりした。まさに言語の混乱の再来であり、バベルの塔の再来である。最初の攻撃はローマから始まり、教皇は東方キリスト教の宗教的慣習を異端的だと考え、今となっては笑いごとのような細かいことを執拗に強調しながら、激しく非難を浴びせた。例えば、去勢者の登用、種なしパン〔ミサで使うパンのこと〕の性質、生理中の女性の聖体拝領、夫たちのひげの長さなど。また、より重要な論点としては教義の無謬性や無原罪についての考え方なども問題とされた。それはまさしくギリシア語でいうところのシスマ、つまり分裂であり、広がりゆくひび割れであり、キリスト教の教会組織全体を危機に陥れる亀裂である。おそらく、一〇五〇年代においてなお、両者はライバル関係にあり、力による解決を目指したのだろう。その後しばらくして、第一回十字軍が派遣されたことによって、二つの共同体、二つの文化圏は分裂へと向かった。今日の歴史家の目からすれば、一〇〇〇年の不安と同様、一〇五四年の教会大分裂も一つの神話にすぎない。「それは何らかの事件が引きがねになったのではなく、東西キリスト教世界の宗教的心性と教会組織の相違によるもの」[192]であり、この神話は、挫折した二つの世界の終わりのショックそのものであることは間違いないのである。

新たな夜明け

一〇三三年が何ごともなく過ぎると、新たな夜明けが訪れ、グラベルも無邪気に歓喜してそれを迎えた。彼は突如として、のちのシャトーブリアンを思わせるような散文で書きはじめる。「キリストの受難から一〇〇〇年、前述の大飢饉が起きた後、神の善と慈悲により雨は静まった。天は微笑みはじめ、しだいに明るくなり、心地よい風が吹きはじめた。自らの穏やかさによって、天は創造主の寛大さを示してゆく。大地の全表面は美しい緑と豊かな果実に満たされ、欠乏は去る。（中略）この年、小麦やワインなど大地の作物は異例の大豊作で、その先五年間の収穫を全て合わせたよりも多い収穫があった。肉や特別に美味しい料理は別として、人々は安く食糧を得られるようになった。それはまるで大昔のモーゼの大赦のようだった。翌年、翌々年、そしてその次の年も、生産高が減ることはなかった。」

物質面、農業面での刷新は、それがなければルネサンスもありえなかったといえるほど重要なものだが、これについてジャック・ル・ゴッフは二つの重要な例を挙げている。「そら豆やレンズ豆、えんどう豆など、タンパク質を豊富に含んだ野菜類、つまり栄養価の高い食品が入って来たことで、ヨーロッパ人は活力を得て、その活力が人々にカテドラルを建造させ、広大な土地を開拓させたのである。[193]」実は、これらの作物を栽培することは古代から知られ、旧約聖書でも書かれていたが、一〇三四年の春に、広く行われるようになる。とくにレンズ豆について重要なのは、隠修者たちがこれを栽培するのを得意としていたということで、彼らの貴重な栄養源となったばかりでなく、ときにはその土地で商取り引きもされたことである。時を同じくして、有輪犁が普及し、水車が増加する。農作業用の家畜はしだいに牛から馬へと代わり、一一世紀の半ばには、動物を車につなげる際、従来のように胸ではなく肩甲骨でつなぐという技術革新もあった。その他にも多くの発明がこの刷新をさらに強固なものとした。ただし、幻想を抱いてはならない。農民たちの生活環境、すなわち人間の生活環境は、その時の諸条件によって左右されなくなったわけではない。旱魃や洪水、飢饉や食人行為《カニバリスム》、伝染病、戦闘、殺人はなおも残った。強者は弱者をいじめ続け、富めるものは貧しいものを搾取し続けた。苦悩の時の終わりも世の終わりも制限なく先送りされるのであった。

秩序の回復

ヨーロッパで多くの犠牲を出した一〇世紀末の混乱の後、秩序が回復されなければならなかった。皇帝、国王、あるいは教皇の権力が機能していなかったため、それに代わる普遍的な構造が必要となった。飽くなき戦いに対しては長期の平和が、また、農民を容赦なく封鎖することに対しては商業の発達が、そして異端的な傾向に対しては教条主義的な信仰が対置されなければならない。神は世の終わりと最後の審判を下すことはなかったのだから、人間は地上でこれを実現するように努めなければならないし、また神の隠された意志に地上で応えなければならなかった。幻想であるにせよ、そうでないにせよ、一〇〇〇年の不安という現象は、神の怒りを引き起こしたのは無秩序であるという考え方が原因となっていたのである。他のすべての一神教と同じように、キリスト教は永遠を目的として創られているがゆえに、世界や事物の自然秩序を、固定したもの、不動のものと考える。だから、事物の秩序を危険にさらすことは、神の計画に逆らうことを意味する。したがって、進化、発展、変化などに対しては故意に沈黙を守った。世が続くことが正式に予告されると、キリスト者は一〇〇〇年を越えた翌日から秩序の回復にあたる義務があった。

　実を言うと、その最初の試みはすでに一〇〇〇年より前にも、三つの領域で行われている。平等をかかげる異端、平和を求める集会、そしてクリュニーの修道士たちの独立である。しかし、「程度の差こそあれ、いずれもキリストの誕生から一〇〇〇年ということと、黙示録の預言が恐怖を生み、その結果として生じたこれら三つの動向は、ともに浄化の試みであり、罪人である人間にとってそれは俗世を離れる試みである。[194]」これは、よく注意して考えれば、世の中の諸問題を解決して秩序を回復することではない。とくにそれは、教会が管理した運動ではないし、教会が行っていこうとする再建計画の中心ではなかった。ジョルジュ・デュビが反動的と呼んだ司教たちは、掟を記した新しい一覧を説教壇から説いた。「権力を持つ側の人間は、平等とユートピアという千年王国信者《ミレナリスト》の波に対抗する。つまり、夢など見ないし、世の終わりなど今日、明日といった問題なのではないから、一時的に隊列を引き締め、各自にふさわしい身分にきちんと戻すことが必要なのである」とミシェル・クレヴノは言っている。

　これらの司教の一人、カンブレのジェラール〔?—一〇五一、司教、三身分論の提唱者〕が一〇二三年に発したちょっとした言葉が大きな波紋を呼んだ。「人類は、出自によって三種に分類されている。祈る人、戦う人、大地の人である。」つまり、働く人のために祈る人、平和に働けるように戦う人、汗を流して働く人である。そこでは、牛さえも守られており、誰もが自分の役割というものを持っているのである。

　実に単純明解なこの考え方は、九世紀の初め頃オーセールのハイモが打ち出し、聖職者、戦士、農民という階級を定義したものであるが、この時は失敗だった。しかし、一〇二五年頃に書かれたと考えられている『ロベール敬虔王に捧げる詩』の中でラン司教アダルベローが提唱したモデルは広く普及することになった。信者の集まりは一つの体しか作らないが、その職務は三つある。というのも、神の法以外の法、つまり人間の法は身分によって異なるからである。すなわち貴族と農奴には同じ法が適用されてはいないのである。貴族の中で二人の人物、つまり王と皇帝が第一の座を占めている。彼らが統治するおかげで国の連帯が保証される。それ以外の貴族たちは、王の正義によって禁じられている罪を犯さないかぎりは、何ごとも強制されないという特権を持っている。このような貴族とは、戦士であり、教会の守護者である。彼らはまたあらゆる民を守る者であり、安全を保証する者である。もう一つの身分は農奴である。この不幸な人たちは、苦痛の代償として何も所有しない。金、衣服、食糧など、皆が必要なものすべてを供給するのが農奴たちである。農奴がいなければ、自由人の身分は存続することはない。神の家は一つだと信じられているけれども、三つに分けられる。祈る者の家、戦う者の家、働く者の家である。共存するこれら三つの部分は、互いに無関係に離れているわけではない。三つのうちのどれか一つが手助けすると、それが残る二つの活動に必要なものとなるのである。つまり、各々が社会全体に課せられている負担を分け合う。また、三つの集団はそれでもなお一つである。この掟は大成功を収め、世界は平和を享受した。」最も望ましい世界だった。

果たして本当だろうか。アダルベローやその他の反動的な司教たちの注解は否定的な言葉で表されている。彼らは義務について語っているのではなく、禁止事項について語っている。その法は人がしなければならないことではなく、してはならないことを定めているのである。聖職者に対しては「クレメンスの法は、卑しい世俗の仕事を一切禁じている。彼らは耕地に足を踏み入れることはないし、牛の尻の後を歩くこともしないし、ブドウの木やその他の樹木、菜園などに関わることもほとんどない。」働く人への軽蔑はこれほどはっきり見られるのだ。ジョルジュ・デュビは社会のこのような再編の経緯を強調した最初の歴史家だった。[195] 一〇〇〇年を過ぎると、これらの司教たちは、「宇宙の秩序と調和するような、本質的に不平等な社会的身分を押しつけようと企んだ。彼らが真剣に論じるのは三つの身分ではなく、実は一つの身分だけなのである。」単語の意味は単数か複数かによって変わる。「三身分論の公理が向けられている対象は、市民の平和を尊重させるための誓いによって一つになろうとする一般人と、王や貴族や司教の権威を攻撃し、解放されようとする戦士たちの両方に対してなのである。」もちろん、悲惨な農奴に対するアダルベローの偽りの同情に騙されてはいけない。彼は口にこそ出さないが、頭の中ではこう考えているに違いない。人々の圧倒的多数、つまり九割の人々は、苦しい労働の報酬として日々の糧ばかりでなく、同時に救いを得る。この人たちの数は最も多く、彼らの犠牲は、祈ったり見張りをしているだけでよいその他の人々、つまり修道者や戦士といった選ばれた人々、あるいは指導者たちの役に立っている。アダルベローの時代に騎士身分が貴族化したのは偶然ではないのである。

簡単にしか触れられないのが残念だが、これら三つの身分が登場してから、女性はどんな地位にあったのだろうか。「彼女たちは全く周辺的な存在だった。一四世紀のイングランドの司教が書き残したテクストが、驚くような説明を伝えている。女性たちは結局のところ何の機能もない。いるのは祈る人、戦う人、働く人であり、女性たちは夫に仕えるものである。夫が戦う人であるならば、その妻も戦う人の種に入るし、農民であれば農民に属することになる。つまり、ここにあるのは全く男性社会であり、その中で支配されていた女性にはほとんど地位といえるようなものはなかった。[196]」

教会の衣替え

「人々は紀元一〇〇〇年の後、三年目が近づくにつれ、とくにイタリアやガリアをはじめ、至る所で活気を取り戻し、あちこちの教会で聖堂が修復された。そのほとんどは、必要に迫られてというよりも、ライバル意識にあおられて、互いに豪華な装飾を競い合った。まるで、世の中そのものが活気づいてきたようで、教会は新しい白いドレスを着ているようだった。」これはミシュレーではなくグラベルの言葉である。

ここで引用したこの言葉が重要なのは、これが私たちが現在も抱いている思い込みが生まれてくる過程の中でもとりわけ注目すべき段階のことを言っているからである。つまり教会による世俗権力の奪回である。たしかに世の終わりは来なかった。けれども、気をつけなさい、安心するのはまだ早い。教会はそう言うのである。運命的な二つの年、つまり一〇〇〇年と一〇三三年の間、教会の関心事は「しっかり根づく」ことだった。そして、これは単にイメージだけではなかった。新しい教会の建設を担う新たな建築術は、深さ一〇メートルまで掘り下げるという、それまで一度も試みられたことがない基礎工事を採用した。技士は地下あるいは半地下の礼拝堂（クリプト）など、聖遺物を収め保管するための場所を増やしたが、これはしっかり根づこうとする意欲の表れでもある。この時点ではまだ、ゴシック芸術への飛翔にはほど遠いプレ・ロマネスク芸術の段階で、ロマネスクの姿がはっきり現れてくるのを待っている段階である。また、建物は堅牢になっていく。建築家たちは木材ではなく石材を使うようになる。現実の推移はもちろん単純なものではなかったが、残されているテクストのうち、クリュニー修道院のオディローの言葉を挙げよう。「私は木造の修道院を見つけた。そして石造に建て替えさせた。」教会ばかりでなく、城にも重厚な石材が用いられるようになる。この機に開かれた石切り場から何万トンもの石が切り出された。そこには最後の日に死者が蘇るはずの大地を掘るという当時の熱気が見られる。

一〇〇〇年から一〇三三年にかけての突然の開花、そして多くの修道院が次々と建てられたことは、紀元一〇〇〇年を生き延びた人たちに対して神が認めた執行猶予によるものだと歴史家たちに想像力を喚起させてきた。「反キリストの到来は一〇〇一年であるはずのところ、誤って一〇三三年になったという不安が広まってしまったことは時どき恐怖を呼び起こしたが、イタリアとガリア全域で、人々は教会の建物を改修したり新たに建設しはじめた。」そう伝えるのは一六三三年の修道祭式者ジャック・ル・ヴァスールによるノアヨンのカテドラル年代記である。

また歴史家たち、とくに美術史家たちは、新しい教会を産んだのは司教たちが貯えた富と膨大な遺贈だと考えた。やや偏ったこの見方はいまでも影響力を持っている。フィレンツェの社会を大きく変えた一三四八年のペストの流行について、ピエール・ファンカステルはこう書いている。「教会は死者が放棄した財産を手に入れたばかりではなく、紀元一〇〇〇年の頃にロマネスク芸術の飛翔をもたらした遺贈や寄進をも手に入れたのである。」[197] また、エドモン・ポニョンもそれを認めてこう言っている。「結局のところ一〇〇〇年に世の終わりが来たわけではないのに、この目覚めはいったい何なのだろうか。人々はまた将来を信じはじめたのだろうか。もちろん、そうではない。実際のところは教会と修道院が少しずつ豊かになってきたというだけのことである。信者や有力者の寄進が増大したのだ。今やキリスト教霊性の刷新が待たれるのである。」[198] 教会が貧者の上に自らの富を築いたという考え方の例を挙げよう。「清貧を誓った諸修道会は富によって運営された。この財産の一部は宗教的な基金と教会や城の建設に当てられた。」[199]

これらの論が富を計算したものなのか、またこの「平和の宝」の莫大な金額がどれほどなのかはわからない。またこの点については寄進について論じた部分〔二四六―二五五ページ〕を参照してもらいたい。けれども、一つ言えることは、一一世紀初頭の刷新はヨーロッパ各国の経済を大きく変えたということである。諸修道会は新しい教会を建てるだけでは満足せずに、蓄積された資産をもとでに、多くの水車を作るなどして、至る所で産業設備を独占する領域を拡げた。

　しかしこの「建築家の計画」よりも先に、自然発生的に建築熱が高まった。実際には王や貴族たちと同じように修道者や司教たちも、執行猶予を待つことはなかった。修道者たちの隠遁によって修道院の創設が増えた。一例としては、一〇世紀初めの、聖マイユールの解放とサラセン人が去ったあとのプロヴァンスがどう変わったかを見れば十分だろう〔一七三―一七五ページ参照〕。一方、モンマジュールのサン・ピエール修道院はアルルの沼地の真ん中に、そしてヴィルヌーヴのサン・タンドレ修道院はアヴィニョンに面するローヌ河沿いに創設された。またマルセイユのサン・ヴィクトール修道院は元通りに修復された。そればかりでなく人里離れたところにも、サン・ヴェラン、レ・トゥルレット、サン・ユゼーブなど、西方キリスト教が成立した頃に宣教されたアプト〔南仏、アヴィニョンの東〕周辺地域で小修道院が急増した。「クリュニー修道院のマイユールという人物は、その家族がエクス、アプト、システロン、リエ、フレジュスの司教区にかなりの財産を持っていたのだが、九六〇年からクリュニー修道院や地元の教会に所有地の一部を寄進してこの運動の発端を作った。このおかげで、プロヴァンス地方で中心的な役割を果たすことになる小修道院が設置される道が開かれた。例えばガナゴビーでは九六〇年頃、サン・タンドレ・ド・ローザンでは九九八年、ヴァランソルでは九九〇年、そしてサリアンでは九九三年に設置されている。」[200]

突然始まった修道院の自然発生は、もちろん錯覚ではない。修道院は無統制な時代には例外的に秩序立った組織で、いわば砂漠の中のオアシス、海に囲まれた島のようなものであった。その周辺には混乱と廃虚の世界であった。古文書からわかることは、紀元一〇〇〇年が過ぎてから「司教区は荒廃し、失われたのはその中にある村や城ばかりでなく、すべての教会、信者、司祭たちであった。」この荒廃は司教区のことを記録したテクストの中でしばしば「泥棒狼」によるものと形容されている。

紀元一〇〇〇年の建築家とロマネスク芸術の誕生

紀元一〇〇〇年が終わって、世界は建築ブームを迎えた。このブームを支えたのは教会だけではない。ロベール敬虔王もまた、数多くの修道院の建設を命じ、認可した。サン・ブノワ・シュル・ロワールの修道士で、この王に仕えた歴史家ヘルガルドゥスがそのリストを残している。「聖エニャンを記念したある修道院、また他にも聖母と聖ヒラリウスを記念した修道院が王によって建てられた。さらに聖母のために建てられた修道院で、ラ・ファブリックの異名を持つものがあった。また王はサン・ヴァンサン修道院とサン・ポール修道院を建て、ヴィトリの町にはサン・メダール修道院を、イヴェリンの森にはサン・レジェ修道院、メランにはノートル・ダム修道院、また他の教会と同じく、サンリスの町にはサン・ピエール修道院とサン・レーグル修道院を、エタンプの町にはノートル・ダム修道院、パリには聖ニコラ教皇を記念した教会、などなどを創設した。[201]」

このリストから聖母マリアとおとめマリアの重要性がよくわかる。両者に対する崇敬が広がったことと、これらの建築ブームが起こったことの間には明らかに関係がある。例えばオーベルニュ地方やピレネー地方の処女懐胎の信仰などに見られるように、紀元一〇〇〇年を生き延びた人々には母性への憧れが高まった。もう一つ気がつくことは、それぞれの土地にまつわる聖人への崇敬が表れることである。例えば二世紀頃のサンリス司教だったと信じられている聖レーグル、あるいは聖リウルとも呼ばれる聖人。またブーローニュ（海沿いの）の町では、自分の町のために聖ベルタン、聖フォルクイン、聖シルヴァン、聖ヴィノックなどの聖人を考え出し、それらは紀元一〇〇〇年に書かれたサン・マルタン修道院のオドヴェールの細密画の中に描かれている。

しかし、たくさん建設された建造物は、建築としての価値が高かったわけではない。エドモン・ポニョンはこう言っている。「これらの教会の実際の姿形から判断すれば、感覚の麻痺したラウル（グラベル）は大したことはないものに対しても安易に賞賛していたと考えられる。地味でむき出しのシンプルな建築物がほとんどだった。彫刻の装飾もあまりないし、熟練した大工が建てるものと比べれば、その仕事はまさに不器用そのものだった。これらの建築家と最初に図像を彫った人々は、何から何まですべてを自分たちでゼロから始めなければならなかったのである。」

そんな芸術性の貧しさ、あるいは意図的な飾り気のなさも、そう長くは続かず、やがて聖ベルナールがロマネスク教会の贅沢さを激しく非難することになる。「極端な高さ、常軌を逸した大きさ、豪華な彫刻、魅惑的な絵画は、祈る者の目を引いて、黙想の妨げとなる。」

「ロマネスク芸術」とは、軽蔑的な呼称である。紀元一〇〇〇年頃の人々は、もちろんそんな呼び方を知らなかった。これは紀元一〇〇〇年の恐怖の幻想と同じく、ロマン主義者の考案である。ロマネスク様式というのは一八六〇年以降に、それまで歴史家が使っていたサクソン様式、ノルマン様式、ビザンツ様式、ロンバルト様式という名称の代わりに使われるようになったもので、スタンダール（一七八三―一八四二、フランスの小説家〕、メリメ〔一八〇三―七〇、フランスの小説家。史的記念物監査官も勤め、貴重なロマネスク芸術作品の保存にも貢献した。〕、ユーゴー〔一八〇二―八五、フランスの詩人、小説家、劇作家。ロマン主義文学運動の中心人物〕は「退化したローマもどきの芸術」と呼ぶことになる。

いずれにせよ、ロマネスク芸術が誕生したのは紀元一〇〇〇年を過ぎてからだった。ここで詳しい歴史を語ることはできないが、この様式が出現したきっかけだけは強調しておこう。たしかに労働者たちにとって報酬は魅力的だっただろう。しかし、彼らを建築現場に集めたのはそれだけの理由ではなかった。信仰の兵士たちにしっかりと指揮されていた。彼らが確信していたことは、今度は自分たち民衆こそがカテドラルを建てるのだということである。そして、失われた価値を取り戻そうとする集団的企みに積極的に志願した。トリニーのロベールの年代記がそれを証言する。「人々は、石材と木材、食糧などでいっぱいになった荷車をシャルトルまでひいて行った。それは塔を建設中の教会工事のためだった。これを見ていない人は、けっして同じような光景を目にすることはないだろう。その場所においてばかりでなく、ノルマンディーほかフランス全土を見渡してもそういえるだろう。ここでは、謙遜と苦悩、あちらでは改宗と免罪、また別のところでは苦悩と改悛。あなたは、膝まで沼につかって、男たちや女たちが（荷車を）ひいているのを見たことだろう。そこで何度も奇跡が起こり、歓喜の叫びや歌が神にまで達した。」

ここで一つ指摘しなければならないのは、労働者の中に女性たちがいたことである。男仕事を女性化してしまう危険を冒すものであったが、石切場で働くことはなかったとしても、漆喰を準備したり、こねたり、塗ったりした人の記録の中には女性も見られる。彼女たちの報酬は明らかに男性の労働者よりも少なかった。女性の報酬が一日で五スーなのに対して、その夫は一六スーである。

建築作業員の中に、芸術家はほとんどいなかった。芸術家と呼ぶことには問題はあるが、少なくとも職業として彫刻をする者はいなかった。少し才能と感性に恵まれた石切担当の何人かの作業員たちが、おそるおそる日常生活の一場面をイメージして、石を彫り出したのが始まりだろう。それを監視していた修道士が、ある時には、そこに現れる純朴な信仰についてあれこれ考えをめぐらせてみたり、あまり世俗的でない題材へ発想を変えるように忠告もしただろう。クリュニー修道院では、所蔵している写本の細密画を写した彫刻がだんだん見られるようになってくる。また、この時代の霊性を物語るように、題材として選ばれるのはベアトゥスの『黙示録注解』のテーマだった。

これらのモニュメントの建築家たちについての詳細は全く知られていない。名前が知られていないばかりでなく、どこから技術を学んできたのかさえわかっていない。もちろん同時代の建築から学んだのではない。「ケルンのラギムボルトとリエージュのラドルフなる二名の学者が一〇二五年頃に取り交わした手紙を見ると、一一世紀の幾何学の水準がよくうかがえる。これによると、ギリシア時代の記録は、中世初期にほとんど失われてしまっていたことがわかる。[202]」それまでは、ギリシア語文献が技術的な知識の唯一の文献だったのである。算術、代数、三角法についての文献はアラビア語のものが豊富にあった。「事実、九―一〇世紀にイスラムの学者は古典古代の科学書、とくにアリストテレス、プラトン、ユークリッドおよびプトレマイオスの著作の大部分をアラビア語に翻訳した。[203]」これらの知識は、イスラム教徒、ユダヤ教徒、キリスト教徒の区別なくスペインで教えられていた。しかし、これらの史料について教会は発言を慎重に控え、イスラム教徒やユダヤ教徒など、キリスト教徒でないものが、知性や世界認識の点でキリスト教徒より進んでいることを知って屈辱を味わった。

第3章

二〇〇〇年をめぐる不安の数々

われわれ人類は紀元二〇〇〇年、すなわち新たなミレニアムを迎えた。一九九九年の七の月は過ぎ、「恐怖の大王」は降って来なかった。しかし国家、イデオロギー、モラルなど、かつて絶対的に信頼されていた価値が次々と崩壊し、人類は寄る辺なき不安に満ちている。その一方で環境破壊、原子力の危険、新たな病気、人口過剰など、まさに世の終わりを告げる兆しも現れている。

1945年、空襲によって廃墟と化したケルンの町。破壊を免れた大聖堂がノアの箱舟のように立つ。

二〇〇〇年をめぐる不安の数々

現代の私たちは、再び千年紀《ミレニアム》の終わりを迎えようとしている。ちょうど二〇〇〇年という数字のために、何か不吉なことが起こるのではないかという漠然とした不安が蔓延している。社会は混乱し、疑問がつきつけられ、今まで確かとされたものは揺らぎ、災禍は増える一方なのに、それに対して宗教的にも道徳的にも、また政治的にも何の解決策も打ち出せずにいる。未来がこれほど先行き不透明なのだから、人々の心に期待と不安が入り混じっているのも無理はない。歴史家さえもが、大きな時代の転換と不安に駆られた千年王国信者《ミレナリスト》の出現を予想している。「われわれは、一〇〇〇年前の転換にも匹敵し、しかもそれとよく似た時代に生きている。かつて人口現象や政治を決定した千年紀《ミレニアム》の構造がまた現れてきている。そして、紀元一〇〇〇年頃に起こったのと同じように、突如として〈ヴェールが引き裂ける〉のである。[204]」ジョルジュ・デュビのこの言葉を取り上げたのは、そこに黙示録の引用が含まれているからである。中世学者を代表するデュビは明言こそしていないが、紀元二〇〇〇年に際して神話や、神話が発生する諸条件が、奇妙にも再びめぐってくることを確かめる必要を示唆している。「たしかに二〇〇〇年は、受難から一〇〇〇年の年と全く同じ状況ではない。けれども、キリスト教の第二の千年紀《ミレニアム》の終わりにあって、われわれにも色々と気になることが出てきている。それが第一の千年紀《ミレニアム》の人々が気にしていたことと似ているのはたいへん興味深い。[205]」

その一方で歴史家たちの中には、偶然の一致にすぎないようなことをむやみに取り立てているとして異論を唱える者もいる。例えば、ピエール・ルパプの質問に対してジャック・ル・ゴッフはこう答えている。[206]「極端に悲観的なことを言う人もいるが、私には愚かな悲観論としか思えない。彼らの態度には、厳密な分析による裏づけが全くない。われわれが生きている今の状況について見ても、同じようなことは歴史の中でいくらでもあった。極端な悲観論者が流言に囚われるのはよくあることで、しかも中世にはそれらが氾濫していた。千年王国信仰《ミレナリスム》、反キリストの到来、世の終わりというのはその一例にすぎない。終末という考え方があるが、それは私の知るかぎり最も危険な考え方で、状況をきちんと分析すればほとんど信頼に値しない。」

もちろん、二つの千年紀《ミレニアム》の終わりを比較することが果たして有効なのかという疑問もあろう。けれども、実体のない不安であるとはいえ、無視できない指摘も少なからずあるのである。

永遠に尽きない不安

世界が悪い方へ進んでいることは確かである。それがはっきりしたのは一九九〇年代に入ってからのことではない。すでに半世紀も前に、シュールレアリストたちは地球全体を蝕む病状を診て警鐘を鳴らしていた。彼らはその時すでに、一〇〇〇年前の時代を自分たちの置かれている状況に似たものと考えていたのである。

現在人間は、「キリスト教時代」の第二の一〇〇〇年の岬をまわろうとしているが（前の時代とは、もはや日一日とゆるんでいく何本かのひもでつながっているにすぎない）、その歩みは、かつて最初の一〇〇〇年目に向かって踏み出した歩みと同じく、ひどく心もとないものだ。

世の終りについての同じような強迫観念がふたたび人間をとらえ、目の前では、宗教に取って代わった科学的進歩への信仰の核心部に、それをふきとばす爆弾の導火線に火がついている。このような危険を否定しうると信じている人々、あるいは少なくともその生活方針としてまるで何ごとも起こらなかったかのようにふるまおうとしている人々、こういった人々も、苦悩が、自分たちにはどうしようもないさまざまな手段によって深く彼らをとらえていることを阻むことはできないのだ。ジャン・フェリーのもっとも美しい中篇小説に出てくる、一人称で語っているあの不安な証人が表明するように、今日「われわれはすべて、ほんのちょっとしたことで崩壊しかねないような、おそろしく不安定な均衡状態の中で生きている」[207]ということは、疑いようのない真実である。一般によく知られている反対感情両立《アンビヴァランス》の法則によって、次のようなことが起こる。すなわち、現実と見なされている空間と時間が近い将来において崩れ去るかもしれないという見通しが、「聖なる」空間と時間を、すなわち絶対不変の空間と時間とを回復したいという欲求を最大限に高めるのであり、何世紀も前から、西欧においては抑圧されているとは言わぬまでも抑制されてきたあの二つの渇望、ミルチヤ・エリアーデ氏〔現代ルーマニアの宗教学者〕が「楽園へのノスタルジー」*と「永遠へのノスタルジー」と名づけているあの渇望を、思うがままに繰り広げるのである。

＊栗津則雄訳『アンドレ・ブルトン集成』第七巻、人文書院、一九七一年所収、三二九―三三〇ページ。理解の便宜のため部

分的に改めて引用した。

『野をあける鍵』の中のアンドレ・ブルトン〔一八九六―一九六六、フランスの詩人・作家。シュールレアリスムの中心人物〕のこの言葉は深い意味を持つ。一九世紀末に活躍し、社会の解体よりはむしろ社会の「流動化」を目指していたシュールレアリストたちは、ブルトンが『秘宝十七』で言っているように「二度目の一〇〇〇年の陰鬱な前夜」にとりわけ敏感になっていた。そして、ドイツ人画家エルツェの一九三五年の作品『期待』が挿し絵として使われているのは、この期待というテーマによるのである。その挿し絵では、巨大なシダ科の植物が植えられた新しい世が始まる地平の前で、帽子を深く被った都会的な装いの人々が、われわれに背を向けて、真っ白な輝きに満ちた天を見つめている。「彼らはいったい何を待っているのか？　雲、森、遥か彼方から発する漠然とした心配の前兆が顕れ、漠然とした不吉と不条理の予感が現れる。こうして来るべき時代が姿を現す。」[208]

二〇〇〇年の予言者たち

エルンスト・ユンガー〔一八九五―、ドイツの作家・批評家〕は、ヘルダーリン〔一七七〇―一八四三、ドイツの詩人。神々や自然の平和を人間に伝えることが詩人の使命だと自覚していた〕が出した難問を改めて問いかける。「この困難な時代にあって、詩人は今でも何かの役に立つのか？」それに対する答えとして、ユンガーは詩人に予言者としての役割を与える。「偉大な将軍よりもむしろ、詩人が持つ予知の才能こそがこの世の歴史を根底から変えたのである。」ユンガー自身もそのような才能を持った一人で、九五歳を迎えた一九九〇年に『鋏《はさみ》』と題した作品を発表した。[209] 鋏とは、言うまでもなくローマ神話で生死の運命をつかさどる女神の一人、パルカの鋏のことである。世紀末から次の世紀末までを生きた一〇〇歳近いこの作家は、周期的にやって来る千年王国信者《ミレナリスト》の不安を語るにはまたとない境遇にいる。神々の黄昏とそれに伴う災害という題材は、洪水、血の雨、天の徴候、突如として地平に出現する浄化の火などの要素を伴って、ヘシオドス〔前七〇〇年頃、ギリシアの叙情詩人。『神統記』でギリシア神話を体系づけた〕の著作や北欧神話の『エッダ』、そして旧約聖書の中でも長々と語られている。地球が人類の手で破壊されるかもしれないという不安は決して新しいものではないが、最近になってますます現実味を帯びてきている。しかし、ユンガーは極端な悲観論には陥らない。「おそらく、われわれは自分たちが引き起こしている事態に対して、実際の罪の大きさに比べて、敏感に反応しすぎる傾向がある。もちろん事態が深刻なことには違いないが、だからといって人々が懸念しているような黙示録的な終末に至るものではない。」

しかし、警戒も必要である。今まさに古い時代の最後の灯し火が消えようとする一方で、新しい世界の訪れが告げられている。神々は消え去り、代わりに技術時代の暴君がその座に就くという状況にも対処しなければならなくなっている。新しい時代を待望しながら、私たちは仮の世とでもいうべき、二つの時代の間の過渡期に生きている。だからこそ期待と不安の両方を抱かずにはいられないのである。「新しい価値観は未だ効力を持たず、古い価値観はすでに失効している。」私たちは、まだはっきりした輪郭を持たない文明が誕生する場に立ち会っているが、その文明の第一の特徴は新しく現れてきた霊性である。ユンガーはそれを占星術の水瓶座の時代にあてはめている。

もう一人の証言者は暗黒時代の予言者、ルネ・ゲノン〔一八八六―一九五一、フランスの哲学者・伝統主義者。東洋思想に傾倒し、後半生をカイロで送り、ヨーロッパの外からヨーロッパを批判的に見ていた〕で、彼の著作は長期にわたって成功を収める一方、「原初的な霊性が鈍化していく最終局面」という考えを広めてきた。とくに『世界の終末――現代世界の危機』[210]の中で彼は、「来るべき〈審判〉、そこから地球人類の歴史の新たな時期が開ける〈審判〉に備えるための材料」を提供しようとする。第二次世界大戦の終わった時に現れた（彼は最初の原爆投下の時に書いている）世が終わるという極端な考え方と、精神の混乱を露呈するメシア思想の余談の数々が引き起こした荒唐無稽さを告発し、「単純かつ明白な」印《しるし》が、現代の一部の人々へ地球の存続に不安を抱かせていることを意識しながら、ゲノンは第三世界には脅威の心配がないと安心させる。炎上の危機にさらされるのはヨーロッパだけである。彼はヨーロッパという言葉を一度も使っていないので、西洋という方が正確かもしれない。「この終末は、おそらくある種の人々が理解しているような全面的意味での〈世界の終末〉ではあるまい。しかし、少なくとも一つの世界の終末ではある。そして、もし、終わるはずのものが西洋文明であるなら、次のことはよく理解できる。すなわち、西洋文明以外は何も見ず、西洋文明を〈文明〉と見なすことに慣れている人間は、西洋文明とともにすべてが終わり、西洋文明の消滅は真の〈世界終末〉であると信じがちになっていることを。」

この暗黒時代は西洋世界のもので、「多くの手がかりから程度の差こそあれ、すぐに差し迫っている終末を垣間見ることができる」ところまで来ているが、そこから脱出するためにゲノンが提案する手段はかなり反動的である。第一に、それぞれの分野で原点に戻ることである。伝統的な学問、東洋文化、歴史の根源、先駆者たちの技術、神的かつ霊的な価値への立ち戻りなど。それは同時に彼が悪魔的だと見なすもの、つまり近代精神、物質文明、世俗的な学問、社会民主主義の混乱、あるいは世界の西洋化、新しい形の植民地化への異議申し立てである。要するに、この巡礼者の手引き書のような本の中にも、見るべきものと、そうでないものがあるということだ。いずれの場合にも、手引き書は中世を経由して過去に正義を見出す。中世研究者のペルヌー〔十字軍研究、女性史研究で知られる女性歴史家〕とブーランのように、ゲーンにとって中世の終わりは退廃《デカダンス》の始まりであって、そのことはルネサンスによってはっきりする。

しかし、ゲノンはこのような態度がはらむ危険性をも意識している。「西洋人の精神的傾向が形成される時に、多少なりとも超常的な〈現象〉が彼らに及ぼす魅力には、とくに用心する必要がある。〈ネオ・スピリチュアリスト〉〔現代精神がもたらした物質主義の産物にすぎない偽の精神主義者〕の誤謬の大半はそこに由来しているのであり、この危険はますます増大していくことを予見しておかねばならない。なぜなら、現代の無秩序を演出している陰の力は、それを最も強力な活動手段の一つとしているからだ。」

魚座の時代から水瓶座の時代へ

二〇〇〇年と関連する様々な不安は、メディアでも頻繁に取り上げられる。占星術上の重大な時、すなわち魚座の時代から水瓶座の時代へ移行するのがこの紀元二〇〇〇年と一致することから不安はさらに高まる。占星術の中でも、天文学の教えに従って分点歳差〔月・太陽等の引力によって地球の自転軸の方向が変わり、春分点が恒星に対し、毎年一定の速度で西方へ移動する現象〕を考慮しているものによれば、私たちは二〇〇〇年前から魚座の時代にいることになる。魚座の時代は春分点（天球上の黄道上の春分の位置）が魚座の中にある期間のことで、この期間（時代）の占星術上の特徴は曖昧性と暴力で大きな禍が起こることもあるとされる。[211] そして分点歳差のために、問題の春分点が水瓶座の領域の中に入ることになる。「それゆえ、これから世界を支配するのは主知主義であり、感性なのである。[212]」実際の天文学では、この移行の時期はもっと曖昧で、一九九九年から二一六〇年の間とされる。一九九九年という数字は、心性《マンタリテ》の変化をもたらす転換期を主張する千年王国信者《ミレナリスト》にとっては実に都合のよい傍証となる。

人間性の面から二つの時代を区別する点においては、こうした占星術にも一理ある。原初期には魚をシンボルとしていたキリスト教は魚座時代の特徴だが、あの世や別の世界、あるいは死後にしか平和と幸福を願うことができなかったという意味で、この二〇〇〇年の間には平和と幸福はもたらされなかったともいえる。しかし水瓶座の時代に入ると状況は一転する。水のしるしから空気のしるしへ、二重の記号から単純な記号へ、物質の支配から精神の支配へ、観念論の文明から知識人の文明へと、今まさに移行しようとしているのである。ファッション・デザイナーのパコ・ラバンヌ〔一九三四―、一九六〇年代以降、斬新な素材を利用したり、初めて黒人のモデルを起用するなど、ファッション界に革命を起こした。紫色が「これからはじまる水瓶座の時代の色」であることを意識して、新作の香水ウルトラ・バイオレットを発表している〕はしばしば予言的な発言をするが、その彼が男女平等のために、女性差別と男性優位論の時代に決別することを予告する。人類が己を律することで自己の理想を実現できると考えるのは千年王国信者《ミレナリスト》ならではの考え方である。「頭脳の利用範囲をもっと広げることによって、人類は自らを上手に律するだろう。また、知られざる本能的な能力と直観的な能力を使えるようになるだろう……、人類は、自らのエネルギーと権力を行使する創造的知性のあらゆる能力を存分に活かして、自然界のあらゆるエネルギーを手に入れるまでになるだろう。」[213]

しかし、それでもなお禁断の果実とその種があるのだろうが、このような楽園に到達するために、黙示録が約束するような〈産むための死〉という地球規模での産みの恐怖を抱えながら、この苦痛な再生をどうしても通過しなければならないのだろうか？

予言者たちの再来

世紀末には必ずといえるほど予言者がはびこるものだが、千年紀《ミレニアム》の終わりとなればなおさらである。とくに、不幸を予言する者たちが増える。占星術師たちは、占星術以外のものにもたけている。おそらく彼らは非常に巧妙なのだろう。悲観的なことがあれこれ叫ばれて不安が蔓延する世界では、幸福を約束するよりも大惨事を予言する方が効果がある。それはちょうど、今日のマスメディアが日々起こる事件、事故の中でも最悪のものを報じ、そればかりが現実だと錯覚を引き起こすのと似ている。占い師に相談するのは幸福な将来を期待する時だとすると、予言者に期待するのは逆である。予言を聞いて敵意と恨みを抱く人たちは、まるで病的な思い込みや自暴自棄な妄想を強めようとしているかのようだ。世の終わりについて語らない予言者は信用されないし、楽園の訪れを約束した予言者も信用されない。そういう予言をする人はただの夢想家である。

それどころか現代人は、このうえなく悲観的な絶望を語る聖書の外典〔正典と認められない聖書テクスト〕のような、暗い予言を解釈することを好んでいる。それは二〇〇〇年の教皇職の終焉を告げるマラキアスの予言〔七九ページ参照〕、あるいはキリスト受難の記念の年、二〇三三年を世の終わりと予見する教皇ヨハネス二三世〔在位一九五八―六三〕の予言である。「神の支配は地上に至り、神の国は望まざる人のためにも建設される……第一の太陽は世界のバランスを照らし……声は高らかに響き、トランペットによって来訪が告げられ……西洋の光、永遠の前の未知の最後の光。誰が言ったことよりも、また誰が書いたことよりも、真理は単純なものであろう。それはよい判断であろう。二〇の世紀と救い主の年齢の分の年がある、アーメン。[214]」もちろんこれは教皇の正式な宣言ではなく、ヨハネスは教皇職に就いていない一九三五年、つまり彼がまだアンジェロ・ロンカッリの名だった頃、これらの予言を受けたのだろう。一九三五年といえば、将来を全く暗黒もしくは灰色と見ても無理もない年だった。最初の黙示の夜明けがヨーロッパの中心で目を覚ましたのであった。

予言者といえば、ノストラダムスを取り上げないわけにはいかない。膨大な数にのぼるノストラダムスの予言は、ありとあらゆる方法で解釈できる。彼もまた同時代の他の作家たちと同じく、ソルボンヌと教会という二重の検閲にかけられ、当時のスキャンダルについて告発したことを、未来を語るフィクションの形に変えるようにしいられた。しかし、ノストラダムスは息子セザールに宛てた書簡の中で、それでも「七回目の千年紀《ミレニアム》が始まった後の出来事」を予言し、そこでこの世を幸福が支配する運命が確実にやって来るというのである。ジャン＝シャルル・ド・フォンブリュンヌら現代[215]の聖書注解学者たちが綿密な計算の末に到達した結論は、ノストラダムスが示す世の終わりは確かに二〇〇〇年だというものであった。「実際、ノストラダムスの予言は第七の千年紀《ミレニアム》で終わるが、それは、聖書の年譜《クロノロジー》によれば魚座時代の終わり、つまりキリスト教の時代で二〇〇〇年頃がその時期にあたる。」息子に宛てたノストラダムスの遺書から判断して、フォンブリュンヌらの師、、先ほどの人物の父親〔ノストラダムスのこと〕は、死の直前に自らの追悼画を作成するために、客間の東方三博士の予言を都合のいいように曲解していた。「それゆえ西洋とその最後の教皇ペトルス・ロマーヌス[216]に対して、東方全体が新しい救済者となるだろう。数えきれないほどの空の軍勢は、〈太陽の明るさをも曇らせんばかり〉のもので、一九九九年の七月、すなわち北半球の全体を闇に包むほどの皆既日蝕の一カ月前に押し寄せるだろう。しかし、世が水瓶座に突入するため危険の印《しるし》が多く現れる。変則的な軌道の星が到来し、太陽系の引力にも匹敵するその星の引力によって混乱が生じる。その星が接近するにつれて影響を受け、海の潮は日ごとに陸地を呑み込んでいくだろう。月はかすみ、太陽は血の気を帯びていくだろう。」さらに、ノストラダムスは続ける。「かつて墓の中に入っていた者[217]がそこから出るであろう。そして、過去と現在に審判を下すために偉大な神がやって来る（X―七四）。」

フォンブリュンヌたちが反キリストが出現するとした一九九九年七月の運命の時については、別の箇所でも暗示されている(X—七二)。

一九九九年の七つの月、
恐怖の大王が空より来らん、
アンゴルモワの大王を蘇らせん、
マルスの前後に幸運で統べんため。*

*高田勇・伊藤進訳『ノストラダムス予言集』P・グランダムール校訂、岩波書店、一九九九年、三二四—三二五ページ。

もし、一九九九年という年がはっきり示されていると考えてよいならば、七月という解釈の信憑性に疑問が出てくる。当時の状況を考えると、一年の始まりは三月なので、第七番目の月は、今日の九月にあたる。そしてこの月に日蝕が起こると予言される。すでに一九世紀の終わりに天文学者カミーユ・フランマリオンがそれを明言していた。「一九九九年八月一一日、一〇時二八分の日蝕はボーヴェー、コンピエーニュ、アミアン、サン・カンタンを結ぶ地域で皆既日蝕となるだろう。」この日蝕のすぐ後には、かなりの規模の月蝕も観測されるだろう。さらに、新聞が報じたところでは一九八九年一月四日、フランスの天文学者たちのグループが、天体望遠鏡で直径一キロメートルほどの氷と岩からなる、通常は見られない球体を観測した。その軌道は二〇〇〇年の九月二六日に地球に接近する可能性がある。この日、空が私たちの頭上を襲いかねないことから、この天文学者たちはこの星を、ケルトの戦争の神トゥタティスと名づけた。

もし、ノストラダムスが、未来の空に日蝕や隕石が描かれるのを見たのだと考えるなら、先の四行詩は「恐怖の大王」と読むよりも、「荘厳な不安の光線」とでも読むべきだろう。奇跡的に蘇った「アンゴルモワの大王」について、現代の解釈者たちは、政治的な意見を強固にしようとして、隠れ場所から再び現れた偉大な君主か皇帝を指すものと新たに解釈している。ノストラダムスの謎の解明に取り組んでいるヴライク・イオネスクによれば、「よく知られている四行詩を根拠とする一九九九年の七月とは、偉大な君主が誕生する日付けである。」その人物は日蝕が起こる期間に生まれる人物で、二〇二五年に即位するという。ではその人物とは誰か。それは、議会制と共和制の衰退を一時的にとりつくろおうと、君主制復興のために呼ばれる未来のフランス王アンリ五世をおいて他にない。アナグラムから推定して大キランと名付けられるであろう人物は、カペー朝〔フランスの王家。広い意味で九八七―一八三〇年までフランスを統括〕の復帰を正当化する目的ででっち上げられたか、あるいは曲解された予言の上にクモの巣をはっている。彼は私たち紀元二〇〇〇年を生きる人々を蛮人の侵入、つまりロシアからではなく、イスラム教諸国と結びついた中国から守るというのである。最後の教皇については、イオネスクは難問に答えている。「対立教皇に対峙して、この教皇はヨハネ・パウロ二世〔現教皇、在位一九七八―〕の直接の後継者となるであろう。偉大な君主と同時代の教皇で、ノストラダムスが大教皇と呼ぶこの人物は、少し送れてやって来てローマの聖座を再建するだろう。それゆえ、イスラム教諸国と中国の共産主義者たちはすべての権力を失うであろうが、平和が全世界に及ぶのは、ノストラダムスが黄金の時代と呼ぶ三七九七年のことになる。」[218]これだけの時間があれば、今のところは安心できる。この大教皇が予見する国際紛争はすぐ先のことではないのである。[219]

つい最近の不幸の予言者は、国を代表するファッション・デザイナーでありながら、本業以外での活躍の方が華々しい人である。すなわちノストラダムスの次に取り上げるのは、記録的な成功を収めた『時の終わり』[220]の著者、パコ・ラバンヌである。この著作は思考を麻痺させようとする意図の典型である。私はここで著者を罵倒するつもりもなければ、論争を挑もうとする気もないが、このような仕掛けがどう機能するかを指摘したい。たしかに、パコ・ラバンヌは自信をもって自分の予言を提示するが、彼自身がどの程度までそれを真実だと思っているのかが明言されていない。また、メディアも彼の名を借りてその言葉だけを広めている。グラビア週刊誌『ＶＳＤ』は、彼を新しいカサンドラであるかのように扱って、特集記事まで掲載したが、[221] その見出しは「もし世の終わりが近いなら、その日付けは一九九九年七月七日」というものであった。また、この雑誌によれば、パコ・ラバンヌは「自分の本の中に、まるで黙示録のようなカレンダーを作っているが、その結末は地球と小惑星の衝突となっている。」ジャーナリストたちは、「頭を冷静に保つために」これらの予言を科学的な合理精神に照らした。聖書とコーランの注解者アンドレ・シュラキ、アラン・カルデックに着想を得たローズ・グリベル夫人、ノストラダムスの時代の政治的解釈で知られている前述のジャン＝シャルル・ド・フォンブリュンヌとヴライク・イオネスク、人々から信頼されている予言者マリオ・サバト。科学的な合理精神が、これら街学の口を借りて説明するものこそ、あらゆるものの終わりを告げる印《しるし》である。ここでパコ・ラバンヌが主張するのは、私たちが今の生活スタイル（つまり今日の女性的な服装の流行）を変えないかぎり、黙示録はすぐにも訪れるということである。その黙示録とは第三次世界大戦、パリとローマの破壊、移民の大量流入、飢餓による食人行為《カニバリスム》なのだそうだ。これらの新たな千年紀《ミレニアム》の予言に対して、一九八三年のレーガン大統領の発言がつけ加わる。「私たちはハルマゲドンを予告する人々の言うことが本当かどうかを確かめる世代なのだろうか問いたい。」あるいは一九八四年のヨハネ・パウロ二世の発言もつけ加えられる。「黙示録の運命的な騎手が、地平線に現れる。原子力の惨事と大飢饉である。」驚くべきことは他にもある。チェルノブイリの名はウクライナ語で「苦よもぎ」を意味するが、それは『ヨハネの黙示録』に記された、天から降って来て、私たちに二度とアニス酒を味わえなくする「苦よもぎ」という名の星を連想させる。けれども、パコ・ラバンヌにとって、大惨事《アポカリプス》は決定的なものとはならない。ここでもノストラダムスの伝承に基づいてこう断言する。「魚座の次に来る水瓶座の時代が始まろうとする時、大君主と大教皇が訪れる。二人の協議に基づいた行動によって、普遍的な愛の教会が訪れ、平和と霊性の時代が訪れる。」

同じ陣営のジャン・シャルル・ド・フォンブリュンヌはパコ・ラバンヌに異論を唱えずに（「彼はそれを私の本から取った」とだけは指摘するだろうが）、ヨーロッパに現れる反キリストをアッティラ〔五世紀のフン族の王。ヨーロッパに攻め込む〕の再来ともいうべきモンゴル人だと考えている。パコ・ラバンヌは第三次世界大戦は一九九七年に始まり、二五年にわたって続くとした。パリもローマも完全に破壊されるが、それは火によってではなく、核兵器によるのだとした。ヴライク・イオネスクは、フォンブリュンヌを解釈するのは全くの時代遅れだと考えている。彼は一九九九年七月とは大君主が誕生する時のことで、その後に中国の小規模な侵攻があると考える。一方、マリオ・サバトの見方では、次期教皇はなんと黒人で、しかも一九七七年生まれのメシアは混血だという。

『ＶＳＤ』誌では、人々が予想する世紀末の災害についてのアンケートを実施して、興味深い結果を得た。それによると、約一〇％のフランス人が世の終わりが近いかもしれないと思っている。その内訳は六五％が環境保護論者、三〇％が国民戦線派であり、また全体の六〇％が農民である。これらの悲観論者が「機械じかけの神」として世の終わりの災害と考えたものは、多い順に、世界大戦、環境破壊、隕石の落下、神の取りなし、洪水[222]であった。

「終わり」というキーワード

二〇世紀の終わりにあって、問題提起をしたり、論争を喚起するような著作では「終わり」という言葉がキーワードとなっている。「中世との決別」、つまり過去の記憶からの決別が厳命された後に来るのは、歴史の終わり、政治の終わり、イデオロギーの終わり（さらにはデモクラシーの終わり）、知識人の終わり、学問の終わり、道徳的な価値観の終わり、カトリックの終わりなど挙げればきりがない。恐竜たちの身にふりかかった大災害《アポカリプス》は、そのような終わりの典型的な例と考えられる。223

興味深いことに、現代人は先史時代の怪物に関心を持つ。わずかな違いはあるが、昔の人間がドラゴンと呼んだものと見なしても構わないだろう。ともかく、議論の的になっているのは、そういう生き物がかつて存在したということではなくて、なぜ消滅したのかという点である。一九世紀末以来、こうした巨大生物は、子供向けの話や、通俗小説、ＳＦ映画、さらに今日ではテーマ・パークとして凡庸化された神話の中にも登場する。一説によると、人間は恐竜を見たこともないが無意識のうちにそれを思い出し、恐竜が悪夢の中に出るというのは、生物連鎖の集合意識によるものであり、生物進化の中で太古の恐怖として人類の記憶の中に保存されているからだとされている。

恐竜たちが神話の中で生き続けている謎よりもっと不思議なのが、なぜ絶滅したのかという謎だが、怪しげな仮説ばかりがあって、本当のところはまだわかっていない。怪物のように大きい動物が突如として絶滅したこと、しかも、いくつかの卵の殻の他には、ほとんど何の痕跡も残さずに絶滅したことは科学的にも謎である。いわばアトランティス大陸の沈没のようなものである。急激な気候の変化、火山の噴火、隕石の落下が原因とも考えられるし、果ては花と蝶の誕生を原因とする説まである。この謎への好奇心は尽きることがない。先史時代の怪物たちの絶滅が、何十万年もかかったのも不思議である。私たちはすでに九九九年一二月三一日の二四時からは遥かに離れてしまったが、恐竜が華麗なほど見事に大災害で蒸発したことが、ディズニーランドを訪れる客の脳の片隅には残っている。それと同じ運命が二〇〇〇年のホモ・サピエンスを待ち受けていないようにと人々は願っている。

歴史の終わり

現代人は、確実とされていたものが終わる時代の犠牲者であり、幻想が終わる時代の犠牲者なのだろう。『終わりのイリュージョン』[224]の中でジャン・ボードリヤール〔一九二九―、フランスの社会学者・思想家〕は歴史、政治、知識人、そしてイデオロギーの死亡診断書を書いた。「終わりというものはおしなべて私の興味を引く問題である。とくに多くの人々が論じた歴史の終わりというテーマに興味を持っている。」

ボードリヤールの著書は、思想家たちの間で論議を呼んでいる日系アメリカ人のフランシス・フクヤマ〔一九五二―、現代アメリカの代表的な社会思想家〕の『歴史の終わりと最後の人間』[225]と同じ年一九九二年に刊行されている。この年は、様々な国際情勢の中で問題を提起したアンリ・ルフェーヴル〔一九〇一―九一、フランスのマルクス主義哲学者、社会学者〕の『歴史の終わり』[226]が刊行されてから二〇年目にあたっていた。西洋人が、あまりにも便利な生活、不幸と虚無感、国家とイデオロギーの束縛にうんざりしていた時に、ルフェーヴルはこう書いていた。「われわれの社会は時代の枠からはみ出しており、過渡的な時代に生きている。」彼は、時代の移行についてのレーニンとトロツキーの考察に注意を向けた。「ヘーゲルにとって歴史は終結した。マルクスにとって歴史は世界革命で終結しなければならない。」

ボードリヤールは、巧妙な理論家と卓越した予言者の予測が次々に覆されていく時代の流れにも乗っている。すでに確立した秩序の根幹をカオスが侵食していくのを見て、ボードリヤールは明らかに悲観的になっている。「もはや歴史は究極の目的を持たない。歴史には超越性もない。もはや歴史は一つの到達点、あるいは文字どおりの意味での終わりへと、歴史の彼方へと歩み行く直線的、あるいは弁証法的な動きを有していない。われわれは今日、終わらない幻滅に生きているのであるが、予測も計画もなしに生ずる一種の客観的な現実のみがあるようだ。その意味で、歴史はどこへも行かないし、それゆえ歴史はもはや意味を持たない。」この箇所を読んで禁じえない第一の印象は、車庫に通じる線路で車止めの前にさしかかる列車のイメージである。線路のはじで、全員が下車する。そして、乗客はこの後、夜には冷え込む待ち合い室しか利用することができない。ポール・デルヴォー〔一八九七―一九九四、ベルギーの画家。表現主義を経てシュールレアリスムに至る〕の絵画、あるいはサミュエル・ベケット〔アイルランド人の作家。一九六九年にノーベル賞受賞〕の作品のイメージである。人間の終わりに対して最も敏感だったベケットは、これをパーティーの終わりと言っていた（ゴドーを待ちながら）〔サミュエル・ベケット『ゴドーを待ちながら』より〕。

けれども、この終わりはどうやら決定的ではないらしく、むしろ一時的なもののようだ。それ以上先まで手がかりがないところにも、必ず続きはあるものだ。ボードリヤールは歴史がどこにも行かないと言うが、すぐ後でこう訂正する。「歴史はどこか他のところに行く。」そして、その行き先とは千年王国信者《ミレナリスト》の考える場所、ユートピアではないか？「そこにあるのは何かを目指す指導性ではなく、先の読めない奇抜さである。事物はどんな意味にもなり、あらゆる意味になる。だからこそ、もはや意味がないのである。しかし、それでも意味が消えるほどではない。なぜなら、意味の方向の加速装置があるからであ

ポール・デルヴォー画『駅・夜』1963年、ベルギー国有鉄道蔵。

る。この分子運動《ブラウン》のために、われわれは連続性に気づくことができなくなる。事物に不規則な連続性しかない理由はまさにここにある。」[227]

歴史の終わり、それは単にある一つの歴史が終わる、事物の連続性がなくなる、というだけのことではなく、一つの学問が終わることでもある。それは、人々が歴史という学問を信じなくなったということ、さらに、歴史が持つ教育的価値、歴史が証言する基本的な事実までをも信じなくなったということである。「そして、ちょうど過去の危機と未来の危機が一度にあるように、過去はもはや現実の時間としては生きられない。そこからパニックのようなものが出てくる」とボードリヤールは言う。

自らの歴史を、もはや人づてに聞いた歴史の中でしか知らない人には不安が浸透する。ルーツや家系、記憶の場所、歴史小説、史料（源泉）への回帰などへの昨今の関心は、むなしい悪あがきでしかない。「過去の史料から何がわかるかを知る必要がある。空虚なブリコラージュ〔民俗学者レヴィ・ストロースの用語。一貫した計画なしにあり合わせの材料で論じる方法〕によって過去の史料に再び生命を与えるにせよ、あるいは過去の事実を再現しようと試みるにせよ。」例えば、紀元一〇〇〇年の恐怖を考察する場合のように。

歴史学は断片化する。それゆえフランソワ・ドッス〔一九五〇―、フランスの歴史家〕は『破片となった歴史』[228]を書いたのだろう。この著作は、歴史をまるでパズルか、双六かのように扱う歴史家たちの細分化と再構築への傾向を巧みに表し、ついでに事件史への回帰、急変、逆行を皮肉っている。「人々は、自分たちの祖先がトロイ人なのか、ガリア人なのか、あるいはフランク人なのか、あれこれ憶測にふけり、結局こんな結論に達した。つまりフランスが誕生したのはジョルジュ・デュビの著書が始まるところからであり、それはまさにタイミングよく、九八七年――ユーグ・カペーの時代、つまり今からちょうど一〇〇〇年前である。」最近の記念事業の一つにカペー朝一〇〇〇年記念祭があるが、カペー朝の復権は明らかである。私たちの世紀末を乱す、このような修正主義者の歴史観については言うべき言葉もない。

イデオロギーの終わり

「不確実性の魔の手におちた」歴史の背徳的な影響のうち、ボードリヤールは共産主義の崩壊を例として取り上げる。あるいは少なくともその構造の崩壊、党の機構の崩壊とを取り上げているともいえよう。彼はこう記している。共産主義の誤りが何であったにせよ、とにかくそれは死滅したのであるが、おぞましい経緯で死滅することだけは何とか切り抜けた。そして、それをやってのけたのは共産主義の信奉者であり、立て役者たちであった。「東側では、歴史の真の否定というものが存在する。実際、東側の人々は自分たちの歴史すら理解しない。彼らは歴史を廃物のようなものとして認識している。正真正銘の歴史の終わりである。そこには何もないのではなく、廃物があるのだ。そして、その廃物は際限なくリサイクルされることだろう。」

私がこれほどボードリヤールを頻繁に引用するのは、彼がこのような歴史の断片化、細分化、あるいは分裂を強調するからであり、それが紀元一〇〇〇年と紀元二〇〇〇年が訪れる直前の不安な時代状況と精神状況を象徴的に表すからである。どんな文明もいつかは滅びるように、イデオロギーもまた永遠のものではないと、今では誰もが知っている。ただしイデオロギーは、有罪宣告により火刑に処せられても、不死鳥のごとく灰から再生する。

しかし、共産主義と資本主義の未来を語ることはできるのだろうか。それに対してボードリヤールはやや辛らつに、次のように認めている。「この歴史の最もおかしなところ、その皮肉な結末は、まさにマルクスが資本主義について予見したとおりに共産主義が崩壊したということである。資本主義が共産主義のはたらきをして、共産主義が資本主義の代わりに死んだのである。マルクスにとっては、歴史を完成するためには資本主義が死ななければならなかった。しかし、実際には資本主義は死なず、共産主義が天寿をまっとうしてしまった。資本主義は死ぬどころか、地球上の至るところへ及んでいる。」

全体主義と終末論

タビネズミという一風変わった習性を持つ動物がいる。異常繁殖すると群れになって全速力で海に向かって突進し、水にとび込んで死ぬのである。人間も、このような集団自殺に駆り立てられる危険があることを忘れてはならない。それは全体主義のシステム、つまり、国家社会主義とスターリニズムが力を入れていた思考停止や洗脳の企みである。（中には両者を同一視して非難する者もいる。）ミルチヤ・エリアーデの目にはこう映っている。[229]「終末論的な、千年王国信者《ミレナリスト》の神話は、今世紀（二〇世紀）のヨーロッパで二つの全体主義の政治運動の中に再び現れた。その外観は全く世俗化しているが、ナチズムと共産主義は終末論的要素にあふれている。そのいずれもが、この世界の終末と豊饒と至福の世紀の始まりを告げている。」『黙示録の狂信』の著者ノーマン・コーンを引き合いに出すまでもないことだが、紀元一〇〇〇年の人々を魅了した古い中世の空想は未だに私たちのうちに生きているのである。すなわち「選民（〈アーリア人〉であれ〈プロレタリアート〉であれ）の悪人（〈ユダヤ人〉であれ〈ブルジョワジー〉であれ）に対する最後の戦い。運命の定めに従って、あらゆる苦悩の報酬として、選民が全世界を支配する喜びや完全な平等に生きる喜び。あらゆる悪から浄められ、歴史がその極致の完成に達する世界。」さらにつけ加えるべきは、このような世界再編の試みを実現するには、力の行使、暴力、拷問、虐殺という手段に訴えることすら必要になり、民族粛清という常識では考えられないものまで正当化する必要が生じる。

共産主義について、最近の千年王国信者《ミレナリスト》はかなり断固とした考え方を持っている。再び、ミルチャ・エリアーデを取り上げよう。彼はヒトラーが欲望の虜となり、スターリンが権力を渇望した一九三九年にブカレストで哲学教授職に就いていたため、格好の証言者なのである。彼はマルクス主義の創始者にメシア的な狙いがあったと考えている。「私はマルクスが小アジア・地中海世界の偉大な終末神話に出てくるような世界を変えるため、苦難を担う義人（今日ではプロレタリアート）を救済したのだと、最近述べたことがある。事実、マルクスの階級なき社会とその結果としての歴史的緊張の消失は、多くの神話において、歴史の始めと終わりに描かれた黄金時代と整合している。」この救済プログラムの神話をふくらませ、プロレタリアートに犠牲となる役割を与えながら、悪に対する善の勝利を予言しつつ「マルクスは、歴史の絶対的な終末というユダヤ・キリスト教的な終末完成の希望の負担を自ら背負う。」

ナチズムについては、周知のとおり、一九三三年という受難の記念の年（キリスト死後一九〇〇年）から悲劇は始まるが、もちろんこれは偶然の一致にすぎない。この年、ヒトラーはドイツ国民のあがない、つまり犠牲をもやむなしとする十字軍を夢見たが、同じ頃、ローベルト・ムージル〔一八八〇―一九四二、オーストリアの作家。現代小説の旗手の一人〕は小説『特性のない男』の中で、同時代人の不満をこう描写する。「こうして彼らは、自分たちの時代が不毛の宿命を負っていて、結局この宿命から時代を救済できるのは、特別な事件か、全く特別な人間だけだと信ずるようになっていた。こういうわけで、当時いわゆるインテリたちの間で、救済という語群への愛好が生まれたのである。そしてすぐにも救世主《メシア》が来なければ、もうどうにもならないと確信するようになった。」[230]

ヒトラーは、自分が新しい救世主だと信じていた。ポウウェルとベルジェによる終末論的パロディーの傑作『魔術師たちの朝』[231]の中に、これについての注釈や引用が豊富に見られることに気づくだろう。「およそ見習い独裁者が言うには、人類は誕生以来想像を絶する経験を周期的に行い、その度ごとに耐え忍んできた。人類は一つの千年紀《ミレニアム》から次の千年紀《ミレニアム》への完成という苦難にさしかかっていた。太陽の時代の期限が迫りつつあった。最初の超人のモデルを見出すことができた。」ヒトラーはその後、腹心のラウシュニングにこう言った。「世の中というものは、決定的に転換することがある。われわれは、まさに時代の転換期にいるのだ……将来的には、この惑星の大転換もあるだろうが、選ばれていないあなた方にはわからないだろう。国家社会主義が起こすことは、新しい宗教の到来以上のことなのである。」

周知のとおり、ナチスと救世主はこの不当に得た役割を果たすことなく座挫し、この世に現実の黙示録《アポカリプス》を引き起こしてしまった。自殺の前に共謀者ゲッベルスはこう言わざるをえなかった。「われわれの終わりは全世界の終わりとなるだろう。」

デモクラシーの終わり

イデオロギーの終わりに次いで、「デモクラシーの終わり」が告げられている。これは少なくともジャン・マリー・グエノの最近の著作のタイトルになっており[232]、その中で論じられている。彼は、フランス外務省の分析予測センター所長で、いわば現代の予言者のようなものである。「才気に満ちたエッセイの中で彼が告げるデモクラシーの終わりの到来は、ヘーゲルにとって重要な〈歴史の終わり〉に通じるものである。」[233] 狭すぎる国民国家の時代に代わって広大な帝国の時代が訪れると予言していたもう一人のヘーゲル信奉者アレクサンドル・コジェーヴの考察をも取り上げつつ、グエノは唯一の普遍的な帝国を予見して、それをさらに敷衍する。その主旨は、長い眠りから覚めた裏の帝国への回帰などではもちろんない。その帝国は、独裁的な皇帝や権力を持つ頭に頂くことはない。「それは自力で動き回る空間、あるいは行動すると言えばよいのだろうか、そういう類のものであろう。惑星のように広大で、輪郭が非常に曖昧になることもありうる。」[234] 全体として巨大なアメーバは自分の体、すなわち産業文明が恐るべきサイクルで分泌する金や銅をむさぼる。誰かの利益になるようにしかけられたカオスであり、腐敗をどんどん繰り出すモーターのようである。あるいは詐欺師の手に渡った空き地とでも言えるだろう。グエノの辛らつな予言は政治の終わりをも告げる。「私たちは、砂の上に建物を建ててしまった。はかない土台……もはや価値を創り出すことのできる政治的な秩序は存在せず、政治が崩壊した《ポストポリティック》時代の危機的局面に対処するための政治的な方法も存在しないのである。」

知識人の終わり

この潮流に乗って、知識人の終わりも予言できる。知識人とは、一九世紀末のドレフュス事件の際に現れた言葉で、それから一〇〇年が過ぎた。最近、増加している事件や大惨事に対して、知識人が沈黙を保っていることに非難の声が上っている。サルトル派の政治参加《アンガジェ》は注目されたが、その後、彼に続く者たちが銃眼に登らず、人類の生き残りを危うくする緊急事態や諸問題のために立ち上がらないことを人々は残念に思う。再びボードリヤールによれば、知識人の現実離れは、これまでの無駄な努力の積み重ねによるものである。「知識人という者が消えていこうとしているのであろうか？　率直に言えば消え去るのだと思う。しかし、それを反アンテレクチュアリズム（反知識主義）と捉えてもらいたくはない。〈知識人〉とは新しい表現であり、〈ブルジョワ〉という語と同じように近代とともに生まれたものである。この語は歴史的な分析にも、道徳的な分析にもふさわしくない。今日、ブルジョワという語に異議を唱えることにはもはや意味がないように、知識人という概念もまた風化してしまったのである。」

紀元一〇〇〇年の時の予言者と同じように、メディアで大袈裟に吹聴する一部の人々は別として、もし多くの知識人たちが二〇世紀末の不安に直面しつつ期待を持っているとしても、冷静かつ慎重な姿勢を保っている。中には分別くさい沈黙へと逃げることなく口を開く者もいる。常に第一線で活躍しているエドガール・モラン〔一九二一―、フランスの社会学者〕は、「確実性の終わり」について取り上げた『マガジン・リテレール』誌の最近の号で、こう宣言している。[235]「われわれは確実性というものが崩壊する時代を迎える。歴史上の大きな分岐点が未だ定まっていないがゆえに、世界はとりわけ不確実な段階にある。われわれは、行く先すら知らない。大きな後退があるのかどうかもわからないし、戦争が連鎖的に拡大するかどうかさえわからない。また、文明化が進むことによって地球規模での協力ができるようになるのかもわからない。」

知識人の終わりを叫ぶことは適切ではないし、とくに宗教的な教条主義が知識人の死を宣告するのはなおさら不適切である。二〇世紀が終わりを告げた今、仮にオピニオン・リーダーはいないとしても、同時代人の罪を適度に厳しく告発することが期待されている新しい哲学者がいる。これについて、ベルナール・アンリ・レヴィ〔一九四八―、フランスの思想家、著述家〕の『フランス・イデオロギー』[236]の作品紹介文を読むのには興味深い。このイデオロギーは来るべき歴史の審判、あるいは神の審判の前の特異な状況を作り出す。フランス・イデオロギーという言葉で彼がいわんとすることについて、彼はこう説明する。「それは言葉で織り上げられた薄暗い層のようなものとも言えるし、あるいはわれわれの文化の表層を、過去一世紀の間、たえず漂っている巨大な浮氷群のような、おぞましいテクストの集塊とも形容できるだろう。わかりやすく図式的に言えば、われわれの国の歴史の最深部には毒の源泉が存在するのである。この源泉はフランスに取り憑いたもう一つのトラウマであるドレフュス事件の時に生成し、そこにはフランスの最も偉大で最も才能ある思想家たちの刻印が押されている。そして、この源泉から湧き出る泡が未だにわれわれの時代を毒しているのだ。私はこれを〈フランス・イデオロギー〉と呼称する。」

道徳価値の終わり

黙示録を目の前にして、もはや四季はなく、道徳すら存在しなくなった。ちょうど年老いた職人が職業意識の消滅を残念がるように、善良な人は道徳価値の消滅を嘆き悲しむ。この危機的状況に遺憾の意を表明した教会は、その原因を教会の外に探した。その点でスペインのウェルバにおける教皇の発言は意味深い。教会の名誉にかけて、ローマ教皇はこの地で、非難と破門宣告でいっぱいになった袋をあけ放った。それは、結果として悪魔の再来が近いという風潮に拍車をかけた。かつてないほど、人類を神から遠ざけながら、当座の利益ばかりを気にかけるようけしかけ、長期間にわたって失業者や浮浪者を生み出す経済システムを作らせたのはまさにこの悪魔の仕業である、と。すなわち「道徳価値のかげり」が核家族の破壊、不倫、離婚、中絶など憎むべき罪となって現れ、出生率の低下や高齢化、世代間の断絶を助長する。これは最悪の事態であるという。「キリスト教的な価値観の衰退という現象は皆、若者たちに重く跳ね返る。若者は何もかも押しつけられ、覚醒剤、アルコール、ポルノ、その他の低俗な消費の犠牲となる。若者は、存在ではなく所有へと向けられた生活スタイルによって、精神的な価値観の空白を埋めようと強く望んでいるのである。」

たしかにそのとおりだろう。しかし、教皇は、若者たちがこのような短絡的な行動にいずれ行き詰まって反省するとでも考えているのだろうか？　姦通した女性、中絶した少女、結婚した司祭、非行少年や薬物中毒の少年などに呪いの言葉を浴びせかければ世界を悪から取り戻せるというわけではない。悪くなっているのは人々ではなく、国であり、社会制度であり、システムである。悪は上から下へと伝わる。権力者は自ら著しい腐敗を露呈しながら、小さな違反を情状酌量することもなく取り締まる。イデオロギーの終わりの後には、自分たちの政策に対する倫理さえ持たなくなった政党の終わりを予見することができる。もう一人の最近の予言者ジャン・ドルメッソン〔一九三五―、フランスのジャーナリスト、作家〕は、『フィガロ』紙の中で、今の世の中が逆説的であることを声高に叫ぶ立場にいた。「道徳至上主義の世界というのは、我慢できないこともしばしばある。そこでは皆が互いに説教をして過ごし、連帯感と集団責任の、ある種の間抜けな純粋主義が支配している。」また、伝統的な価値観を擁護しようとする右派の行き着く先を、ル・ペンはこう予言している。「二〇世紀が終わる前に、われわれは救い主の再臨に立ち会うか、あるいは起こるべき大災害に見舞われるかのどちらかである。」反キリストが存在するとすれば、手ぐすねをひいて笑っているに違いない。彼にとって戦場がこれほど有利だったことはないし、勝利が保証されたこともなかった。

カトリック教会の終わり

「二一世紀は宗教的となるか、非宗教的となるか、そのどちらかである。」そう言ったのはアンドレ・マルロー〔一九〇一―七六、フランスの作家、ドゴール政権の文化相〕だとされるが、これに対しては多くの注釈が加えられてきた。たしかに言葉足らずではあるが、正しいことを言っている。重要なことは、これを言ったのがマルローであるかどうかではなく、その心理的なインパクトを知ることである。この『沈黙の声』の著者はこうも書いている。「世紀末の最大の問題は宗教の問題だろう。そして、われわれが知るキリスト教が古代ローマ時代に投げかけた反響とは別の影響を持つだろう。[237]」

これは、宗教的な感情が二〇〇〇年を越えてなお永続するに違いないということ、そしてそれがより多くの人々と関わりを持つということをはっきり予言している。それはまた、この宗教的感情というものが、二〇〇〇年間尊重されてきたカトリック教会の使徒的、ローマ的教義の枠組みの中では表現されないだろうということをも予言している。教会もまた自分に終わりが訪れていることを感じている。

すでに古い予言は、時の終わりが最後の教皇の統治によって告げられるとはっきり言っている。マラキアスに帰するとされるテクストによれば、最後の教皇はローマ人ペテロ、すなわちペトルス・ロマーヌスという名で、この名前は象徴的にペテロとローマに結びつく。「彼は従順なキリスト者たちを何度も苦境へと追いやる。（つまり神の御心による逆境と苦悩を理解できる。）その後で七つの丘がある町が破壊され、恐るべき裁判官が人間を裁くであろう。」すでに触れた、マラキアスによる教皇のリストは予言に対応している〔七九ページ参照〕。とくに最後の三人の教皇のそれは意味深い。すなわち〈デ・メディエターテ・ルネ〉、〈デ・ラボーレ・ソリス〉、〈デ・グロリア・オリーヴェ〉。ラテン語に通じていなくとも、一つめは「月が重なることについて」あるいは「月の介入について」、そして二つめは「日蝕について」と訳すことができる。ヴェルギリウスは〈ラボーレ〉の語を、天の秩序の変調によって生じる天体の「蝕」の意味で用いた。すなわち時の終わりを告げる宇宙秩序の二つの現象が予言されているのである。三つめの「オリーヴの栄光」については、平和の回復を指すとしか考えられない。つまり、ノアの大洪水の後の鳩と小枝である。マラキアスのリストをもとにして、教皇在位の平均期間を考慮に入れながら、聖書注解者たちは概算を出した。それによれば、牧夫と水夫の教皇ヨハネス二三世以後、四人の教皇を経て二〇〇〇年に至り、リストはそこで終わる。

　この解釈が恣意的かどうかという議論は別としても、ローマの聖ペテロの座〔教皇職のこと〕の消滅は、私たちの陰鬱な考えにつきまとって離れない。社会のあちこちに気がかりな亀裂が指摘され、教会は内部破綻しかねない危機にある。信者が従うべき信仰と道徳の教義を決定する教皇の無謬性も、しだいに信じられなくなってきている。神の力によって啓示された無謬性に疑問を抱く人たちは、もはや破門宣告も恐れなくなっている。今や旅行者ばかりが通うものとなっている祭儀と教会をキリスト教信者たちが刷新できないのは、無信仰よりも無関心のためである。教会はインカルチュレーション（この言葉はまだ辞書にない）〔各布教地の文化に対応して信仰慣習を変えること〕を見事に考案し、それによって、真の文化的価値をキリスト教への同化によって変形しようとし、多様な人間文化の中にキリスト教を定着させようとしている。教会は今や、かつての反聖職者主義ではなく、関心の欠如と信仰の不在に直面する。現代人の大部分は、あまりにも多くの世俗的な心配ごとを抱えているために霊魂の不滅に関心を払う余裕などない。そして、人はパンのみで生きるのではないと了解しても、彼らはもはや宗教による救いを求めなくなった。教会はこの変化にうまく対応できずにいる。そして教会自体の内部でも教義が討議され、異端が再び現れ、司祭たちは結婚しようとし、普通の衣服や、ブルーカラーの仕事着を着るために法衣を脱ぐ。「新しい改革」を訴えて「神の公僕」を告発する者もいる。[238]

では、神自身もこの混乱の中にいるのだろうか？　神の死が告げられてから久しい。それは普通の人とは違う死亡欄に記され、時の終わりについての私たちの幻影に少なからぬ衝撃を与えた。紀元一〇〇〇年、人々が不安だったのは神を信じていたがゆえのことだった。二〇〇〇年では、もはや神を信じていないがゆえに不安なのである。「神は死んだ。絶対的なものの探究はむなしく、幻影にすぎない。祭儀や聖なるものは少しずつわれわれの生活から消し去られている。諸宗教もそれ自体が社会的、政治的関心の中に呑み込まれてしまっている。[239]」社会的な関心も、政治的な関心も、脱キリスト教化に取り組む教会の視線と密接に結ばれていることは明らかである。ジャック・ル・ゴッフが言うところでは、「本当の意味での刷新、すなわちスピリチュアルなものの復活と、突如として現れて聖と俗の分離までをも否定するようなその他いくつかの潮流がある。しかし、これらの現象は部分的なものである。私の印象では、いくつかの目立った動向の背後にあるもの、それは進みつつある脱キリスト教化である。[240]」

これら顕著な動向の中でも最初に取り上げなければならないのは、ル・ゴッフが「われわれの時代の最大の脅威」と言っている人種差別を伴うフランスの教条主義である。この卓越した中世学者は、自分が何について語っているかを知っているし、それが物議をかもし出すことも知っている。この場合の教条主義とは、聖書を聖霊から授けられたテクストだと考えること、そしてそれを盲目的に読むことである。つまり聖書のテクストを、意味や意義そして訳を疑うことなく、ただ覚え唱えるものとすることである。「文字は死を、聖霊は生命をもたらす」という聖パウロの言葉を参照しつつ、中世キリスト教は、聖書を理解するばかりでなく、議論することの必要性を早い段階からよくわかっていた。ユダヤ教の律法学者《ラビ》たちの優れた仕事には比べられないが、それぞれの文、単語、文字、母音を検討しながら、中世の聖職者たちは掟として定められた言葉を注解することを覚えた。反対に「教条主義はこの点における逆行である。あるテクストに対して、形式主義的、あるいは字義どおりに執着する時、そこにはいくつもの大きな危険が潜んでいる。[241]」

まず第一には仲たがいの危険であるが、その一例が一九八八年のヴァチカンと教条主義者たちとの間に生じた分裂《シスマ》である。ルフェーヴル司教〔ラテン語ミサの復興など復古的な活動を行って破門されたフランス人司教〕が辛らつに表明している。「シスマということが話題になっているが、いったい何とのシスマなのだろうか？　聖ペテロの後継者である教皇とのシスマなのだろうか？　そうではなく、近代主義者である教皇とのシスマなのであろう。事実、今の教皇が刷新と唱えて、ところかまわず広める考え方とのシスマなのである。けれども、われわれは永遠のローマと結ばれていたいと望んでいるのであるから、実際にはそれらはシスマではない。われわれは教会の破壊の共犯者となる気など全くないのだ。[242]」

彼らは予告された反キリスト、帰って来た悪魔の共犯者なのだろうか？　今日、悪魔はあらゆる手段を尽くして魅惑者、そして破壊者としての力を取り戻そうとしているかのようだ。ローマの正統性を擁護するラッツィンガー枢機卿は、悪魔は神秘的な存在として現存し、象徴的な存在などではないと考える人が今なおいるので、教会の悪魔払いを増長させる本が増えているという。このような本の大部分は、ジェラール・メサディの『悪魔の一般史』[243]に代表されるように、一つには新興宗教《セクト》の増加の中に、もう一つには『悪魔の詩』〔邦版一九九〇年〕を書いて偽悪魔崇拝者とされたサルマン・ラシュディに対する死刑宣告がそのほんの幕開けにしかすぎないような新しい中世」への接近の中に、悪魔の手を見ている。

今回の世紀末にもまた、悪魔崇拝、悪魔憑き、黒魔術についての学者の議論が再燃することになる。また、信じやすい人をねらって、心の内にひそむ悪魔を追放するという三行広告が今日のメディアの中に氾濫している。それらは料金さえ払えば、簡単に悪魔を退けて愛を取り戻すとうたっている。新聞に広告掲載はつきものだが、良心のかけらもないペテン師の広告に騙されて悪魔に憑かれたと信じる人たちが後を断たないことも事実である。

黙示録の牧場

時代の疲弊を表すかのように、様々な宗教団体が増殖している。その全てが悪魔的であるわけではないし、ただ滑稽なだけのものもある。しかし、そのうちの一部は、社会の内部に寄生し、侵食していくために危険で、内実は犯罪集団であったり、洗脳という手段まで使うものもある。

危険な教団はどれもが、社会に異議を申し立て、党派の結束が強い。キリスト教の分離派や異端は公然と隠れ資産に財政基盤を置きながらも、悠然と支持者を増やしている。その特徴は、消費社会の行き過ぎに対する反動として清貧と品行の慎ましさ（セクトの支配者は私腹をこやそうとも）、純粋さと原始キリスト教への回帰、個人的な考え方に対する集合意識の優位、祈りと黙想についての東洋的方法の採用、貞潔、グルへの盲目的服従などである。そこでは人間性を剝奪され、白いリネンをまとい、柔軟な思考になじみ、盲人のように案内された、メキシコ産サンショウウオのように無色で無味な多くの人々が、罪を償うためには暴力を使うことさえ認められている。これらの新興宗教《セクト》のうちのあるものは、物品や、不要な財産の破棄、「異常な、恥ずべき、穢れた」人間の粛清といった、特殊な犠牲祭儀を迷わず行う。私たちはそのような人々の行き着く先を知っている。これら選ばれた者たち――悪しき者、不健全な者と判断されて世界から隔絶された者たち――は、自衛のために武装した要塞に立てこもるところまでいく。その一例として、アメリカ、テキサス州ダラスのウェイコの事件が世論に衝撃を与えたのは記憶に新しい。デイヴィット・コレシュが創始したこのセクトは、警察に抵抗しながら、五一日間にわたって「黙示録の牧場」に立てこもり、その血と炎の結末は多くの人に目撃された。

　このセクトは「生き残り主義」型のもので、核兵器の襲撃による最後の審判と救世主の再来という恐ろしい教えを説いた。まさにそこから、メンバーに対して軍隊式の訓練が行われ、牧場は核シェルターを持つ地下弾薬庫へと改造されていったのである。一九九三年二月、「ウェイコのキリスト」はそこに立てこもってアメリカという国家に挑み、この牧場を攻撃することは黙示録の始まりだと宣言した。彼は本気だった。政府関係機関に送った複数の書簡の中で、この指導者は、まもなく七つの雷が落ち、地震によって町が破壊されるだろうと告げた。彼は神に、自分にとっての悪、つまり自分たちを包囲している軍隊を罰するよう訴えた。「このアメリカのセクト、ブランチ・デヴィディアンの悲劇の歴史は、二〇〇〇年に及ぶ〈黙示録への狂信〉の伝統に新たな一章をつけ加える。デイヴィット・コレシュは四月一四日、黙示録の七つの封印を解読した覚え書きを書き上げると、信者たちとともに牧場を去ると言った。しかし彼はＦＢＩに対して、その前に自分が死ななければならないこと、また、予言を実現するために多くの殉教者を出さざるをえないとも言った[244]。」

洗脳された信者を牧場や要塞、粗悪な寺院に、あるいはアルデーシュ県の羊小屋のような所に閉じ込め、縄ばりの中で人間を支配する現代の新興宗教《セクト》は、既存の秩序に深刻な危険を及ぼすことはない。精神分析医のトニー・アナトレッラによれば、「このような野蛮な宗教家には、感情やカリスマ的傾向への依存、神が身近にいるとする確固とした理性なき信仰、そして言語を軽視し想像力などを重視する強いナルシスムが見られる。一種の霊性の動向としてのセクトは、全体主義のナルシスムである。[245]」しかし、まさにそこでこそ、セクトが危険性を表すのである。つまり、これらの小集団が互いに次々と同意して、最終的にイデオロギーにおいて世界を支配し、彼らの掟を世界に押しつけようと企むような秘密結社を形成するようになると、深刻な危険をはらむのである。

ところで、「ニュー・エイジ」という新興宗教団体はそのようなケースにあてはまるのだろうか？一九八〇年にこの名を冠して創始されたニュー・エイジ[246]は、第一に世界がこれから足を踏み入れようとしている水瓶座の時代、しかも物質に対する精神の優位によって特徴づけられる水瓶座の時代を象徴している。もっとも、世界が爆発して粉々になってしまわなければの話だが。まだましなのは、ニュー・エイジは地球規模の理想的な文明を約束し、ナチスまがいの過激なヒッピーたちをはじめ、あちこちから集まったメンバーがすでにそのために働いているということだ。ニュー・エイジのプログラムの中には、「この上なく立派な願望と、この上なく混乱した形而上学的な理念[247]」が紙一重に並んでおり、同じことはエコロジストと反動分子の様々な集団にもあてはまる。（例えば自然の尊重と人間性の優先に加え、「宇宙エネルギー」と呼ばれる、世界を規定する世界意識の承認など。）このようなニュー・エイジのプログラムが、どのように全体主義的な暴走につながっていくかはわかっている。周知のとおり、最も危険なのがこの群集心理であり、これに取り憑かれると人間の集団は、必要性や緊急性を考えもせず、方向を瞬時に変える小魚の群れのようになってしまう。「ニュー・エイジとは、諸々のセクトに見られる中央集権化の傾向、エコロジーが回復する傾向、自然の力を利用した薬の開発へと向かう傾向と整合しており、また、現在の文明を徹底的に否定する傾向をも持っている。たしかに現在の文明の欠点を無視してしまうのは不条理だとしても、ニュー・エイジは幻想や薬物ではなく、人間を白痴状態にして知識人を退化させるのにすぎないのではないか。ニュー・エイジという名は適切だろうか。ニュー・エイジどころかその実態は原始状態に立ち返ろうとしているのだ。[248]」

科学の挫折

ニュー・エイジのセクトの信者たちが科学を信頼していないことははっきりしている。その科学とは哲学者が言うように魂の荒廃でしかない科学のことである。この点では彼らにも一理ある。アンドレ・ブルトンは『秘宝十七』の中で次のように書いた。「科学を犯し、恩恵よりも誤算と不幸に向かわせている異様な呪いをいやす手段を認識したとき、そのとき科学は始めて信頼をとり戻すだろう。」〔アンドレ・ブルトン『秘宝十七』入沢康夫訳、人文書院、一九九三年、四五ページ。一部改〕実際、科学は今日、あらゆる面からの厳しい攻撃に対して従順である。第一のものはまさに様々なセクトからのそれである。ニュー・エイジは科学を拒絶するか、少なくとも科学の利用を拒絶する。彼らの目にはファウスト博士もフランケンシュタイン博士も実験室の砦の中の気の狂った学者の仲間と映る。あるいは彼らは自分たちで実験もせずに魔法使いの弟子と戯れているようでもある。そして彼らは世界の抽象的なヴィジョンの中に、そして純粋数学の中に逃げ隠れるだろう。「だから、実際、知的な者も無知な者も理性の打破という点では意見が一致しており、十分解決が可能な問題を目の前にしても、暗い未来を予示するものと考えてしまう。人は陶酔的な自己破壊、盲目的な破壊、集団自殺に向かうが、それは何十年か前にわれわれが許した愚かな軍備の競争と同じぐらい深刻なものである。」[249]

しかし、明言するかどうかは別として、科学を恐れないセクトや千年王国信者《ミレナリスト》はいない。『フィガロ・マガジン』の論説は、新しいグルたちを論じているが、そこでジャン・ドルメッソンは現代において科学とその応用が「電撃的」ともいえるほど進歩していることとセクトの増加との関連を述べている。「科学は限りなく希望をひらいてきた。それと同時に、恐るべき新たな危険を浮かび上がらせた。地球の破壊、ヒトの遺伝子の操作、人間労働に対する機械の勝利などがそれである。科学が人に不安を与えはじめるようになると、進歩は突如として脅威にさらされる。すでに、科学のもとにはある種の野蛮が現れている。」

学者たちでさえ、自分たちの研究の到達点に疑問を投げかけている。ヒトゲノム解読の業績を認められたノーベル賞物理学者が、テクノロジーの長所を辛らつに皮肉っている。「もし技術の進歩で失業が増えるだけだとしたら、高度に洗練されたエレクトロニクスの意義とはいったい何なのか。失業の不安は深刻である。オートメーション化によって工場を解雇された人に科学技術の進歩は素晴らしいことだと思えというのは無理なことだ。われわれの社会には、科学を偏愛しすぎた責任がある。科学が進歩したために失業者の数が増えるのは納得できないことである。」[250] 同じように科学を社会プラン上の危険と考えることができるし、私たちは紀元一〇〇〇年に教会が育んだ幻想の一つに戻ることになる。すなわち悪魔的な進歩である。

今日の科学は、医学の領域でひときわ悪魔的に進歩しているようだ。人から人へ移された血についての古いタブーと関係するという点で、最近の血液感染（製剤）の事件は衝撃的だった。無意識の世界にひそむ吸血鬼伝説が脳裏に浮かぶ。また一方で科学をめぐって、研究のための予算の私物化や、研究と政治権力との間の癒着が問題となる。さらには、医師と患者（あるいはその両親）のコミュニケーションの断絶も問題となる。学問としての医学は今でも信頼されているが、医者たちはもはや信用を失っている。マレーシア人の患者は医者たちに「自然の力を利用した」薬や非合法な薬を使うよう強いている。つまり、絶叫療法から精神集中療法、民間薬まで、ありとあらゆるヤブ医者の常識外れの治療法である。このような新しい「対処療法」は、医学の発展が健康を害すると考える人々がいるかぎり、影響力を持ち続ける。

伝染病の世紀末

世の終わりの大惨事に脅える態度の中でも、伝染病を世の終わりとして恐れることは歴史上常にあった。紀元一〇〇〇年の災いの最大の前兆と思われたのはペストだった。今ではペストに代わってエイズがその役割を演じている。二〇〇〇年には八〇〇万人の犠牲者が出るものと予想され、感染者は四〇〇〇万人にのぼり、そのうち一〇〇〇万人は幼い子供たちである。末期患者を見た経験があれば、エイズが恐れるべき病気と思うのはあたり前である。

黙示録の第四の騎手は、現代では青白い色の乗馬服を着て病人の様相を呈している。この使者がもたらす悪は目で見ることはできないが、想像以上に恐ろしさを増している。伝染病も進化し、歴史の「転期」のたびごとに形を変えて現れてきた。ペストのリンパ腺炎の後には、梅毒の潰瘍や結核に冒された青白い顔、そして癌という目に見えないしつこさが続いた。人類に衝撃を与えた集団的な病気はしだいに有害さを露呈し、隠れた敵はますます恐ろしさを増す。現代人はこの潜伏する内なる悪魔と戦う。梅毒が一六世紀ヨーロッパに出現して深刻な被害を出して以来、人間は伝染病に直面した時の不安を知ったばかりか、繰り返しやって来るものだということもわかるようになった。エイズと同じように、梅毒の場合も「突如として出現し、自由な暮らしぶりで喜びを味わいはじめた社会のムードを暗くした。この病気は癒せないものであり、性的な関係によって感染することから、罪の病という様相をも呈している。」[251]そして、姦通、売春、同性愛など、今の教皇や国民戦線などの右翼団体が執拗に非難するものすべてが、現在の病気の蔓延する温床となりうるし、「歴史の中で初めて、人間社会が伝染病をすんで流行させた」[252]という事実は、世紀末の恐怖をあおることにもなりうる。

原子力の惨事

一九四七年、フェルディナン・ロット〔一八六六―一九五二、フランスの中世史家〕は紀元一〇〇〇年についての研究をまとめた。[253]その結びの言葉はこうだった。「一九四五年の八月六日以来、人間はおそろしい印《しるし》のもとで生き、そして将来も生きていくだろう。」また、同時に、神話学者のミルチヤ・エリアーデは、「増大していく脅威の不安、核兵器による世界の凄惨な結末の不安」に言及している。「西洋人の意識の中で、この終わりは根源的で決定的なものである。つまり、この終わりの後に、新しい世界の創造はないのである。」五〇年のうちにこの大いなる不安、つまり本当に黙示録的な次元を持つその不安はどういうわけか薄まって、潜在的なものとなっていった。もちろん、暴走した指揮官が早まった行動をとらないかという心配がなくなったわけではないし、コントロールできなくなった装置が致命的な誤作動を起こしたり、チェルノブイリのような予期せぬ原発事故が起きる不安はなくならない。けれども、まるで他人事かのように、人々は新しい形のこの大惨事に慣れてしまい、不安を感じなくなってしまった。もはや、恐いのは爆弾ではなく、放射性廃棄物である。設備の整った要塞ではなく、ゴミが危ないのだ。これからは、ヨーロッパの蚤の市で、原発施設から取り外された部品を見つけても驚くことではない。「世界に終わりをもたらすことができる武器庫の全体が、相続人なき遺産となった」とジャン・ドルメッソンは一九九二年の『フィガロ・マガジン』に書いている。

けれども、忘れた頃にまた見る悪夢のように、核の恐怖が蘇ることがある。まだ記憶している読者もいるだろうが、一九七三年のこと、スウェーデンのラジオ局が全くのフィクション番組を放送した。そのシナリオはバルセベックの原子力発電所が事故で爆発したという想定だったが、当時この発電所はまだ建設中で、運転できる状態からはほど遠い状態だった。にもかかわらず、この放送によってスカンディナヴィア諸国はパニックに陥り、コペンハーゲンまでもがこの騒ぎに巻き込まれた。番組終了も待たず、聴視者は通りに避難し、道路は自動車で渋滞となり、病院、消防署、警察署の電話はパンク状態となった。この日、多くの人々が世の終わりを信じ、スウェーデンの映画監督イングマール・ベルイマンによる、この番組の予告編のような映画「第七の封印」（一九五七）を誰もがいまいましく思った。

チェルノブイリの事故によって原子力の惨事は現実となり、今後も同じような事故が起こることを心配させる。しかし、放射能の「影響」が空気中に薄まっていくのと同じように、恐怖心も少しずつ、人々の無関心の中に薄まっていく。神々に祝福されたこの王国の中で、私たちは毎日の食卓にのぼるものの汚染ぐらいしか気にしなくなった。一九九二年の『ル・ヌーヴェル・オブセルヴァトゥール』誌の分析による紀元二〇〇〇年の一二の不安の中には、核戦争も原子力の事故も挙げられていない。

それでもなお、人類が千年紀《ミレニアム》の到来を待たず大惨事を引き起こした過去は消えない。一九四五年、広島に原爆が投下された時、瞬間的な死者だけでも二〇万人にのぼった。被害はそれだけにとどまらず、投下地点の周囲にはその後も放射能が残り、犠牲者は未だに後を絶たない。恥ずべきことだが、この日になってようやく人類は自分たちが持続的かつ多大な汚染を広めうるのだということに気がついた。また、人類は自分たちが地球や自分たち自身に対して、途方もない力を持っていることを自覚した。そして、それほどの威力を持つ兵器が今後は自分たち自身にも向けられるということを悟った。だから、エコロジストの最初のデモが核を非難したものであったのも当然のことだった。

エコロジーの岐路

エコロジーの始まりは、一九世紀の中頃にまで遡る。この言葉が現れたのは一八六六年のことで、発案者はドイツの自然学者エルンスト・ヘッケル〔一八三四—一九一九、ドイツの動物学者・進化論者〕であった。彼はギリシア語で家を表わすオイコスからこの語を考案した。しかし、その時には、単に人間が活動する周辺の環境を掃除するというだけの意味だった。リンネ〔一七〇七—七八、スウェーデンの植物学者〕、フンボルト〔一七六九—一八五九、ドイツの政治家フンボルトの弟。エコロジーの先駆的業績を残す〕、ダーウィン〔一八〇九—八二、イギリスの進化論者。ヒトも他の生物と同じ地平にあるとし、自然から遠ざかることは危機に陥いることを示唆〕など、他の学者たちもその行動領域を拡大することに貢献した。とくに原爆の死のキノコ雲が現実のものとなると、エコロジーはあらゆる次元に拡大した。一九五〇年代以降、科学の進歩に異議を唱える出版物が増えてきた。例えば『ル・ソヴァージュ』や、「世の終わりを告げる新聞」という皮肉な副題のついた『ラ・ゲール・ウーヴェルトゥ』がそれである。一九六〇年以降、エコロジーは一つのイデオロギーとなった。今日、フランスでは連立ではあるがエコロジー政党が成立し、環境問題の克服は選挙に勝つための不可欠な公約となっている。

都市に住んでいながら田舎暮らしに憧れる一部の人たちが散発的なデモから始めたエコロジー運動も、新たな危機が広がるにつれて、有識者や政治家をも動かすようになった。そして一九七二年、ローマ・クラブ〔各方面から参加する会員が地球全体の問題を解決する方策・制度の導入促進を目指す国際団体〕は警告の叫びを投じた。「成長を阻止せよ！」これに対してレイモン・バール〔一九二四―、フランスの経済学者、政治家〕は穏やかにこう答えた。「世界をよりよくするには成長するしかない。心配するような惨事がすぐに起こるようなことはないのだ。」このような状況認識で安心していたところ、その一五年後にチェルノブイリの原発事故が起こったのである。不吉な暗雲がヨーロッパの上に広がっていく。西洋人は毎年のように、『ヨハネの黙示録』には見られなかったような大災害や新しい危険の脅威に次々と遭遇している。酸性雨、オゾン層の破壊、地球の温暖化、淡水の減少などなど。

一九九二年、学者と政治家が初めて（陽気な街）リオ・デ・ジャネイロで一堂に会して、環境と開発の対立がもたらす深刻な問題について議論した〔「環境と開発に関する国連会議」いわゆる地球サミット〕。これについて、自然保護のための世界基金は次のような声明を出した。「地球に死刑が宣告された。もし人類がバランスを欠いたまま、取り返しのつかない汚染を続け、私たちの自然資源の恵みを枯渇させれば、地球は不当にも辛い刑を宣告されることになる。地球を救え。」奇跡でも起こらないかぎり、会議はまとまらないのではないかという非観的な見方が開催時からあったにもかかわらず、環境と開発について優先権をはっきりするためにある計画が立てられた。つまり、両立しえないものを両立させるという計画である。解決するよう出された課題は、人口増加、地球温暖化、熱帯雨林の保護、絶滅寸前の動植物の保護である。そして、その目的は一つの憲章の起草にあり、人権（および自然権）について、発展の継続と住みよい環境のための新たな宣言にある。このテクストは、誰もが地球規模の助け合いを感じることができるような新時代の到来をことさらに強調する。

けれども、科学と産業の進歩に対立する非合理なイデオロギーが生まれ、それによって社会的、経済的な発展が妨げられるのではないかと心配するノーベル賞学者たちは、ハイデルベルクでリオの野心的な計画に異を唱えた。これに対して世界のエコロジー学者たちのリーダー的存在である二人がそれぞれ異論を出し合った。一人はクストウ〔一九一〇―、フランスの海軍将校、海洋学者、映画監督〕すなわち海底の深みの人であり、もう一人はタズィエフ〔一九一四―、フランスの地質学者、火山の専門家〕すなわち火山の火口の人である。この水と火が戦ったところで、果たして勝ち負けの決着がつくかどうかはわからない。クストウにとって、それは共存か虐殺か、楽園か死か、奇跡か破滅かの二者択一である。「私たちがのんびりリオで空気と水の純粋さについて論議しているまさにその間にも、地球規模の大惨事が一歩ずつ迫っている。[254]」一方タズィエフは、酸性雨やオゾン層の亀裂を途方もない冗談だという。

私たちは、これ以上これらのことを検討できるだろうか。たとえ私たちが、ヨーロッパにおける樹木の枯死の原因となっている酸性雨の危機を効果的に沈静化させているとしても、メタンガス、酸化硝酸、二酸化炭素、フロンガスなどによる温暖化効果については未だに十分な手を打てずにいる。さらに重要な点を忘れてはならない。牛が糞をしたり、しゃっくりをしたりするたびにメタンが排出されるが、その量があまりに多い（世界全体で発生しているメタンの一五％を占める）ため、アメリカのエイジェンシーは環境保護費用として、一九九一年には二一万ドルも使ったほどである。[255]温暖化の原因となるこのガスは、大気を汚染するばかりでなく、地球規模で体に感じるほど気温を上昇させ、最終的には氷河を溶かして、海面水位を上昇させ、バングラディシュ、エジプト、オランダ、あるいはコート・ダジュールといった人口過密地域を水没させるものと考えられている。

そして、もっと深刻なのがオゾンホールの問題である。驚きつつも半信半疑のうちに知ったことは、私たちの頭上にはオゾン層という防御盾があって、それが今やタイヤのようにパンクしそうな危険な状態にあり、それを食い止めるには相当大きなハッチゴムを用意しなければならないということだ。このことがわかったのは一九八七年のことだった。

途方もない悪ふざけ、あるいは黙示録を思わせる災害、これこそ現代のエコロジストが関与する問題である。しかし、オゾン層回復のために結集される十字軍も、歴史上の他の十字軍の場合と同じく、罪を犯すことと紙一重である。悪を討伐しながら、もっと悪いことをすることもありうる。エコロジーは警戒心を持って検討する必要があると思われる。「エコロジーが、自然の原点の純粋さを追求するとか、人間性を計画的に浄化するという考え方と関連があるとすれば、エコロジーの概念は反動的イデオロギーと結びつくこともある。エコロジーの社会計画が、テクノロジーの進歩を正すという目的しか持たないのであれば、全体主義的な流れとなりうる。」こう書いたのは、ジャン・ダニエル〔アルジェリア生まれのジャーナリスト〕である。これは一九九二年五月号の『ル・ヌーヴェル・オブセルヴァトゥール』誌上で、「エコロジーは反動か?」というテーマのもと、モンペリエで開催された会議に続いて企画された「環境論の批判的検討」の誌上討論に掲載されている。こうしたテーマは一時の問題ではなく、引き続き議論すべき課題である。現代フランスにおいて地球規模の危険を懸念して議論に参加しているのは、関係者でもあり事情通の論客、ミシェル・セール〔一九三〇―、フランスの思想家〕、ジャン・クロード・ギユボー、ミシェル・オンフレイ〔一九五九―、フランスの哲学者〕、ジャック・エリュル〔一九一二―、フランスの法学者、ジャーナリスト〕、コーネリウス・カストリアディス〔一九二二―、フランスで活躍するギリシア人哲学者〕らである。

様々なエコロジー運動の創始者のテクストや声明を読んでわかることは、まず「『自然の純粋さ』、『野生』の尊厳、おとめの領域の栄光を、現代人のプロメテウス的な傲慢が生み出した都会や産業の混乱に対置するロマン主義的、黙示録的聖書解釈である。[256]」それゆえ、個人の慎ましさと成熟を優先する新しい信条は、消費社会の過剰欲求や浪費と対決する。しかしエコロジー運動には両義的な曖昧さがある。エコロジーの信条は、種と伝統が存続していくことを求めながら、異人種の混血や異文化の交わりに目をつぶっているのではないか。その「農村へ引きこもる傾向」、地方、家族、故郷の知恵への回帰は、歴史的な意味での「反動を隠しているのではないか。ヴィシー政府〔一九四〇―四四、第二次世界大戦中、敗北したフランスの親独政権、ペタンが国家元首として全権を握った〕がそのための救済策を練ろうとしていたのは周知のとおりである。[257]」

農村が過疎化し、都市が人口過剰になってゆく時代に、大地へ戻ることは全く反動的な態度である。狙いをつけられ照準を定められ、まさに発砲されそうになって縮みあがり、あばら家に戻ろうとする気持、閉じこもりたくなって逃避しようとする誘惑、胎児に戻ろうとする誘惑だともいえるが、いったいどのような復活の望みを持ってそのような行動に出るのだろうか？　そのような逃避もまた歴史や進歩を無視することである。それは生き延びようともがきもせず、自分の運命を受け入れてしまうことである。「私にとっては、田舎に引きこもることとは想像できるかぎりで最も悪い罰だが、そんな私が嬉しく思うのは、一九世紀の終わりにある男が田舎へ帰るという反動的な考え方に反対したことである。田舎へ帰る考え方こそ、ペタン派の支配から今日のエコロジストまで、反動的な陣営の武器となっていた。田舎へ戻ること、それは何世紀もかけて大地から離れ、奴隷のような労働から解放されようと努力してきたわれわれの祖先を侮辱するようなものである。[258]」

もちろんこれは一面的な評価にすぎない。ジャン・クロード・ギユボーは、右のように語りながらも、急いでエコロジー運動の積極的に評価できる点を強調している。例えば生産と消費のシステムの批判、地方や国のエゴイズムの批判、人種差別や軍国主義の横行に対する批判などである。これらはいずれも、この議論に政治参加《アンガジェ》した知識人、セール、モラン、ガタリ〔フランスの思想家、活動家〕、トゥーレーヌ〔一九二五―、フランスの社会学者〕らが支持したために強化されたものである。「エコロジーを動物愛護の延長だと単純化してしまうのはあまり意味がない。」

この議論によって、逃避型（あるいは後退型）のエコロジーがはらんでいる危険性に対しては用心するのが望ましいとわかった。つまり、ブリジット・バルドー〔一九三四―、フランスの元映画女優。熱心な動物愛護の活動も有名〕を国民戦線の航跡に引き込んだ「動物愛護」を信用してはいけないということである。モンペリエの会議の参加者の一人、ミシェル・オンフレイは独特な言い回しで、紀元一〇〇〇年の終末論的な幻影をもたらす掟を列挙しながら「緑のイデオロギー」の「ペタン的」なヴィジョンを告発した。「あなたは、モデルニテ〔近代性〕を拒むだろう、純粋性を追求するだろう、過去を理想化するだろう、ルーツをいとおしむだろう、自然をいとおしむだろう、そして罪悪感をつのらせるだろう。」[259]これをもう少し詳しく見てみよう。

拒絶されたモデルニテとは、聖職者たちが嫌悪した進歩である。なぜなら進歩とは、すでに確立した秩序に変更を加えながら、体系の中に乱れを招き、精神には混乱を招き入れるからである。

俗世の穢れを封印する静寂を好んだ修道士は、俗世の外で純粋さを追求することを望んだ。彼らにとって、汚れは罪の一つだった。ラテン語に取り入れられたポルツィオ、つまり汚れやシミを意味するこの言葉は、キリスト教著作家たちの間では宗教的意味での冒瀆を表すものとして用いられた。次いで自慰や夢精の意味でも使われるようになった。紀元一〇〇〇年に「汚された」のはシーツや毛布で、今日では川や海が「汚される」。金のしずくから黒い海へ……。今では「エコロジストに過ちのない旧世界に対して、宗教的な意味での処女性、穢れのなさ、純粋性を取り戻そうと運動する。エコロジストは国民戦線とともに清潔という考え方を共有する。その国民戦線もまた、社会的な意味での汚点をなくす幻影のために悩んでいる。」[260] しかし、実際のところ、私たちの社会全体が、潔癖でなければならないという強迫観念に取り憑かれているのである。ちまたにあふれるテレビ広告を見れば一目瞭然だろう。食事の時にテレビをつければ、トイレットペーパー、生理用品、食器、衣類、洗剤など、衛生用品の宣伝が氾濫している。エコロジーと潔癖症と同一視しては行き過ぎもあろうが、精神分析学者は、潔癖症はそれ自体、病的だと言い切っている。

　過去を理想化することは現在を理解する上で何の助けにもならないばかりでなく、未来を恐ろしいものにしてしまう。過去はヴィジョンでしかなく、きちんと見直されていない場合には故意に変形されてしまい、何かの目的のために「見直される」だけである。紀元一〇〇〇年の恐怖心もそうした類のものと考えることができる。ただし、「想像しただけの歴史」と「イマジネールの歴史」とを混同してはならない。これは、近年ジャック・ル・ゴッフやフランソワ・アルトが論じている区別である。ル・ゴッフはこんなことを言っている。「イマジネールという言葉を歴史家たちが好んで使うようになってきている。心性《マンタリテ》の歴史から想像界《イマジネール》の歴史へと移行しているのである。想像界《イマジネール》という言葉は、心性《マンタリテ》という言葉以上に曖昧で、それゆえ潜在的に心性よりも広い意味を持つので、歴史学の新しい対象を構築することを可能にするのである。」[261]

　田舎へ戻ろうという愛着が生じている。この田舎とは必ずしも生まれ故郷ではないし、その絆も時には人工的でさえある。都会を離れる学校の移転先は、必ずしも祖先たちの村ではない。野菜も、はじめ

アルチンボルド・ジュゼッペ画『野菜の人』1590年クレモナ市立美術館所蔵。絵を逆さまにすると人の顔になる。

に植えられた所からよそに移植される方が普通である。つまり、田舎へ定着しようとすることは、フードに顔を隠して人間の醜さや女性の美から目を背けようとした中世初期の修道者たちがしたような閉じこもりや、世俗を拒絶することの繰り返しではないだろうか。今回の世紀末には、人口過剰の都市から野生の鴨が消え去った。鴨たちは、人が住まなくなった山間部の農家の廃屋に巣を作り、キリストのように受難の悲劇を迎えた。鴨の大部分はそこで羽根を失い、そのうちのあるものは土地の人によって口ばしを釘で打たれた。過疎化した村に住む人たちにとっては、自分たちにみじめさや孤独感をつのらせるその鳴き声は聞くに耐えなかったからである。

　自然をあがめることそれ自体は間違いではないが、人間が自然に対して過剰なまなざしを注ぐと、アルチンボルド・ジュゼッペ〔一五二七？—九三、風変りな画風で知られるイタリアの画家。グロテスクな人物像はシュールレアリスムの画家にも影響を与えたと言われる〕が描く野菜でできた肖像画のように、自然が極端に擬人化されることがある。エデンの園、そして誘惑者の蛇がいない動物園を夢見てしまうのである。ブリジット・バルドーはアザラシの赤ん坊のことをことさら気にかけているが、その理由はアザラシが自分と似ているからというだけのことだ。その証拠に彼女はサメのことなど気にもかけない。また、スペルト小麦（下賤な食材だったが、ダイエット食品店では非常に高値で売られるようになった小麦）をもう一度増やそうとする試みもあるが、近いうちに保護が必要になるであろうイラクサのことには誰も注目しない。そして地球全体が母なる大地として神格化される。それは「太古の昔から、そしてこれからも生命を育み、純潔で、あらゆる生き物の母、再生することのできない世界の母体である無垢の魂である。」（ミシェル・セール）ただし、愛され続けるために母なる大地は怪物を生み出してはならない。紀元一〇〇〇年の人類にとって、自然、そして大地とは単なる耕地で、しかも土地としてはあまりにやせていて、いくら耕しても十分な見返りがないようなものだった。それゆえ、母なる大地に魅せられるというより、むしろ見切りをつけて、新しいことをしたり違った生き方ができるのではないかと希望が持てるような、人の手による建物、石と木でできた都市の方に憧れた。

　最後に、耕された罪、エコロジストの最後の掟はエコロジーの運動の矛盾を証言する。ミシェル・オンフレイはこう疑問を投げかける。「カワウソが不妊になり、高速道路でカエルたちが危険な目にあい、オゾン層が穴だらけになっているのに、人間だけが幸せでいられたり、喜んだり楽しんだりしていられるわけがない。」たしかにこれは人間の過ちによって生じたこととわかっているならばなお深刻である。しかし、それは本当に過ちだったのだろうか。ウサギたちには地域一帯を砂漠化したことに対する責任があり、狩人たちにはウサギを食べられなくしてしまった粘液腫症（ウサギの伝染病）を広めた責任がある。ただ責任はあるが、裁かれるべき罪を犯したというわけではない。エコロジストとて小麦だけを食べているわけではあるまい。桃で作ったハンバーグの味を美味いと言えるのはベジタリアンくらいのものだろう。今も、紀元一〇〇〇年の時と同じで、世の中が恵まれているとは言い難い。ちまたでは戦争や飢饉があり、金と銀をなんとしても守ろうとする人が支配している。それなのに地上のエルサレムは未だ城壁と装甲の扉に囲まれた奥に留まっている。その中で、食糧の心配のない聖職者や俗人は、何らかの責任や罪悪感を感じているのだろうか？　あるいは、何にも苦しむことがないということに苦しんでいるのかもしれない。ドーミエ〔一八〇八—七九、フランスの画家〕の次のようなデッサンをご存じだろうか。夕食をとる人が食卓について七面鳥の前で悩み、窓の向こうの寒い通りでは、一人の哀れな人が腹が減ったと呟いている。「おまえたちは運がいいぞ！」そう言って食卓の男は貧者に施すのだ。彼はうしろめたさを感じながらも、偽善的な行為に酔っている。まるで教会から出てきた若い花嫁の頭にコメを投げつけるように、第三世界への食糧援助をはじめ、多くの人に幸福をもたらしている。ここで、ミシェル・オンフレイの指摘、すなわちフォア・グラ〔ガチョウの肝臓料理〕を作るためにガチョウに無理矢理えさを詰め込むことをナチスが「非人道的」な行為として禁止した偽善を思い出してみたい。

　エコロジーは反動的なのだろうか？「否、エコロジーは破壊的である。なぜならそれは、人類の生活、資本主義のロジック、そして地球の生き残りに対して壊滅的なインパクトを与えるからである。」資本主義者のロジックは、紀元一〇〇〇年よりも前、非常に早くから自己の存在を現していた。創世記の時代、すでにこう言われていた。「産めよ、増えよ、地に満ちて地を従わせよ。」おそらく神が言わんとしたことは、地球を使いこなさねばならないが、かといって使い尽くしてはならないということだろう。

　エデンの園から耕作地に移っても、今日のアダムはこれほど快適な道を進むのをやめたいとは思わなかった。ヨハネ・パウロ二世の口を通じて、教会は今日のアダムに秩序を回復するよう呼びかけるに至った[262]。「人類は、創造の御業において神の協力者の役割を果たすどころか、神たらんとしたために、自然との関係をゆがめてしまった。管理するよりも虐げてしまったのである。自然環境の非理性的な破壊の他にも、ここではもっと重大な人間環境の破壊を思い起こさねばならない。しかしながら、このことについて私たちは、注意しないというより全く意識していないのが現状である。私たちは、絶滅の危機にある様々な動物たちの種が自然の中で居場所を守れるよう気にかけているが、その一方で、真の意味での人間的エコロジーとでも言うべきもの、すなわち道徳的な社会環境の整備にはほとんど参与していないのである。」

人口過剰世界の孤独

繁殖と多産。アダムは子孫のためにも休むことはなかった。紀元一〇〇〇年頃の地球の人口はおよそ二五〇〇万人だったが、紀元二〇〇〇年には六〇億四〇〇〇万人という途方もない数字に達しようとしている。そして、天上のエルサレム行きのチャーター便に即時、強制的に搭乗させられる場合に選ばれそうな貧しい人々ばかりが続え続けている。悲観的な意見を叫ぶ人々や千年王国信者《ミレナリスト》たちの声を無視してはならない。エコロジー学者のクストウ司令官は早くもタラップの上で興奮している。「もし人類が出生率を抑制しないなら、人間に対する恐ろしい警告が地球を待っている。」豊かな人は増えず貧しい人が増えているのが問題なのだ。

たしかに、数は脅威である。怖いのは人間よりも群集である。中世の西洋人が蛮族たちを恐れたのも、彼らがまるで空をも覆わんばかりのバッタの大群のように来襲してきたからである。今日、フランス人が恐れているのは、「押し寄せる移民の波をせき止める」方策がないということである。跳ね上がる人口（跳ね上がるという表現は、黙示録の騎手やモンゴルの騎馬民族を表すために用いられている）、あるいはイメージ豊かに人口爆発とも呼ばれているが、それは、現在の世界的な不安の起源となっており、あらゆる影響をもたらしている。しかし、その中には外国人嫌悪と自己防衛という最悪のものも含まれている。

起源一〇〇〇年の時と同じように、エコロジストや田舎に回帰するパルティザンは別として、私たちは何もない田舎を捨て、何もかもそろっている都会に出る。「都市、それは悪夢のような明日の社会のミクロコスモスである。」こう言うのはジャック・ドロール〔EUの元総裁〕である。都市の人口が多いということは不安のもとではあるが、同時に魅力でもある。侵入者や移民（これは保守派のジスカール・デスタン〔一九二六―、フランスの政治家、元大統領〕にとっては同じことであるが）に対する不安から人間は群れの中に隠れる。団結していると信じながら、気づかれることのないように細心の注意を払って、匿名の雑踏の中にもぐり込むのである。しかし、常に逃避が罠であることには気づいていない。二〇〇〇年を迎え、人類の歴史の中で初めて世界人口の大多数が都市で生活しているのである。そして、一〇〇〇万人以上の人口を抱える都市は一〇か二〇ではきかなくなるだろう。「歴史のこの加速化現象は、自然の景観や人間の身体と精神における大異変をもたらした。」[263]（セルジュ・ラフィ）

とても巨大化しているとはいえ、主要な都市は紀元一〇〇〇年当時の都市と基本的に変わっていない。つまり、「一部の特権階級のためのもの。壁で閉鎖された立ち入り禁止区域。賤民たちが入り込むことのできないよう守られた場所」（ミシェル・デルバール）なのである。他の人々にとって、都市は物騒なところである。ここでは、郊外のドーナツ化現象や都市中心部の官僚制化についてじっくりと論じることはできない。しかし、ビストロ、市場、芸術家のアトリエなどのある感じのよい場所が影も形もなくなったことは確かである。それらは皆、現代の都市計画によって消されてしまったのである。本書のテーマである幻影の歴史という観点から注目すべきは、都市の特徴としての自己完結性であり、修道者たちの閉じ込もりであり、隠修者たちの孤立である。群れの中で、人類がかつてこれほど一人だったことはない。バスに乗る時に「こんにちは」とあいさつすることも、通りで話し、笑い、歌うことも忌まれるようになってしまった。最近の予言者たちが透視の術を、電話を通じて、あるいはインターネットを通じて行うのと同じように、人々は手紙のやり取りさえもモニター画面を介してしか行わない。（もしあなたが本当に世の終わりの日付けを知りたいと思うなら、インターネットでApocと入力してごらんなさい。）性欲もまたそこで満たされる。そしてテレビのワイドショー番組はナンセンスにも、隣の家で起こっていることを私たちに伝える。「われわれはカルカッタの騒乱やメキシコ大地震と生中継でつながっている。その一方で自分の住む町内のことについては何も知らない。言葉にならないこのような不安や、歴史の終わりという感覚、そして大いなる孤独というこの感覚はいったいどこから来るのだろうか。」[264]

農村、森林、荒れ地の寂しさを離れ、壁で囲まれた避難場所、すなわち都市へ逃げ込み、そこで天候に左右される心配のない仕事に就くことは、ストレスに満ちた都会から田舎へ回帰しようとする欲求と同じくらい繊細な欲求から生じている。この要塞は悪魔の罠のように、住民たちの上で閉る。都市の光は、暗がりに隠れていた蛾を誘い寄せて焼く罠と同じなのである。紀元一〇〇〇年の農村の内乱に続いて現れたのは、精神を病んだ閉鎖された都市だった。窓を閉めきったアパートに暮らして毒気がたまらないはずがない。外の不安、つまり他人についての不安、不審な物音、不審者への不安、招かれざる客、つまり面識のない、「野蛮」な客に対する不安が都会には付きものなのだ。都市に住むこうした人たちは、とうてい理解できないような言葉をまくし立ててフランス語を話さないことを「野蛮」としている。紀元一〇〇〇年、人間は夜の森を横切るのに大きな不安を抱いていた。しかし、現代の私たちが遠い住宅地に夜遅く帰る時の不安はそれほど大きなものではない。悪名高かった森に相当するのは、今日では地下駐車場であり、人影のないモンパルナス・タワーの通路である。現代人にとって、曲り角で熊と出会うことよりもっと恐いのは、友人宅を訪ねてマンションの三〇階でエレベータを降りて、名前も番号もない扉がいくつかあって、その中からあなたを夕食に誘った友人の扉を探さなければならない状況である。ましてや荒廃した郊外で、壁には不吉な落書きが満ち、廊下には注射器が山のように捨てられている低家賃住宅にはびこっている恐怖については、言うまでもない。紀元一〇〇〇年の人間は、熊を殺そうと躊躇せず剣を抜いたが、紀元二〇〇〇年のフランス人は、そこで生まれたわけでもなく、一時的にしか住まない見知らぬ人間に向かって発砲する。もし世の終わりというものが本当に訪れるとすれば、それはこのような前兆が現れるところに訪れるのだろう。

それではフランス人以外の状況はどのようなものだろうか。フランス人は自分たちの社会が不安定だと思っているが、フランスに来る移民たちの本国での暮らしこそ不安定な状態にある。例えば、国民として完全な権利を持っているフランス人の側から見れば、フランスの生活環境は安全性に問題があり、「法的な自己防衛」を多用し、永続的な失業があり、道徳的価値観が失われ、国民としてのアイデンティティがなくなる危険があると言う。しかし反対にフランスにやって来る移民たちは、安全性と雇用、表現と習慣の自由、人権と市民権の尊重、要求すれば自由に手に入れられる国籍、等々を求めてやって来るのである。

様々な価値観のもとに、私たちフランス人は移民をにべもなく追放する。他人のことを顧みないフランス人たちによって考案された移民に対する数々の軽罪の適用を見てみよ。私たちは、私たちフランス人にとっては不幸なことかもしれないが、二〇〇〇年の恐怖の最たるものとして、根拠のあるなしはともかく、次のように書き込まなければならないだろう。一九八五年の『フィガロ・マガジン』がすでに心配していたように、「三〇年後、われわれはまだフランス人であることにこだわっているのだろうか？」と。もはやフランス人だとか、フランス人でないとか、そんなことは全く問題にならない時代が訪れようとしている。

(261)　«L'histoire et l'imaginaire», entretien entre Michel Cazenave et Jacque Le Goff, revu *Question de,* numero spécial «Mythes et Histoire», Albin Michel, 1984. 参照。
(262)　1991年５月１日の教皇回勅 *Centesimus anus*.
(263)　*Le Nouvel Observateur* du 7 au 13 mai 1992.
(264)　マルク・オジェ（社会科学高等研究院の院長）の言葉。

(230) Traduction de Philippe Jaccottet, Le Seuil, 1958.（邦訳、ローベルト・ムージル『特性のない男』高橋義孝・圓子修平訳、新潮社、1964年〜1966年）。
(231) Gallimard, 1960.
(232) *La Fin de la démocratie,* Flammarion, 1993.
(233) André Fontaine, *Le Monde,* 22 Avril 1993.
(234) 前掲書。
(235) Juillet–août 1993.
(236) Grasset–Fasquelle, 1981. （邦訳、ベルナール＝アンリ・レヴィ『フランス・イデオロギー』内田樹訳、国文社、1989年）。
(237) *Preuves,* mars 1955.
(238) Eugen Drewermann, *Les Fonctionnaires de Dieu,* Albin Michel, 1993.
(239) Max Gallo, *l'Express,* janvier 1977.
(240) Le Monde, 4 février 1992 掲載のピエール・ルパプ Pierre Lepape のインタヴューより。
(241) 同上、ピエール・ルパプのインタヴューより。
(242) Le Monde, 17 juin 1988 掲載のアンリ・タンクのインタヴューより。
(243) Laffont,1993.
(244) Bruno Chenu, *La Croix* du 20 avril 1993.
(245) イエズス会の雑誌 *Christus* の1992年号。
(246) Jean Vernettem, *Le Nouvel Age,* Que sais–je?, 1992. 参照。基礎的文献として、Marilyn Ferguson, *Les Enfants du Verseau,* Calmann–Lévy, 1981.
(247) Jean–Claude Pecker, «La faute à la science», *Science et Vie,* septembre, 1992.
(248) 前掲書。
(249) 前掲書。
(250) «Vaincre les douze peurs de l'an 2000», *Le Nouvel observateur,* février 1993 のインタヴューより。
(251) André Bruguière, dans *Le Nouvel Observateur*.
(252) Isabelle Rieusset–Lemarié, *Une fin de siècle épidémique,* Actes Sud, 1993.
(253) «Le mythe des terreurs de l'an mille», *Mercure de France,* n° 300, 1947.
(254) Le dossier du *Nouvel Observateur,* «Demain la terre», 1992――entretien avec Jean Daniel. 参照。
(255) *Libération,* 6 janvier 1991 による。
(256) Jean–Claude Guillebaud, «La pensée verte est–elle mûre?», *Le Nouvel Observateur,* 1992.
(257) 前掲書。
(258) *Regardez la neige qui tombe ――Impressions de Tchekhov,* Gallimard, 1992.
(259) «Les babas cool du Maréchal», *Le Nouvel Observateur,* 1992.
(260) Michel Onfray dans *Le Nouvel Observateur* du 7 au 13 mai 1992.

(202) Jean Gimpel, *Les Bâtisseurs de cathédrales,* Le Seuil, 1958.（邦訳、ジャン・ジャンペル『カテドラルを建てた人びと』飯田喜四郎訳、鹿島研究所出版会、1969年)。
(203) 前掲書。
(204) Georges Duby, *L'Express,* décembre 1978.
(205) 前掲書。
(206) *Le Monde,* 4 février 1992 掲載記事。本書では新聞、雑誌の記事を数多く引用するが、それは20世紀末ではこれらのメディアがミレナリストの幻想を流布しているからである。
(207) アンドレ・ブルトンのジャン・フェリーからの引用。フェリーはシュールレアリストの活動の初期の盟友。
(208) Wieland Schmied, «Richard Oelze», dans *Opus international,* octobre 1970.
(209) Traduit en français par Julien Hervé, Christian Bourgois, 1993.
(210) Gallimard, 1946.（邦訳、ルネ・ゲノン『世界の終末——現代世界の危機』田口義広訳、平河出版社、1986年)。
(211) Jean-Claude Pecker, dans *Science et Vie,* 1992.
(212) 前掲書。
(213) Paco Rabanne, *La fin des temps,* Michel Lafon, 1993.
(214) この意味不明の言葉の出典は、Pier Capri, *Les Prophéties du pape Jean XXIII,* Lattès, 1976.
(215) *Nostradamus historien et prophète,* Éditions du Rocher, 1980.
(216) マラキアスの予言による最後の教皇。
(217) *Ce que Nostradamus a vraiment dit,* Stock, 1938.
(218) *Les Dernières Victoires de Nostradamus,* Filipacchi, 1972.
(219) このような不毛な議論については拙著 *Nostradamus,* Édisud, 1993 を参照。
(220) 前出（213)。
(221) 1993年５月27日～６月２日号に掲載された調査。
(222)『VSD』誌のルイ・ハリスによる調査に基づく。
(223) これが書かれたのは1993年のスピルバーグ監督映画「ジュラシックパーク」による恐竜ブームの直前である。
(224) Galilée, 1992.
(225) Flammarion, 1992.（邦訳、フランシス・フクヤマ『歴史の終わり（上・下)』渡辺昇一訳・特別解説、三笠書房、1992年)。
(226) Éditions de Minuit, 1972.
(227) *Globe Hebde,* le 17 février 1993 に掲載されたインタヴュー。Ramin Jahamegloo が集めた談話。
(228) La Découverte, 1987.
(229) *Aspects du mythe,* Gallimard, 1963.（邦訳、ミルチャ・エリアーデ『神話と現実』中村恭子訳、せりか書房、1973年)。

(167) *La Civilisation de l'Occident médiéval,* Arthaud, 1964.
(168) Xavier Barral i Altet, «Reliques, trésors d'églises et création artistique», dans *La France de l'An Mil,* Le Seuil, 1990.
(169) 以下の記述と本書241～245ページを参照。
(170) Luce Pietri, 前掲書からの引用。前出（94）。
(171) Michel Clévenot, *Quand Dieu était un monarque féodal,* Nathan, 1985.
(172) Françoise Salain, «Paix et trêve de Dieu au XIe siècle», in *L'Histoire,* avril 1992.
(173) Robert Latouche, *Le Film de l'histoire médiévale,* 前出（91）。
(174) 前出（89）。
(175) Laurent Theis, *L'Avènement d'Hugues Capet,* 前出（112）。
(176) A. Chéruel, Dictionnaire des institutions, mœurs et coutumes de la France, Hachette, 1865.
(177) Laurent Theis, 前出（112）。
(178) 前掲書。
(179) *L'An Mil,* 前出（24）。
(180) 前掲書。
(181) 前掲書。
(182) Robert Latouche, 前出（91）。
(183) X. Barral i Altet, *La France de l'An Mil,* 前出（125）。
(184) 例えば、大洪水などがそれにあたる。
(185) «L'an 2000 et la résurgence du thème de la fin du monde et du recommencementdes temps», dans *Les Cahiers internationaux du symbolisme,* Mons, 1975.
(186) 前掲書。
(187) 前掲書。
(188) *L'An Mil,* 前出（24）。
(189) Philippe de Felice, *Foules en délire, extases collectives,* Albin Michel, 1947.
(190) Edmond Pognon, *La Vie quotidienne en l'An Mille,* 前出（17）。
(191) *Les Sagas islandaises,* Payot, 1978.
(192) Michel Kapman, «Byzance–Rome, le grand schisme», in *L'Histoire,* décembre 1982.
(193) *La Civilisation de l'Occident médiéval,* 前出（13）。
(194) Michel Clévenot, *Quand Dieu était un monarque féodal,* 前出（171）。
(195) *Les Trois Ordres ou l'imaginaire du féodalisme,* Gallimard, 1979.
(196) Georges Duby, dans *L'Express,* décembre 1978.
(197) *La Figure et le Lieu, l'ordre visuel du Quattrocento,* Gallimard, 1967.
(198) *La Vie quotidienne en l'An Mille,* 前出（17）。
(199) Robert Philippe, *L'An Mille*.
(200) Guy Barroul, *Provence romane,* Zodiaque, 1977.
(201) Robert Latouche, *Le Film de l'histoire médiévale,* 前出（173）。

(138) 他の年代記作者たちは、この人物をエルベールという名で記している。
(139) この〈共同体〉とは、もちろん、女性たちを分かち合う、〈共有する〉という意味で理解しなければならない。
(140)《Les hérétiques de l'An Mil》, dans *l'Histoire,* juin 1992.
(141)〈民衆の案内者〉という史料原文の語の中に、扇動者的な意味を汲み取るべきである。
(142) これは、リュス・ピエトリによって引用された史料である。このテーマについては、ロードニー・ヒルトン Rodney Hilton の最近の著作 *Les Mouvements Paysans du Moyen Âge*, Flammarion, 1992 を参照せよ。
(143) Pierre Bonnassie, dans *La France de l'An Mil,* 前出 (125)。
(144) *Essais sur l'historie de la mort en Occident du Moyen Âge à nos jours,* Le Seuil, 1975.
(145) Edmond Pognon, *La Vie quotidienne en l'An Mille,* 前出 (17)。
(146) Georges Duby, *L'An Mil,* 前出 (24)。
(147) Philippe Ariès, *Essai sur la mort en Occident,* 前出 (144)。
(148) Edmond Pognon, *La Vie quotidienne en l'An Mille,* 前出 (17)。
(149) *Disquisitionum magicarum...,* Louvain, 1599.
(150) Laurent Theis, *L'Avènement d'Hugues Capet,* 前出 (112)。
(151) Gervais de Tilbury, *Le Livre des merveilles,* traduit et commenté par Annie Duchesne, 前出 (92).
(152) E. Pognon, 前出 (17).
(153) 実際はこの星は金星であり、これについて天文学者たちは特別の影響があるという点で一致していた。
(154) E. Pognon, *La Vie quotidienne en l'An Mille,* 前出 (17)。
(155) G. Duby, *L'An Mil,* 前出 (24)。
(156) Dom Huynes, *Histoire générale de l'abbaye du Mont Saint-Michel,* rééd. de 1872.
(157) Yves Bottineau, *Les Chemins de Saint- Jacques,* Arthaud, 1964.
(158) Gabriel Mandel, *Les Manuscrits à peintures,* Pont Royal/Laffont, 1964.
(159) 前掲書。
(160) Gabriel Mandel, 前出 (158)。
(161) 前掲書。
(162) 前掲書。
(163) Robert Maillard, «L'art mozarabe», dans *L'Histoire,* novembre 1980, Henri Stierlin, *Le Livre de feu : l'Apocalypse et l'art mozarabe,* Bibliothèque des Arts. 1979.
(164) *L'Art chrétien,* PUF, 1955.
(165) *Le Grand Dictionnaire de la Bible,* 1717.
(166) Jorge-Luis Borges, *Essais sur les anciennes littératures germaniques,* Christian Bourgois, 1966.

(109) ヴィルガルド事件については本書190–191ページを参照。
(110) Jean Hubert, «Les routes du Moyen Âge», dans *Les Doutes de France*, Colloque des *Chaiers de civilisation,* 1959.
(111) K. Hampe, *Le Haut Moyen Âge,* Gallimard, 1943.
(112) Laurent Theis, *L'Héritage des Charles, de la mort de Charlemagne aux environs de l'an mil,* Le Seuil, 1990.
(113) Edmond Pognon, *La Vie quotidienne en l'An Mille,* 前出（17）。
(114) 前掲書。
(115) K. Hampe, *Le Haut Moyen Âge,* 前出（111）。
(116) Jean–Paul Clébert, *L'Ermite,* Albin Michel, 1986. 参照。
(117) A. Colnat, *Les Épidémies et l'histoire,* 1937.
(118) Luce Pietri, 前出（94）。
(119) *La Société féodale,* Albin Michel, 1939 / 40.（邦訳、マルク・ブロック『封建社会』堀米庸三監訳、岩波書店、1995年）。
(120) Louis Halphen, *Les Barbares,* PUF, 1940.
(121) 10世紀には、グリモー湾に海がもっと深く入り込んでおり、コゴランやグリモーは、まだ港であった。
(122) *Les petits Bollandistes,* Paris, 1878.
(123) Jean Lacam, *Les Sarrasins dans le haut Moyen Age français,* Maisonneuve et Larouse, 1965.
(124) 正確には997年のこと。
(125) P. Bonnassie, dans *La France de l'An Mil,* Seuil, 1990.
(126) Abbé de Berault–Bercastel, *Histoire de l'Église,* 1778.
(127) これは、ジャック・ル・ゴッフによるテキストの引用だが、ジョルジュ・デュビの『紀元千年』中に、イメージに富んだ別の引用がある。
(128) Pierre Bonnassie, «D'une servitude à l'autre (les paysans du royaume, 987–1031), dans *La France de l'An Mil,* 前出（125）。
(129) P. –A. Bernheim et G. Stavridès, *Cannibales!,* Plon, 1993.
(130) *L'Enfance de l'Europe, X*^{e}*–XII*^{e} *siècles,* PUF, 1982.
(131) Luce Pietri, *Les Époques médiévales,* 前出（94）。
(132) 前掲書。
(133) S. Runciman, *Le Manichéisme médiéal,* 前出（97）。
(134) 前掲書。
(135) Étienne Gilson, *La Philosophie au Moyen Âge,* 前出（102）。
(136) 前掲書。
(137)『トゥールーズ市年代記 *Annales de la ville de Toulouse*』は1771年に出版された。この年代記は紀元1000年を研究する歴史家たちにはほとんど知られていないので、著者は、この版を使用した。

（82） Gallimard, 1947.
（83） Armand Colin, 1952.（邦訳アンリ・フォシオン『至福千年』神沢栄三訳、みすず書房、1971年）。
（84） 前出（24）。
（85） Edmond Pognon, *La Vie quotidienne en l'An Mille*, 前出（17）。
（86） Georges Duby, *L'An Mil*, 前出（24）。
（87）〈遍歴（ジロヴァーグ）〉（原意では〈回転する波〉）とは、〈さすらい〉という意味である。医者と同様に修道士にも使われる。
（88） J. Berlioz, «Les terreurs de l'an mil ont–elles vraiment existé?», dans *L'Histoire,* novembre 1990.
（89） Philippe Wolff, *L'Éveil intellectuel de l'Europe,* Le Seuil, 1971.（邦訳、フィリップ・ヴォルフ『ヨーロッパの知的覚醒』渡邊昌美訳、白水社、2000年）。
（90） 後のシルヴェステル２世。本書129–134ページを参照せよ。
（91） Robert Latouche, «Un imitateur de Salluste au Xe siècle, l'historien Richer», dans *Études médiévales,* PUF, 1966.
（92） Jacques Le Goff, préface au *Livre des Merveilles* de Gervais de Tilbury, traduit et commenté par Annie Duchesne, Belles–Lettres, 1992.
（93） Laurent Theis, *L'Avènement d'Hugues Capet,* Gallimard, 1984.
（94） Luce Pietri, *Les Époques médiévales,* Bordas–laffont, 1966.
（95） 引用した文章は、Robert Latouche, *Le Film de l'histoire médiévale,* Arthaud, 1959 によるものである．だが、リシェの文章の異なる版や、ジョルジュ・デュビの『紀元千年』中に他の球体についての描写もある。前出（24）。
（96） «Gerbert, l'âme livrée aux sombres aventures» (*La Légende des siècles*).
（97） S. Runciman, *Le Manichéisme médiéval*, Payot, 1949. 参照。
（98） 追放されてからのこの人物については、以下の書を読む必要がある。Pierre Riché, *Gerbert d'Aurillac*, Fayard, 1993, D. Davidenko, *Le Pape de l'An Mil,* Plon, 1993. この書は彼の現実の姿を語っている。
（99） Maurice Lever, *Les Bûchers de Sodome,* Fayard, 1985. 所収の引用。
（100） 前掲書。
（101） Laurent Theis, *L'Avènement d'Hugues Capet*, 前出（93）。
（102） Étienne Gilson, *La Philosophie au Moyen Âge,* Payot, 1952.（邦訳、エティエンヌ・ジルソン『中世哲学史』渡辺秀訳、エンデルレ書店、1978年）。
（103） *Curiosités de l'histoire des croyances populaires au Moyen Âge,* 1859.
（104） Gérard van Rijnberk, *Le Tarot*, Derain, 1947.
（105） まさにガルティエ・ボワシエールの『ひきがえる』のように。
（106） Luce Pietri, *Les Époques médiévals,* 前出（94）。
（107） Georges Duby, *L'An Mil,* 前出（24）。
（108） Traduit et cité par F. Lot, *Études sur le règne d'Hugues Capet,* 1903.

(53) Denis Crouzet の書物に関する記事 Robert Chartier dans *Le Monde*, 7 septembre 1990.
(54) Paul Vuillaud, «Fin du monde et prohpètes modernes», dans *Les Cahiers d'Hermès*, La Colombe, 1947.
(55) Norman Cohn, *Les Fanatiques de l'Apocalypse*, 前出（30）。
(56) *Louis XIV et vingt millions de Français,* Fayard, 1966.
(57) Antoine Adam, *Histoire de la littérature française au XVIIe siècle,* Domat, 1956.
(58) Martin Lamm, *Swedenborg*, Stock, 1935.
(59) 前掲書。
(60) 彼は1796年に月並みに卒中で死んだ。
(61) Jean Delabroy, dans *Fins de siècle*, 前出（20）。
(62) 前掲書。
(63) Jacques Chastenet, *La République triomphante,* Hachette, 1955.
(64) Jean-Pierre Rioux, «Frissons fin de siècle», *Le Monde*, juillet 1990.
(65) 同じような著作にユベール・ジュアンのものがある。彼は自作の『世紀末』という小説が再版されると信じ、数種類の序文を書いた。
(66) Hubert Juin, in *Le Magazine littéraie* de mai 1991 consacré aux «énervés de la Belle Époque».
(67) Jacques Petit, *Bernanos, Bloy, Péguy, Claudel, quatre écrivains catholiques face à Israël,* Calmann Lévy, 1972.
(68) Pierre Chaunu, dans *Le Figaro* du 25 avril 1992. *Protocoles* par P. A. Taguieff, Berg international, 1992.
(69) Michel Cadot, «Les Terreurs de l'an 1900 ou l'Europe promise à la grande invasion asiatique», dans *Fins de siècle*, 前出（20）参照。
(70)「迫っている」imminer という語は1896年にウィリーが imminence〔切迫、間近いこと〕をもとに作ったものだが、この恐怖よりも長くは残らなかった。
(71) Jean-Paul Clébert, *L'Incendie du Bazar de la Charite*, Denoël, 1978. 参照。
(72) *La Chair, la mort et le diable*, Denoël, 1977.
(73) Christian Amalvi, «Du bon usage des terreurs de l'an mil», *L'Histoire,* novembre 1990.
(74)『フランス史 *Histoire de la France*』は、クロード・メットラによる注目すべき研究と合わせて、ローザンヌのランコントル社によって1956年に再版された。
(75) Mona Ozouf, «Le médecin des pierres» *Le Nouvel Observateur*, novembre 1988.
(76) この問題に関しては本書274-277ページを参照。
(77) *Curiosités de l'histoire des croyances populaires au Moyen Âge,* Delahays, Paris, 1859.
(78) Christian Amalvi, «Du bon usage des terreurs de l'an mil», 前出（73）。
(79) *Les Épidémies et l'histoire,* édition Hippocrate.
(80) Laffont 社刊。
(81) Jean Guiraud, *Histoire partiale, histoire vraie,* Ch. Amalvi の前出（73）の引用から。

（27）前掲書。
（28）Indro Montanelli, *Histoire de Rome*, Milan, 1957.
（29）Jean Servier, *Histoire de l'utopie,* 前出（19）。
（訳者補記）第三神殿…ここの文脈では、終わりの日にエルサレムの神殿が破壊されるというイエスの預言を指しているものと思われる。しかし、一般的理解では、第三神殿はヘロデ王によって建てられたものを指し、これは紀元70年にローマ軍によって破壊された。（ちなみに、第一神殿はソロモン王によるもので新バビロニアのネブガトネツァル王により、紀元前586年に破壊された。第二神殿は、バビロン捕囚からの帰還後に再建されたゼルバベルの神殿で、ローマのポンペイウス率いる勢力に屈して滅びたハスモン家とともに、紀元前37年に破壊された。）
（30）Norman Cohn, *Les Fanatiques de l'Apocalypse,* Julliard, 1962.
（31）Michel Clévenot, *Le Triomphe de la Croix,* Nathan, 1983.
（32）蜜蜂に襲われた異端者リュタールについて、本書195–197ページを参照。
（33）Jean Markale, *L' Épopée celtique en Bretagne,* Payot, 1971. 所収の引用。
（34）Daniel Mortier, dans *Fins de siècle,* 前出（20）。
（35）Maurice Lévy, dans *Fins de siècle,* 前出（20）。
（36）これは明らかにレオ13世〔在位1878～1903〕を名指している。
（37）Yvan Lissorgues, dans Fins de siècle, 前出（20）。
（38）Christopher Dawson, *Le Moyen Âge et les origines de l'Europe*, Arthaud, 1960.
（39）皇帝オットー３世によるカール大帝（シャルルマーニュ）の聖遺物の発見については、本書128–129ページを参照。
（40）Michelet, *Histoire de France*, tome 1.
（41）この問題については、Amin Maalouf, *Les Croisades vues par les Arabes*, Lattes, 1983を参照。
（42）「十字軍の道 Sur la route des Croisades」については、*Le Monde,* juillet 1993 の特集がある。
（43）Jean-Claude Guillebaud の特集記事より引用。
（44）Norman Cohn, *Les Fanatique de l'Apocalypse,* 前出（30）。
（45）前掲書。
（46）前掲書。
（47）この時代の驚くべき事柄の中に、ノミの襲来について引用しなければならない。修道士パルマのサンベネによれば、人々はひどくこれに苦しめられたという。
（48）Michel Lequenne, dans *La Croix*, juillet 1992.
（49）Gershom G. Scholem, *Les Grands Courants de la mystique juive*, Payot, 1950.
（50）Didier Souiller, «Le paradoxe de la fin du XVIe siècle», dans *Fins de siècle*, 前出（20）。
（51）これは彼の息子セザールに宛てて書いた手紙（1555年）である。ここでは、拙著、伝記『ノストラダムス』を引用した。
（52）Champ Vallon, 1990 刊。

原　注

（1）*L'Histoire*, janvier 1982.
（2）一般にひどい惨状を示す〈アポカリプス〉（小文字で書き表される）という語と、預言書である『ヨハネの黙示録』（大文字で書き表される〈アポカリプス〉）とは区別されるべきである。
（3）Charles Guignebert, *Le monde juif vers le temps de Jésus*, Albin Michel, 1969 (書かれたのは1935年)。
（4）R. P. Benoît, *L'Évangile de saint Matthieu*, Le Cerf, 1950.
（5）本書231–232ページを参照。
（6）この新しいイコノグラフィーに関しては本書228–235ページを参照。
（7）Mircea Éliade, *Mythes, rêves et mystères,* Gallimard, 1957.
（8）*Dictionnaire Philosophique*.
（9）Marie–Madeleine Davy, *Dictionnaire des symboles*, Laffont, 1969.
（10）前掲書。
（11）*La Naissance du Saint Empire,* Albin Michel, 1967.
（12）紀元1000年前後に現れるこの三身分階級については本書267–270ページを参照。
（13）*La Civilisation de l'Occident médiéval,* Arthaud, 1964.
（14）*La Naissance du Saint Empire*, 前出（11）。
（15）本書129–134ページを参照。
（16）本書119–121ページを参照。
（17）Edmond Pognon, *La vie quotidienne en l'An Mille*, Hachette, 1981.
（18）Jacque Le Goff, *La Civilisation de l'Occident mediéval*, 前出（13）。
（19）Jean Servier, *Histoire de l'utopie,* Gallimard, 1967.
（20）Yvan Lissorgues, dans *Fins de siècle,* Presses Universitaires du Mirail, Toulouse, 1989.
（21）Denis Milhau, dans *Fins de siècle,* 前出（20）。
（22）〈date〉という語自体が12世紀末に初めて現れた。公文書類は〈data lettera〉（与えられた文字の意）、という言葉で書きはじめられている。
（23）*Le Monde,* 22 avril 1993.
（24）*L'An mil,* Julliard, 1967.（邦訳ジョルジュ・デュビィ『紀元千年』若杉泰子訳、公論社、1975年）。
（25）Jacques Lacarrière, *Les Hommes ivres de Dieu,* Arthaud, 1961.
（26）前掲書。

訳者あとがき

本書はジャン・ポール・クレベール Jean- Paul Clébert 著の *Histoire de la fin du monde, de l'an mil à l'an 2000*, Belfond, 1994 の全訳である。著者クレベールは一九二六年にパリに生まれた。学業を終えてのち放浪生活を送り、一九五〇年頃から本格的に文筆活動を始めた。クレベールはペンネームで、本名はジャナンである。彼の作品はこれまで七五におよび、小説、エッセー、伝記、古代・中世史、絵画論、図像学など多岐にわたっている。主著として『芸術家の妻たち』*Femmes d'artiste*, Presses de la Renaissance, 1989 や『ノストラダムス』*Nostradamus*, Edisud, 1993 のほか、『ルイーズ・コレ、あるいはミューズ』*Louise Colet ou la muse*, Presses de la Renaissance, 1986 で文学者協会賞（le Prix de la Société des gens de lettres）を受賞した。邦訳としては『動物シンボル事典』（竹内信夫、柳谷巌、西村哲一、瀬戸直彦、アラン・ロシェ訳、大修館、一九八九年）がある。著者は放浪時代にアジア各地を回り、日本にも滞在したことがあるが、現在はプロヴァンスの寒村オペードに居住し、ほぼ当地を離れることなく生活している。

本書を訳するにあたっては、金野が序、一章（全部）、二章（訳書二六〇ページまで）を、北村が二章（訳書二六〇ページ「紀元一〇〇〇年から一〇三三年まで」以降）、第三章（全部）を担当し、杉崎が全体を監訳した。なお、〔 〕内もしくは＊印を付して収めた訳注は三者が分担して作成した。また、本書収録図版（美術作品・写真）一四点および各章扉の文章は原著にはなく、本邦訳にあたり訳者がつけ加えたものである。

西暦二〇〇〇年の元旦を迎えた時、コンピューターが誤作動を起こす可能性があるという「二〇〇〇年問題」が話題になり、新年のカウントダウンは少々緊迫感を伴うものとなった。わが国では大きな問題はなく、電気、水道、ガス、電話、交通機関などはいつものように作動し続けた。しかしこれで皆が安心したわけではない。時差の関係で地球上すべての国が同時に二〇〇〇年を迎えてはおらず、アメリカ全土が無事に「二〇〇〇年問題」をクリアーしたことが確認されるのは、その後一〇数時間を経た後のことであった。幸い大きな混乱はなかったが、奇妙な不安感を地球規模の集団が共有するという、稀有の体験をした。おそらく情報伝達が鈍く、不正確であった時代ならば、集団の不安はさぞかし大きなパニックになったことだろう。社会に何か問題が起こった時に、占い、予言はもちろん、ちょっとした流言蜚語がとてつもなく大きな影響力を持ったに違いない。

ともかく人類は無事に新たなミレニアム（千年紀）に入ることができた。このところわが国でもおなじみになったミレニアムという言葉は、西洋キリスト教世界では単なる年数を意味するものではなく、「世の終わり」の恐れと期待に満ちた幻影をも指している。その幻影は「二〇〇〇年問題」などとは比べられないほど、歴史に刻印を残している。著者は本書において、キリスト誕生以来二〇〇〇年の歴史の中で、西洋の人々が「世の終わり」をいかにイメージし、「世の終わり」にいかなる恐れと期待を抱き、社会に問題や混乱が生じた場合に「世の終わり」についての予言や噂がいかにとびかったかを、歴史、宗教、思想、魔術や占星術などの様々な文献を駆使しつつ語っている。そして著者の意識の中には、今や人類が自らの技術で「世の終わり」を実現しうるようになったことや、「世の終わり」にも等しい悲惨な戦争や虐殺を行ってしまったことが深く刻み込まれており、人類が次のミレニアムを無事に通過できるかどうかという現代的な関心があったものと思われる。

第一章「ある噂の歴史」は、西洋キリスト教文明において「世の終わり」の幻影がいかに育まれてかについて、『ヨハネの黙示録』から、ローマ帝国の滅亡、紀元一〇〇〇年の恐怖を経て近代に至る二〇〇〇年の時間枠の中で論じている。キリスト教には仏教などと違って、絶対的な唯一神がこの世を造り、この世を終わりにするという教えがある。「世の終わり」については旧約聖書の預言者たちがすでに語っているが、新約聖書の『ヨハネの黙示録』が「世の終わり」を象徴的ながら詳しく描き、西洋の人々の「世の終わり」の幻影の苗床を成した。それによると、天使が降りてきてサタンを縛り、千年の間至福の時代が続く。千年が経つとサタンが縛めを解かれて猛威を振るうが、サタンは滅ぼされ、最後の審判が行われ、新たな世が始まる。これに『ヨハネの手紙』に記されているような、世の終わりの三年半に破壊のかぎりを尽くす反キリストの幻影が加わり、キリストに背く者や暴君は反キリストの出現と見なされ、世の終わりの印《しるし》とされた。正統的な神学者たちは、このヨハネの記述は象徴的なものであると解釈し、「世の終わり」を具体的に記したのではないものと主張した。しかしヨハネが記した千年という数や、天変地異や社会の混乱を「世の終わり」の前兆と考える人は後を絶たなかった。現実の生活の厳しさに苦しむ貧しい人々は至福の千年が訪れることを願い、またユダヤ教徒を反キリストとして集団で迫害を加えたりした。そして紀元一〇〇〇年以降は、「世紀末」という思想がこれに加わり、一六世紀にはノストラダムスをはじめとする多くの予言者が現れた。一九世紀にはロマン主義思想とあいまってミシュレーなどの歴史家が、西洋における終末観念の歴史を記した。

第二章「〈紀元一〇〇〇年の恐怖〉の真実と虚偽」では、ミレニアムの転換期である紀元一〇〇〇年頃の人々が「世の終わり」についてどのように考え、生活していたのかを、様々な史料を駆使して語っている。近代の西洋、とくにフランスではミシュレーの影響のもとで、紀元一〇〇〇年の人々は皆「世の終わり」が近いと信じ、恐怖に駆られていたという解釈が根強くあった。著者はこれに抗い、ミシュレーが主張したような紀元一〇〇〇年および一〇三三年（キリスト死後千年）の恐怖を伝える史料は、修道士ラウル・グラベルのものなど少数であると述べる。ただ紀元一〇〇〇年前後には天候不順、外敵の脅威、疫病の流行など『ヨハネの黙示録』が語る「世の終わり」の印《しるし》と似たような現象があった。またこの時期は、封建社会の成立、教会や修道院の改革、異端の発生、巡礼の流行、十字軍の出発など大きな歴史の変動期であった。その中でラウル・グラベルが「教会が白い衣をまとう」と評したロマネスク芸術の開花、死生観の変化、悪魔の登場、救済のための教会への寄進など心性の大きな変化が生じたことも確かで、「世の終わり」の恐怖がなかったとしても、紀元一〇〇〇年は西洋文明の曲がり角であった。

第三章「二〇〇〇年をめぐる不安の数々」は、短いが示唆に富んだ部分である。新たなミレニアムを前に、様々な不安が現代文明に満ちている。ミシュレーをはじめとして、過去の人々の不安な心を語った歴史家たちは、自分たちの不安を過去の人々に投影したのである。著者クレーベルはルネ・ゲノン、アンドレ・ブルトン、エルンスト・ユンガー、ジャン・ボードリヤール、ミルチヤ・エリアーデなど現代思想家の考えを一種の予言書のように引用しながら、現代文明にとっての不安要因を強い皮肉をこめながら語っている。デモクラシー、イデオロギー、カトリック教会、道徳価値など、かつて絶対的な拠りどころとされていたものが次々と崩壊し、人類は拠る辺なき不安にさいなまれている。そこに原子力の事故に対する不安、新たな難病の出現、強固にセクト化した新興宗教の流行、エコロジー運動の過熱、人口過剰、環境破壊、不安な都市生活など現代の状況に、著者は警告を発している。

おしなべて著者が本書で綴ったのは、西洋の人々が抱く集団的な幻影の歴史である。すなわち人間が、暴君の出現、飢饉、疫病、外敵の侵入など、共同体にとって危機的な状況に遭遇した時に感じる恐怖や不安の歴史である。そしてそれが現代においても変わりないことを、原子力発電所の爆発を題材にしたラジオドラマを聞いた人たちがパニック状態になった事実や、エコロジーブームの加熱によって清潔指向が病的に肥大化していることを例として挙げて論じた。スターリンやヒトラーも、恐怖や羨望など群集心理を巧みに操作して「千年王国」を築こうとした。また、かつて異端者や異教徒が反キリストと見なされ、共同体が危機に瀕した時に生け贄とされたように、人種や宗教による差別や偏見は現代においても至る所で見られる。「二〇〇〇年問題」も混乱には至らなかったが、非常用品が売れるなどの群集心理が生じたことは記憶に新しい。著者が本書を通して願うのは、新たなミレニアムを迎え、次なる世紀が始まろうとする今、私たちは人類が直面している様々な問題に関心を持ち、これに冷静に対処すべきである、ということであろう。

本書の翻訳は渡邊昌美氏（高知大学名誉教授、中央大学元教授）の仲介によって実現した。氏にはこの場にて感謝を述べたい。また、本書の価値を認識し、翻訳をお勧めくださった新評論編集部の山田洋氏に感謝を捧げたい。「世紀末」のうちに本書を出版したいという熱意が、訳者一同の仕事の支えとなった。また氏が訳者一同を励ましつつ指導くださったことにも、重ねて感謝したい。新たなミレニアム、そして新たな世紀に、本書が多くの人に紐解かれることを望んでいる。

二〇〇〇年　一〇月

訳者を代表して　杉崎泰一郎

監訳者紹介

杉崎泰一郎（すぎざき　たいいちろう）

1959年、東京都生まれ。ヨーロッパ中世史専攻。現在、中央大学文学部教授。著書、『12世紀の修道院と社会』（原書房、1999年）、訳書、パトリック・ギアリ著『死者と生きる中世』（白水社、1999年）

訳者紹介

金野圭子（こんの　けいこ）

1965年、神奈川県生まれ。ヨーロッパ中世史専攻。現在、東京純心女子中学・高校教諭。論文、「ヴァルドーとアシジのフランチェスコの福音的生活―エキュメニカル的考察―」（修士論文）、「中世のヴォードワ派口語訳聖書とアイデンティティ」（『上智史学』第42号、1999年）、「教皇インノケンティウス三世による民衆的福音主義運動への対応――フミリアティ、『カトリックの貧者』、『ベルナルドゥス・プリムスの共同体』へ与えた改宗規則から」（『歴史と霊性』創文社、2000年）

北村直昭（きたむら　なおあき）

1971年、兵庫県生まれ。ヨーロッパ中世文化史専攻。現在、上智大学大学院文学研究科史学専攻博士後期課程在学中。論文、「ヨーロッパ中世の数学とボエティウス」（『数学史研究』第147号、1995年）、「ボエティウス『音楽教程』の写本と読書の痕跡――フランス国立図書館所蔵写本を中心に」（『上智史学』第44号、1999年）、「読書の考古学――ヨーロッパ中世における読書の歴史のために」（『歴史と霊性』（創文社、2000年）

ミレニアムの歴史

――ヨーロッパにおける終末のイメージ　（検印廃止）

2000年11月30日初版第１刷発行

監訳者　杉崎泰一郎

訳　者　金野圭子　北村直昭

発行者　武市一幸

発行所　株式会社 新評論

〒169-0051　東京都新宿区西早稲田3―16―28　TEL 03（3202）7391
http://www.shinhyoron.co.jp　FAX 03（3202）5832
振替 00160-1-113487

定価はカバーに表示してあります
落丁・乱丁本はお取り替えします

装幀　山田英春
印刷　新栄堂
製本　河上製本

ISBN4-7948-0503-9 C0022

Printed in Japan